映画と黙示録

岡田温司

みすず書房

映画と黙示録　目次

序、あるいは世界に終わりは来るのか

もしもこの世界に終わりがあるとしたら、それはいつごろどんな風にやってくるのだろうか。それを克明かつ想像力豊かに記したのが、紀元後一世紀の末に書かれたとされる『ヨハネの黙示録』（以下『黙示録』）である。西洋においてこの本は、今日に至るまで、宗教はもとより、思想や芸術のみならず、政治や社会全般にいたるまで計り知れない影響力をもってきた。わたしは以前にこのテーマについて小著を捧げたことがあり、そこでも何本かの映画を取り上げたが、今回はもっぱら映画というメディウムに焦点を当ててみることにしたい。というのも、「夢の工場」たる映画にとって、幻想的イメージの宝庫たる黙示録の世界は、汲みつくしえない想像力の源となってきたからである。もちろん、絵画にはそれよりもはるかに長い歴史があるから、美術と映画との関係はここでも重要な観点になる。その意味で本書は、三つの前著、『映画は絵画のように』、『映画とキリスト』、『映画と芸術と生と』の延長線上にある。本論に入る前に、まずは黙示録の思想と表象をめぐって、若干の予備的考察を試みておこう。

「神の死」と「世俗化」以後の黙示録

『黙示録』の骨子をなすのは、著者ヨハネが小アジアのパトモス島で体験したという神秘的なイメージの数々である。まるで口癖のようにヨハネは、「わたしは見た」というセリフをくりかえしている。あたかも、自分が正真正銘の幻視者にして証言者でもあることを読者に印象づけようとするかのように。それらのイメージは、破壊と栄光、裁きと救済、この世の終わりと新たな始まり、キリストとその宿敵アンチキリスト、天使と悪魔をめぐって、いわば両極端のあいだを変幻自在に行き来する。それはまるで、光と闇とを交互に配することで、お互いの効果を引き立てあっているかのようだ。そのスタイルは、映画のモンタージュを先取りしているとすら言えるかもしれない。

とはいえ、小さな黙示録、あるいは弱いアポカリプスとも呼べるような光景は今や日常茶飯にすらなったといっても過言ではない。自然災害やテロなどの事件は、もはや報道の枠をやすやすと超えて、素人映像としてすぐにネットにアップされ世界中を駆け巡る。それは紛れもない現実に他ならないから、絵空事の映画よりもはるかに臨場感や緊迫感がある。天災であれ人災であれ、映画のなかのカタストロフの描写が近年ますますエスカレートしているのも、映画が現実と張り合い、それを超えようとしているからであろうか。

もちろん『黙示録』は、ユダヤ教とキリスト教の文脈のなかで成立した宗教書だから、この世の終わりにせよ、新たな世界の再出発にせよ、すべては神の意思（摂理）によるものとみなされる。ところが、神が死んだとされる現代においても、黙示録的な想像力がとりわけ映画において脈々と生きつづけているとするなら、それは、拙著『映画とキリスト』でも示したように、映画というメディウム――「霊媒」という意味もある――そのものが、一種の世俗化された「宗教」に他ならないからである。映画とは、儀礼と物語と美学の三つが出会う場なのだ。

「神の死」も「世俗化」も、西洋において、黙示録的な思想やイメージを消滅させるどころか、ニヒリズムや運命論などとも交差しながら、大衆文化——とりわけ映画——において新たなかたちをとってきた。神の意思によってこの世に終わりがくるという謳い文句がもはや時代遅れで信じがたいとしても、科学技術の発達した今日では、他でもなくわたしたち人間こそが破滅の原因にして結果となるかもしれない。黙示録や終末論において働いているのは、今や超越的な力ではなくて、この地上の世界のうちに内在している何かなのである。「黙示録的なものは、あらゆる言説の、あらゆる経験そのものの、あらゆる刻印もしくはあらゆる痕跡の先験的条件ではないでしょうか？」、いつものようにややシニカルな調子でこう喝破するのは、フランスの高名な哲学者ジャック・デリダである（『哲学における最近の黙示録的語調について』）。

黙示録、すなわちアポカリプスの本来の意味は、「（秘密の）ヴェールがはがれること」、つまり「啓示」にある。西洋の思想や芸術は、いみじくもデリダの診断するように、黙示＝啓示という呪縛から抜け出すことができないでいる。黙示において、何ものかが暴きだされ、何ものかが目に見えるようになる。それゆえ、ある研究者によれば、黙示録はまさに、映画のレトリック（修辞）にしてアレゴリー（寓意）ともみなされる（Ritzenhoff & Krewani xii）。スクリーンというヴェールの上で秘密のヴェールがはがされる、あるいはそのヴェールの上に新たなイメージが出現する、それが映画だとするなら、黙示録と映画とは本来とても相性がいいことになる。かつて絵画がそうだったように。

一方で、明示的であれ暗示的であれ、神の力を前提とする伝統的な黙示録の映画と、人為や偶然に関連する世俗化した黙示録の映画とをはっきり区別する必要がある、とする見解もある。前者が神への信仰（もしくは不信）にかかわるのにたいして、後者──神なきアポカリプス──は科学や技術への信頼（もしくは不信）にかかわる、というわけである（Ostwalt）。たしかに、一九四七年から分単位で刻まれてきた世界終末時計にも象徴されるように、今や人類と地球の破滅を予告するのは、宗教家ではなくて科学者である（よく知られているように、すでにニュートンは、二〇六〇年に人類滅亡の日が来ると予言していた）。しかしながら、管見によれば、この区別は絶対的なものではなくて相対的なものに過ぎない。というのも、後者の典型──たとえばハリウッドのブロックバスター映画──においてでさえ、（後ろの章で見るように）年来の黙示録の枠組みは生きつづけているからであり、しばしば誇張されているようにすら思われることもあるからである。しかも、登場人物たちはたいてい例外なく「神のご加護」を口にする。つまるところ最後は神頼みなのだ。近代における科学技術への期待とは、ユダヤ・キリスト教におけるいわゆる「救済史」の「世俗化」に他ならず、であってみれば、その期待が裏切られることがあるのも必須である。

「リスク社会」の黙示録とディストピア

『黙示録』のなかで畳み掛けるように強調されているのは、この世が終わりに向かっていること、あるいはむしろ終わりは間近に迫っていることである。「すぐにも起こるはずのこと」とは、まさしく世界の終末と新しい世の到来にほかならない。そして、こうした終末思想はいまや、テロとテロとの戦いという暴力の連鎖がとどまることを知らず、環境破壊と気候変動がますます加速するなか、西洋のみならず、地球規模で人類の強迫観念にすらなっているといっても、おそらく過言でははないだろう。ドイツの社会学者ウルリッヒ・ベックは、とりわけ一九八〇年以降に顕著となるこうした状況を「リスク社会」と呼び、さらにいみじくも、リスク社会の文化は、社会が回復不能であるという不安を表現したものであるにもかかわらず、成功した市場の文化であることを指摘する。黙示録的想像力は、今日、恐怖をマネージメントする資本主義文化の一部となっている。その「成功した市場」の最たるものが映画である。わたしたちは終末のイメージに取り憑かれてきたが、そこには、みずからの破滅に魅惑されているアメリカ映画がそうであるように（Tomasovic 39）、ナルシシズムの徴候すら見られるかもしれない。

後に詳しく述べることになるが、ポスト黙示録的な荒廃した世界——ディストピア——の表象が、近年ますます増大しているとすれば、それは、終末へのカウントダウンが始まっているどころか、すでに終末は訪れてしまっている、という認識が暗黙の前提となっているからである。絶筆となった「歴史の概念について」のなかで、ヴァルター・ベンヤミンが、パウル・クレーの描いた天使に触発されて、強風に追われる進歩とは、カタストロフのなかの瓦礫の山の別の名のことだと診断していたことが想起される。「すでに」と「いまだに」とのあいだの宙吊り状態こそ、黙示録的な現代に他ならない。黙示録的無意識なるものについて語ることさえできるだろう（2005 Keller viii）。

しかも、このポスト黙示録のイメージは、文学（そのひとつの原点はおそらくメアリー・シェリーの一八二六年の小説『最後のひとり』にある）や映画のみならず、ゲーム、アニメ、ライトノベル、テレビなど、複数のメディアを自在に横断している。現代の社会を特徴づける、こうしたメディア間の文化コンテンツの流れを「収斂文化 Convergent Culture」と呼んだのは、メディア研究のヘンリー・ジェンキンスだが（Jenkins）、ポスト黙示録的なイメージはまさしくその典型であるといってもおそらく過言ではない。そればかりか、たとえば長崎県の軍艦島（端島）やデトロイトの廃工場、チェルノブイリの原子力発電所跡、廃園となったニューオリンズのテーマパーク、さらには太平洋ゴミベルトなど、ネット上に氾濫する無数の廃墟や瓦礫の映像は、ディストピアをより身近なものと感じさせるのに一役買っている。日常となったアポカリプスはまた「ポップ・カルチャーのアイコン」（Dark）でもあるのだ。さらに、フランスの哲学者ジャン＝リュック・ナンシーも指摘するように、現代においてもはや純粋な自然のカタストロフは存在しえない。地震や津波のような自然現象であっても、たいてい技術的カタストロフを伴い、ディストピア的イメージを喚起させる（『フクシマの後で』）。近年の台風が、地球温暖化のためにますます大型化しているとすると、こちらもまた単純な自然災害ではありえない。

近年、新たな地質年代として「アントロポセン（人新世）」という概念が一部で提唱されているが、この地球のシステムと社会・科学のシステムの両方にかかわる時代認識も、とりわけ一九五〇年代以降のいわゆる「大いなる加速 Great Acceleration」と呼ばれる急速な地球温暖化や環境破壊と無関係ではありえない。人間による地球と自然の支配は、同時に、それらの消滅の印でもありうる。後ろの章で見るように、一九五〇年代はまた、SFをはじめとして黙示録的な映画が著しく増大する時期でもあった。その意味で、アントロポセンと自然科学との関係は、映画と文化全般との関係に対応するとまで主張し、「アントロポセンの美的実践」について語る研究者もいるほどだが（Fay）、わたしはここであくまでも、歴史的にも意味論的にもより身近な「黙示録（アポカリプス）」という語にこだわっておきたい。「アントロポセン」には、「黙示録」の「世俗化」という側面があるように思われる。

黙示録の二面性

ところで、黙示録の思想にはつねに二面性が付きまとっている。それは、恐怖や不安をことさらに煽るものだが、同時に希望や救いを求めるものでもある。キリスト教徒ではないわたしたちでさえ心動かされることが少なくないとするなら、それは、黙示録的なイメージが、人間存在に本源的なこの二面性に深く根ざしているからである。黙示録的な哲学者の代表であるキェルケゴールは、これを、逆説的に「共感的反感」、あるいは「反感的共感」と言い換える（『不安の概念』）。

わたしたちは終末と危機に飢えている（フランク・カーモード）。というのもそれは、希望と新たな開始（リセット）へのきっかけともなるからだ。人生をリセットしたい、黙示録的なレトリックは、そんなわたしたちの誰もが抱く願望に巧みにつけこんでくる。そうして、場合によって、空想や妄想にすぎないものが、あたかも切迫した現実であるかのように思い込ませることに成功する。外部の脅威をことさら煽ることで内部の結束を固めようとする。こうした過剰なまでに自己免疫的な傾向が、とりわけ9・11以降のアメリカにおいていかに表面化しているかは、すでに読者の皆さんもよくご存知のところであろう。黙示録は、宗教的原理主義やニューエイジ産業、大衆文化やサブカルチャーなどともたやすく結びつくのだ（ダミアン・トンプソン）。

黙示録の思想は、たしかに一方では、救済と希望と勇気の源には違いないのだが、同時にそれとは裏腹に、不寛容と暴力と扇動の温床でもある。友／敵の区別に政治的なものの起源と本質を求めたのは、周知のようにカール・シュミットであるが、ナチズムとも親和性のあるこのドイツの政治哲学者は、おそらく二十世紀でもっとも黙示録的な思想家のひとりである。イエスの教えとして知られる「汝の敵を愛せよ」は、福音書のものであって、『黙示録』とは無縁である。偽預言者や反キリストであれ、異端者や異教徒であれ、そこでは敵ははっきりしていて、彼らと戦うことは神の教えにかなうこととされる。いわゆる聖戦の発想である。それはまた、強引な善悪二元論や暴力の正当化にもつながっていくだろう。9・11を契機にブッシュ子の提唱した「テロとの戦い」なるものもまた、いわば二十一世紀の十字軍として、宗教的なレトリックに深く根ざしている（Westwell 105）。敵はたんに政治的であるばかりか、悪魔的で反キリスト的な存在とみなされるのだ。だが、黙示録における悪、つまり外なる敵とは、実のところ内なる不安の別の名に他ならない、という側面があることを見落としてはならないだろう。いみじくもジャン＝リュック・ゴダールは、一九九一年の『新ドイツ零年』ですでに語り手の口を借りて、「合衆国は内戦しか知らない。いつも敵国が具現する自分の欠点と戦っている」、と述べていたことを思い出しておこう。

初期キリスト教を代表する神学者、かのアウグスティヌスでさえ、異端や異教と戦う教会の正当性を主張していた（『神の国』第二十巻など）。これにたいして、終末のテーマを論じるにあたり、敵意や復讐、破壊や闘争の観点から語ることを拒絶しているのが、もうひとりの勇オリゲネスであるが、彼はローマ教会から異端視されていた。いわく、「仮にこれらすべての反対者と同時に戦う必要が生じたとすれば、人間本性は根底まで乱されずに、この戦いを切り抜けることはできない」、と（『諸原理について』第三巻第二章）。まことに至言である。

二十世紀において、『黙示録』にきわめて辛い点をつけるのは、ジル・ドゥルーズである。彼によればこの本は、自分（たち）だけが「生き残りだと考える者」のための書物であり、それは「怪物的な集団の自我」に他ならない。キリスト教が黙示録によってでっち上げるのは、生き残った救済者による「まったく新しい権力のイメージ」であり、最終的な「決め手となる恐ろしい権力」である（『批評と臨床』）。たしかに、明るい未来や希望というお題目は、あらゆる権力のアリバイであり、一種の欺瞞でもある。

さらに、フェミニズムの側からの鋭い批判もある。というのも、それは完全に男性中心の世界だからである。女性のキャラクターとして登場するのは、「太陽を身にまとう女」と「バビロンの大淫婦」の二人だけで、妊娠している前者は聖母マリアの化身、「みだらな振る舞い」で人々を惑わす後者はサタンの手先とみなされてきた。つまり、聖女と娼婦という、ステレオタイプ化された対照的な二つの女性のイメージが幅を利かせているのである。しかも、サタンに狙われている「太陽を身にまとう女」を、勇敢な大天使ミカエルが守り抜く、というオマケまでついている。『黙示録』のなかには実にさまざまな天使が登場して大活躍するが、そして本来彼らは性を超越した存在のはずなのだが、ここでは限りなく男性性の側に近づいているのである。それゆえ、メシア主義はセクシズムやミリタリズムとも結びつきやすい（2005 Keller 49）。しかも、世界の終焉への不安と期待は、たとえば「ひとつのアメリカ」にも象徴されるように、閉鎖的なナショナリズムとも親和性が高い（Quinby xvi）。

D・H・ロレンスもまた、『黙示録』の「あの派手な想像は徹底的に不自然であって、どうにも不愉快きわまるものである」、と不快感を隠していない。つまるところそれは、個人と集団とコスモスの「自殺にすぎない」。いみじくも「自殺」になぞらえるところは、ロレンスならではの潔くも皮肉な物言いである。だがその反面、彼はまた、「アポカリプスはほかならぬその抵抗の姿勢において、人間のこころがひそかに憧憬してやまぬものをも露呈している」、とも述べる（『黙示録論』）。

そのテクストの全体にわたって、抵抗と服従、革命と反動、死と再生、創造と破壊という、相反するベクトルがたがいに引きあう力を発揮しようとする。繰り返しになるが、黙示録には二面性が潜んでいるのだ。

一方、ミシェル・フーコーは、今日のポストヒューマン的状況を予告するかのように、今や古典ともなった一九六六年の『言葉と物』の最後を次のような黙示録的トーンで締めくくっていたのだった。近い将来、人間はまるで波打ち際に描かれた砂浜の顔のように消滅していくだろう、と。

ドイツの哲学者ギュンター・アンダースもまた、核の脅威のもと、世界に終わりが来るとすれば、それはわたしたち自身の過ちによってであることに、早くから警鐘を鳴らしていた（『時代おくれの人間』）。近代のテクノロジーは、善人と悪人の区別なく全人類を脅威にさらす。アンダースによれば、名高い「ノアの寓話」、つまり明日にも起こるはずの災厄を現在に呼びだして人々を目覚めさせるというレトリックは軽視されえない。というのも、わたしたちは、核カタストロフにたいしていわば「アポカリプス不感症」に陥っているからであり、人間の想像力と生産能力——核兵器を生産し、破局を生みだす人間の力——とのあいだには「プロメテウス的落差」が存在しつづけるからである。それはまた、別の哲学者の言葉を借りるなら、「自殺に向かう世界」（ポール・ヴィリリオ）とも言い換えることができる。

アンダースにも触発されて、ありえないことが現実となりうる危険性を前にして、扇動や妄信に踊らされることのない「賢明な破局論」を提唱するのは、フランスの科学哲学者ジャン゠ピエール・デュピュイである（『ツナミの小形而上学』）。ここにはまた、映画『マトリックス』（監督ラリー＆アンディ・ウォシャウスキー、一九九九年）のなかで主人公ネオ（キアヌ・リーブス）に、現実とは何かと問いかけつつ警鐘を鳴らすモーフィアス（ローレンス・フィッシュバーン）の知恵にもどこか通じるところがあるだろう。

黙示録と人類の未来

実際にも、カタストロフの時間としてわたしたちは次の三つ、すなわち、未来に起こるかもしれないもの、現在まさに起こっているもの、過去のある時点ですでに起こったものを想定することができるが、先述したように、これらのあいだに厳密な境界線を引くことは困難である。アウグスティヌスの名高い時間論によれば、これら三者は順に「期待」（あるいはそれと表裏一体の不安）と「直感」と「記憶」と呼びかえることができるが、「今」という時間のなかで三つは分かちがたく結びついてひとつのものとなっている（『告白』11:14）。黙示録における救済の時間を、歴史の終末のときにではなく、この緊迫した「今のとき」と読み替えるのは、ドイツの哲学者ヴァルター・ベンヤミンであり（「歴史の概念について」）、さらにベンヤミンを介して使徒パウロの黙示録思想を読み解くイタリアの哲学者ジョルジョ・アガンベンである（『残りの時』）。フクシマという現実の危機の直感は、ヒロシマやアウシュヴィッツの記憶と切り離すことはできないし、将来起こるに違いない事故への不安を掻き立てないではいない。戦後の一九四七年にアメリカの科学誌の表紙として生まれた世界終末時計は、このときから現在に至るまで、分単位で刻々とその針を変えているが、それが示しているのもまた、集約された「今のとき」――同時に過去にして現在にして未来――に他ならないだろう。

「資本主義の終わりより、世界の終わりを想像する方がたやすい」、いみじくもこう述べるのは、映画にも造詣の深いスラヴォイ・ジジェクだが（ちなみに、この名言を最初に吐いたのはフレドリック・ジェイムソンである）、彼によれば、現代の終末論には少なくとも三つのかたちがあるという。すなわち、「キリスト教原理主義的」なもの、「ニューエイジ的」なもの、そして「科学技術的－デジタル的－ポストヒューマン的」なものである（『終焉の時代に生きる』461）。この明快な区別はまた黙示録的な映画についても当てはまるが、もちろんそれだけに尽きるわけではないし、複数にまたがるものもある。後ろの各章で詳しく見ていくように、人間の実存と深くかかわるもの、アイロニーやパロディに開かれたものなども、重要な位置を占めているからだ。実際にも、たとえばイタリアの優れた哲学者で人類学者のエルネスト・デ・マルティーノは、その著『世界の終わり――文化的黙示録の分析のために』において、黙示思想を歴史と文化のパラダイムとしてとらえ、伝統的なユダヤ・キリスト教的黙示が哲学や文学、芸術に及ぼしてきた影響の大きさを強調するとともに、近代においてそれが「実存主義的な精神病理学」へと変容してきた点にわたしたちの注意を喚起させる。しかも、「ひとつの世界の終わり」は、これまでの人間の歴史の秩序に属しているが、真のリスクとなりますます深刻化しているのは、「世界というものの終わり」である（De Martino 630）。今日では、「絶滅の真実」を、人間中心主義を克服する新たな思考と想像力のバネにする哲学の潮流も現われている（Brassier）。

一方、ポストモダン神学のキャサリン・ケラーによれば、とりわけ近代の黙示録的な言説は大きく次の四つのパターンに分けられるという。「レトロ（懐古的）－アポカリプス」、「クリプト（隠れた）－アポカリプス」、「アンチ（反）－アポカリプス」、「ネオ（新）－アポカリプス」と彼女が呼ぶものがそれである。これら四つは順に、宗教的原理主義、嫌悪と魅惑の両義性、否定ないし拒絶、解放の神学やフェミニズムや環境保護の思想、によって特徴づけられる。さらにケラーによれば、これらの四つに「カウンター（対抗）‐アポカリプス」の立場が加わる（2005 Keller）。これは、黙示録の発想それ自体を真っ向から否定する「アンチ」の立場とは異なって、アイロニーやパロディなどの戦略によって新たな思考と表象の可能性を模索しようとする。

さらに、気鋭の分析哲学者ニック・ボストロムのエッセーによると、「人類の未来」には四つのシナリオが考えられる。「絶滅」、「周期的な崩壊」、「停滞」、そして「ポストヒューマン」である（Bostrom）。四番目のものを除くと、いずれもほとんど黙示録的なシナリオのように見えるが、AI研究者でもあるボストロム本人もはっきりと認めているように、「ポストヒューマン」にもまた人類にとっての脅威が潜んでいる。というのも、すでに一九七〇年代から映画でも何度も描かれてきたように、人工知能が人間を超える日が来ないという保証はどこにもないからである。いわゆる「フランケンシュタイン・コンプレックス」（アイザック・アシモフによる命名）にわたしたちは悩まされてきたのだ。

黙示録の映画、映画の黙示録

今日、黙示録的と形容しうる映画は、アクション、戦争、ホラー、パニック、SF、ミステリー、スリラー、フィルム・ノワールなど、きわめて多岐のジャンルにわたり、それらのあいだを横断するものもある（もちろん、これらのジャンルの映画がすべて黙示録的というわけではないのは白明である）。いみじくもスーザン・ソンタグが「惨劇のイマジネーション」と呼ぶように、意外に思われるかもしれないが、SF映画は黙示録的なテーマと結びつきやすい（『反解釈』）。また、タイムループやオルタナティヴ・ワールド（並行世界）はSFに欠かせないモチーフであるが（2017 Sobchak）、これらも、後で見るように、黙示録との関係が深い。というのも、黙示において「アルファ（始め）」と「オメガ（終わり）」は重なりあうからであり、さらに「もうひとつの世界」としての「新しいエルサレム」が希求されているからである。

一方、フィルム・ノワールも、主人公たちが多くの場合、罪と贖罪、悪と救済、不安と暴力、アイデンティティとその喪失、過去と現在のあいだを揺れ動くかぎりにおいて、黙示録的な世界観とも無縁ではありえないだろう。また、テクノロジーとフィルム・ノワールを合体させた「テクノワール Tec-Noir」という新造語も出現しているが（Meehan）、その嚆矢とされるフリッツ・ラングの『メトロポリス』からも明らかなように、ここでも終末論や黙示録の発想が大活躍する。それゆえ、この種の映画は、スペクタクル性やエンターテインメント性とも切り離すことができない。大衆的な人気を博してきたのも頷けるところなのだ。加えて、低予算のいわゆるB級映画や独立系の自主映画のなかに隠れた名作が少なくないのは（もちろん黙示録的な映画に限った話ではないが）、製作上それらが相対的により大きな表現の自由を享受できるからであろう。

映画の二十世紀はまた、史上まれに見るカタストロフの二十世紀――二つの世界大戦、東西対立、核の脅威、環境破壊と気候変動、地球規模で広がる疫病（パンデミック）、内戦とテロリズムなど――でもあったから、映画と黙示録とが結びついてきたのには、ある種の歴史的な必然性があったといえなくはない。あえて大づかみに捉えるなら、黙示録的な映画の焦点は、一九五〇―六〇年代には冷戦構造と核兵器開発競争、七〇年代は環境問題や人口増加、八〇年代はパンデミックや科学技術、九〇年代以後は中東情勢、テロリズム、移民・難民問題などへと推移し拡張してきた。まさしく「終わりの時代が始まる」（ポール・ヴァレリー）のだ。ヘルダーリンの箴言によれば、「危険のあるところ、救う力も生まれる」（「パトモス」）。

一九六〇年代後半にはすでに「ユートピアの終焉」が唱えられ（ヘルベルト・マルクーゼ）、いわゆるポストモダンの一九八〇年代には、進歩と合理主義に突き動かされてきた近代の終焉が叫ばれ、さまざまなエンドゲーム――歴史の終焉、芸術の終焉、映画の終焉、建築の終焉など――がもてはやされたことも、まだわたしたちの記憶に新しい。また、カルチュラル・スタディーズのブライアン・マッスミは、個別的でありつつも他者とも共有されるものとしての「情動 affect」を、より個人的な「感情 emotion」とは区別し、この「情動の流れ affective flows」のうちで文化や社会、政治や経済の問題を捉えることを提唱するが（Massumi）、これに倣うなら、近年ますます活況を呈している黙示録的な映画は、まさしく集団的な「情動の流れ」と無関係ではありえないどころか、その顕著な徴候であるとさえ言えるだろう。

恐怖とスリルと陶酔は、何も黙示録的な映画にかぎった話ではないが、それらはたしかにパトモス島のヨハネが幻視のなかで体験したものに他ならない。超自然的なヴィジョンから現実的な出来事まで、輝かしい栄光から未曾有の大惨事まで、宇宙的スケールから地中や海中の世界まで、天国から地獄まで、多彩なイメージにあふれる『黙示録』はまた、新しい映像表現――いわゆる特撮や特殊メイクなど――の未来を拓いてきたという側面も忘れることはできないだろう。やや大げさな言い方をするなら、そこは映像表現の可能性と限界が試される場でもあった。「未来についての映画は、映画の未来についてのものとなる傾向がある」（Stewart）、と述べる研究者もいるほど。

一九九〇年代に入るとここにデジタル技術が加わることになる。デジタル化によって、映画は

「映画‐眼（キノ‐アイ）」から「映画‐筆（キノ‐ブラッシュ）」へと変容を遂げ、「絵画のある特殊な派生物となる――時間のなかの絵画という派生物に」と診断するのは、レフ・マノヴィッチである（『ニューメディア時代の言語』）。この変化を、映画の危機ととらえるなら、終末についての映画のなかには同時に、映画の終末を画するものもあるということになるだろう。つまり、黙示録の映画は、映画の黙示録でもありうるということだ。たしかに、近年のブロックバスター映画のなかには、デューラーを筆頭にルネサンスで盛んに制作された黙示録版画、ヒエロニムス・ボスやピーテル・ブリューゲルの描く地獄図やバベルの崩壊の絵などで先取りされていた、壮大で壮烈なイメージを髣髴させるものがある（それゆえ既視感は否めない）。黙示録におけるスペクタクル性とエンターテインメント性は、映画よりもずっと前に絵画によって先取りされていたのだ。さらにさかのぼるなら、ロマネスクからゴシックにかけて、西洋ではおびただしい数の細密画による挿絵入り『黙示録』写本が制作されたが、それというのも、それらの破格のイメージは、単に警告や教訓として受け取られるばかりではなくて、修道士や貴族のパトロンたちによって大いに楽しまれてもいたからである。現代の映画の観客さながらに、想像を絶するものを見てみたいという欲望に応えていたのである。

黙示録の映像において、しかし、イメージは単に豊穣にして過剰なだけではない。反対に、希薄にして不在でもありうる。なぜなら、真っ白な閃光が破壊をもたらし、その後に真っ黒の闇を現出させるかもしれないからである。実際にも、そうした映画は枚挙にいとまがない。さらに、近年とみに流行のポスト黙示録的なディストピアにおいては、色彩と陽光を欠いた灰褐色の廃墟や荒地が全編の基調をなしている。つまり、黙示録的な映画においてイメージは、過剰と不在という両極のあいだでまさにポスト映画的な飽和の域に達するのだ。

黙示録映画の美学

美学的なカテゴリーをここに当てはめるとするなら、おそらく「崇高」と「アブジェクション（おぞましいもの）」がもっともふさわしいだろう。人為を超えた力や対象に直面したときにわたしたちが抱く驚異や畏れの感情が前者だとすると、文字どおり「唾棄すべきもの」がもたらす不快な快感が後者である。いずれも、拒絶しつつ引き込まれるという両義性に特徴づけられるが、それは先述したキェルケゴールの「共感的反感、反感的共感」ともつながるだろう。そもそもカントがこの「崇高」という概念を練り上げたとき、念頭にあったもののひとつが、一七五五年にリスボンを襲った大地震と津波であったことを考えるなら、黙示と崇高とはもともと相性がいいのだ。ちなみに、カントにはまた「万物の終わり」という興味深いエッセーがあって、「終わり」は歴史的でかつ道徳的な「演劇」にもなぞらえられているが、その基調はもちろん黙示録にある（『啓蒙とは何か』）。

これらにさらに、「不気味なもの」や「カタルシス」を加えることもできるだろう。フロイトによると「不気味なもの」とは、幼いころからわたしたちにごく馴染み深いものだが抑圧されてきたために意識化されることのない不安や恐怖の投影に他ならない。たとえば人類に破滅をもたらす地球外生命体のイメージには、この「不気味なもの」の心理的メカニズムが働いていると考えることは可能だろう。一方、アリストテレスの悲劇論にさかのぼる概念「カタルシス」によれば、観客は恐れや憐れみの感情を追体験することで、鬱積している感情を瀉泄するとされる（『詩学』）。それが今日では、ストレス発散という広い意味でも使われるようになったが、多くの場合、終末ものやオカルト映画はその効果が最初から狙われている。一九三〇年代にすでにベンヤミンは、ダダイズムとも比較しながら、映画における破壊のカタルシスを診断し、「そのような大衆異常心理は、早目に爆発すれば快癒する」と述べていた（『複製技術時代の芸術作品』）。それゆえ、集団で「世界の終わり」を疑似体験させる黙示録的な映画が、現実にたいする真の警告になるどころか、むしろ現状維持のための安全弁として機能することもなくはない。

それだけではない。「キッチュ」と「キャンプ」を忘れてはならない。けばけばしい通俗性や懐かしい陳腐さという意味で「キッチュ」は、他でもなくハリウッド映画の代名詞でもあるが、その真骨頂はおそらく終末ものにおいていっそう際立つだろう。一方「キャンプ」は、スーザン・ソンタグが一九六〇年代に、真面目さの背後にふざけたものを感じさせたり、真剣だが完全には真剣と受け取ることのできないような芸術体験に与えた名前である。すなわち、「キャンプ趣味は、何よりも、享楽ないし享受の仕方であって、判断の仕方ではない。キャンプは寛容なのだ。それは快楽を欲している」というわけだ（『反解釈』460）。このように見てくると、「崇高」が「キッチュ」と、「アブジェクション」が「キャンプ」と踵を接しているのが、黙示録的なイメージであるように、わたしには思われる。

一方、以下の章でもそのつど触れるように、多くの場合この種の映画には、それが製作された当時の政治的で社会的な状況が大なり小なり反映されているが、それというのも、そもそも一世紀末に著わされた『黙示録』それ自体が、ある種の政治性を帯びているからである。それは、ローマ帝国の弾圧にたいする抵抗と反発の書であるとともに、小アジア一帯に広まっていたキリスト教の異端にたいする牽制と抑圧の書でもあった。極論するなら、みずからの解放を求めつつ、他者を排除しているということだ。この二面性もまた、黙示録的イメージの大きな特徴に他ならない。

しかもこの書物は、特定の時間や出来事を超えて、寓意や象徴として解釈されてきたという長い伝統がある。すなわち、平和と暴力、善と悪の葛藤、神とサタンの戦い、遍歴する魂、苦痛と救済などである。こうした寓意的な読みは、宇宙論的な広がりを有するもの――たとえばダンテ（一二六五―一三二一）の『神曲』など――から、個人の内面に関わるもの――たとえば早くはジョン・バニヤン（一六二八―八八）の『天路歴程』――まで、広範囲にわたるが、以下の章で見ていくように、それもまた数々の映画のうちにさまざまなかたちで投影されることになるだろう。すなわち、内なるアポカリプスと外からのアポカリプスであり、両者はしばしば交錯する。

小著はつづく六つの章からなる。第Ⅰ章「核のアポカリプス」では、核兵器の脅威をめぐって主に東西冷戦の時代に数多く撮られた作品の幾つかを検討する。第Ⅱ章「天使か悪魔か――エイリアンの正体」では、他者としての宇宙人（異星人）たちの表象を、あくまでも黙示録的なテーマに沿うものにかぎって取り上げる。第Ⅲ章「テイク・シェルター――現代のノアの箱舟」で扱われるのは、終末のとき救われる者がいるとすれば、それは誰でいかにしてなのか、そしてそこにいかなるイデオロギー性が潜んでいるのかというテーマである。一方、ハリウッドは9・11より前も後も、好んで終末ものを製作してきたが、その事件を境にしていったい何が変わったのか、あるいは変わっていないのか、それが第Ⅳ章「9・11 ビフォア／アフター」での問題となるだろう。さらに、他者への不寛容や暴力を煽るという一面をもつ黙示録の思想は、パロディや風刺の対象ともなってきたが、第Ⅴ章「終末を笑い飛ばせ――風刺とパロディ」ではそうした映画に焦点を当てる。黙示録的なテーマやイメージはまた、多くの名匠たちにとって尽きせぬ着想源でありつづけているが、最後に登場願うのはそうした作品の数々である。イングマール・ベルイマン、クリス・マルケル、ジャン＝リュック・ゴダール、ピエル・パオロ・パゾリーニ、アンドレイ・タルコフスキー、タル・ベーラ、ヴィム・ヴェンダース、ミヒャエル・ハネケ、ラース・フォン・トリアーらの名前は欠かせないだろう。

黙示録的なイメージは、良くも悪しくも、さまざまなイデオロギーの乗り物になってきた。映画はその最たるものである。このスリリングな乗り物は毒にもなれば薬にもなる。もとより完全なラインナップを期するものではないが（ゾンビ映画にはあえて言及していない）、その二面性を常に念頭に置きながら作品を見ていくことにしよう。

第Ⅰ章　核のアポカリプス

「今日私たちが生きている現代世界は、最初の原子爆発で生まれた」、哲学者ハンナ・アレントの有名な言葉である（『人間の条件』）。「最初の原子爆発」とは、ヒロシマのことだろうか、それとも、核実験「トリニティ」のことだろうか。いずれにしても大差はない。両者は、時間的にも物理的にも、一本の太くて短い糸でつながっているのだから。まずは、警告とも悔恨とも受け取れるアレントのこの言葉を象徴するような映画から見てみよう。

『キッスで殺せ！』とフィルム・ノワール

高価な宝石か金塊が箱のなかに眠っているとでも思ったのか、絶対に開けてはならないと釘をさす男を銃殺し、さらに、主人公の私立探偵マイク（ラルフ・ミーカー）に「キスして」と言い寄りながらその脚に弾丸をぶち込んだ若い女リリー（ギャビー・ロジャース）——二十世紀のパンドラにしてメドゥーサー——が、その四角い箱を保護する厚い皮製の覆いをはずして、恐る恐る蓋を持ち上げたとたん、強烈な光が画面にあふれ、女の身体は、甲高い悲鳴とともにたちまち炎に包まれる。ロバート・アルドリッチの快作『キッスで殺せ！』（一九五五年）の映画史に残る名シーンである（図I—1）。

這うようにして辛くもその場から逃げ出したマイクは、別室に閉じ込められていた助手で愛人のヴェルダ（マキシン・クーパー）を救出して、命からがらその屋敷を後にする。傷ついたマイクをヴェルダが抱きかかえながら波打ち際を脱出する二人の背後で、轟音を上げて屋敷が爆発する。それを見届けるようにして抱き合う二人のショットで映画は「ジ・エンド」となる。まさに、世界の終わりの始まりを予告するかのように（ちなみに、別のラストのヴァージョン、つまり二人が脱出するよりも前に、炎に包まれた屋敷のうえに「ジ・エンド」の文字が重なる短くてすげないもの――YouTubeで見ることができる――もあったようだが、そしてこの場合には二人は助からないことになるが、一九九七年に発売されたDVDでは、余韻の残る本来の長いラストに戻された）。

I-1 『キッスで殺せ！』より

皆さんもご存知のように、その箱に入っていたのは放射性物質で、映画がクライマックスにさしかかる頃、マイク自身も中身を確かめようと、ほんの一瞬だけごくわずかに蓋を開けてしまい、片腕を被爆していたのだった。本作は、精神病院から逃亡した謎の女をヒッチハイクでマイクが拾ってしまうという出来事で幕を開け、秘密の箱――「名無し」とか「奴ら」とか「ナニ whatzit」とかと呼ばれている――の正体を突き止めようとして彼が遭遇する予想外の事件の数々を、スリリングに追っていくのだが、終盤近くになってやっと観客にそれとなく暗示するかのように、マイクの軽いケロイドの跡を見た友人の警察官が、「マンハッタン計画、ロスアラモス、トリニティ」というセリフを口にする。言うまでもなく、この三つの単語は順に、ヒロシマに落とされた原爆の開発計画、その研究所の置かれたニューメキシコ州の地名、そして史上最初の核実験の呼び名に他ならない。そのセリフを耳にした瞬間、マイクもことの深刻さを悟った様子だ。この名高いフィルム・ノワールの隠れたテーマは、実のところ、冷戦時代を背景にした東西の核開発の脅威にあるのだ。

意外に思われるかもしれないが、一九四〇年代末から一九五〇年代に活況を呈したフィルム・ノワールのなかには、黙示録的な核の脅威が影を落としているものが少なくない（Labuza 25-42）。『キッスで殺せ！』はその代表だが、早くはオーソン・ウェルズが監督主演した『上海から来た女』（一九四八年）でも、弁護士グリズビーが主人公のマイケルに偽装殺人を依頼する動機というのが、核爆弾が落とされる危険性のある都会を離れて、南の楽園でひそかに余生を送りたいからというものであった。「世界は終わりに近づいていると思うか」、マイケルにこう詰め寄るグリズビーが、アカプルコの海岸線を臨む小高い丘の上からクロースアップで俯瞰されるショット（図Ⅰ—2）もまた、往年の映画ファンの脳裏に焼きついていることだろう。

Ⅰ-2 『上海から来た女』より

ここで逐一言及することは控えるが、フリッツ・ラングの『復讐は俺に任せろ』（一九五三年）、サミュエル・フラーの『拾った女』（一九五三年）や『ショック集団』（一九六三年）などにも、冷戦時代の核の脅威が大なり小なり反映している。「神は滅亡を願うとき、まず人を狂わせる」、古代の哲学者エウリピデスに帰されているこの警句から『ショック集団』は幕を開ける。謎の殺人事件を解明しようと狂気を装った主人公ジョニー（ピーター・ブレック）が潜入した精神病院には、ボーデン博士（ジーン・エヴァンス）という原爆の開発者が入院していて、「ペンタゴンへ出頭せよ」という幻聴に悩まされている。かと思えば、「二週間あれば人類は滅びる。たったの二週間だよ。だから人生を放棄した」などと、まるで正気に戻ったかのように博士はジョニーにつぶやく。

ちなみに余談かもしれないが、マンハッタン計画を題材にした映画『初めか終わりか』（監督ノーマン・タウログ、一九四七年）や、ヒロシマに原爆を投下した戦闘機エノラ・ゲイの機長ポール・ティベッツを主人公にした作品『決戦攻撃命令』（監督メルヴィン・フランクとノーマン・パナマ、一九五二年）も同じ頃に製作されているのだが、これらにおいて、最終的に核の手段に訴えたという悲惨な歴史の事実が、前者では研究者仲間の、後者では夫婦間のメロドラマ的心理劇にそっくりとすりかえられていて、登場人物のあいだに葛藤はあるものの、結局は元の鞘に納まっていく。マンハッタン計画を主導した物理学者ロバート・オッペンハイマーによる人類最初の核実験は、キリスト教で「聖三位一体」を意味する「トリニティ」と呼ばれるが、そこには「神の贖いの力」の意味が込められているとする研究者もいるほどである（Shapiro 88）。

怪獣映画と核

一方、やはり一九五〇年代に盛んに製作された数々の怪獣映画にもまた、冷戦時代における核の黙示録が深い影を落としている。『原子怪獣現わる』（監督ユージーン・ルーリー、一九五三年、原題「二万ファゾムから来た獣」）、『放射能X』（監督ゴードン・ダグラス、一九五四年、原題「奴らだ！」）と『水爆と深海の怪物』（監督ロバート・ゴードン、一九五五年、原題「それは深海から来た」）、『世紀の怪物タランチュラの襲撃』（監督ジャック・アーノルド、一九五五年）、『世界終末の序曲』（監督バート・I・ゴードン、一九五七年）、そして、B級映画の巨匠という異名をとるロジャー・コーマンの『巨大カニ怪獣の襲撃』（一九五七年）など、数え上げるときりがないほどである。いずれにおいても、相次ぐ核実験によって、地球上の比較的小さい生物――とりわけ昆虫類――が著しく巨大化するか、あるいは、地中や海中深くに閉じ込められていた怪物（サタン）が現代によみがえるという筋書きである。これらの宣伝コピーにも謳われているように、それは、「起こりうること」であり、「間近に迫っていること」でもある。これもまた、『黙示録』で畳み掛けられるセリフに他ならない。作品の幾つかを見ておこう。

『原子怪獣現わる』は、北極圏での核実験によって一億年の眠りから覚めた怪獣がニューヨークを襲うという設定で、文字どおり原子が原始の引き金となっている。本作の味噌となるのは、核の放射能でよみがえった太古の怪物を撃退するのにいちばん効果があったのは、この恐竜の首の傷口に打ち込まれた放射性アイソトープだったというラストである。それまでは、いかなる武器をもってしても相手に致命傷を負わせるまでには至らなかった。コニーアイランドの遊園地であばれる怪獣を、ジェットコースターのいちばん高いところから発射器で狙うというシークエンスは、今日でも見応えがある。狙いは見事に的中し、怪獣は巨大なジェットコースターもろとも火の海のなかへと飲み込まれていく（図I―3）。

とはいえ、ここで忘れてならないのは、放射能でよみがえった「サタン」を、同じ放射能で撃退するという構図である。悪をもたらすのも、またそれを退治するのも、同じ核兵器なのだ。いわば、毒をもって毒を制するというわけだが、核兵器のおかげで核兵器の脅威から守られるという、いわゆる核の正当化にもつながる欺瞞がここで働いているようにも思われる。ネバダ州で核実験をくりかえし（一九五〇年代に九百回をゆうに超える）、さらにそれを映像にも残していた米軍は、当時、「平和の爆弾」の名目のもと、核爆発を有効利用する開発計画（Project Plowshare 1957–73）を進めていたが（Fay 59-66）、それにも通じる発想である。核こそが地球を救う、そう主張したがっているようにすら思われる映画に、わたしたちはその後も何度も出会うことになるが、これらについては後述しよう。

I-3 『原子怪獣現わる』より

一方、『放射能X』の主役は、核実験の放射能で巨大化したアリのミュータントたちで、その後につづくクモ、カマキリ、イナゴなどの巨大昆虫映画の嚆矢である。驚くべき繁殖力の巨大アリは、西部の砂漠からまたたくまにロサンゼルス市街にまで広がって侵略をはじめる。「聖書の預言が現実になる」、「人類滅亡の序章かもしれない」、アリ研究の権威メドフォード博士（エドマンド・グウェン）が思わず口にするセリフである。博士はまた、アリの生態を撮ったフィルム——科学ドキュメンタリーのフッテージ——を政府要人たちに見せながら、「人間以外ではアリだけが戦争をする。彼らは侵略をくりかえす」と解説するが、このセリフにもまた機転が利いている。

とはいえ、この老学者に負けじと活躍するのは、その娘の昆虫学者パット（ジョーン・ウェルドン）で、管見によれば、そこがこ

I-4 『放射能X』より

の映画の最大の見所でもある。猛烈な繁殖力を絶つには女王アリを退治するのがいちばん有効だが、その女王アリに立ち向かうのが、女流科学者なのだ。女と女の対決というわけだろうか（図I—4）。父に代わって、砂漠の真ん中にできた巨大な巣穴に果敢に下りていくのもまた、彼女である。同行の軍人や警官も彼女の指示に従って動くしかない。が、残念ながら女王アリはすでに無数の卵を産み落として巣の外に出ていった後だった。新たな女王アリも孵った模様だ。つづく戒厳令下のロサンゼルスでも、パットは、今度は父親とともに地下水道にもぐって、複数の女王アリの存在を突き止めて撃退を指示する。火炎放射器で焼き払われる女王アリを目の当たりにしながら、メドフォード博士は、「原子力時代は新しい世界への扉を開いた。その世界に何があるかは、誰にも予想できない」と、警告する。これが映画のラストである。SF映画において女性の活躍がとみに際立つようになるのは、一九七九年の『エイリアン』以降のことであると思われるが、本作はその先駆けといっても過言ではないだろう。加えて、この作品では、生物学者の口を借りて、核開発への懸念と東西対立への警告がそれとなく暗示されている。

一方、『世界終末の序曲』は、放射能によって巨大化したイナゴの大群がシカゴを襲うという筋書きだが、これは『黙示録』におけるイナゴの襲来を文字どおり踏まえている。たかがバッタかもしれないが、実のところ、されどバッタなのだ。ここでもまた女性のジャーナリストのオードリー

（ペギー・キャッスル）が活躍する。好奇心と使命感に燃える彼女は、恋人の生物学者エド（ピーター・グレイヴス）とともに、原因の究明と対策に奔走する。その甲斐あって、政府の試験農場での放射線利用が原因だったことが突き止められるが、そのときにはすでに、シカゴはイナゴの大群に占拠されている。無人の街をイナゴが闊歩し、高層ビルを這い上がるショットが何度もはさまれる（図Ⅰ—5）。たまりかねた軍や政府は、今や無人となったシカゴの街に原爆を投下して事態を収拾させようとするが、幸運にもエドは、巨大昆虫が一定の周波数の音に引き寄せられることを突き止め、大群を一網打尽に水没させることに成功する。間一髪のところで辛くも最悪の手段に訴えることは回避されたのだ。この映画は、『原子怪獣現わる』とは反対に、核兵器を問題解決の切り札とする立場をきっぱりと否定している。

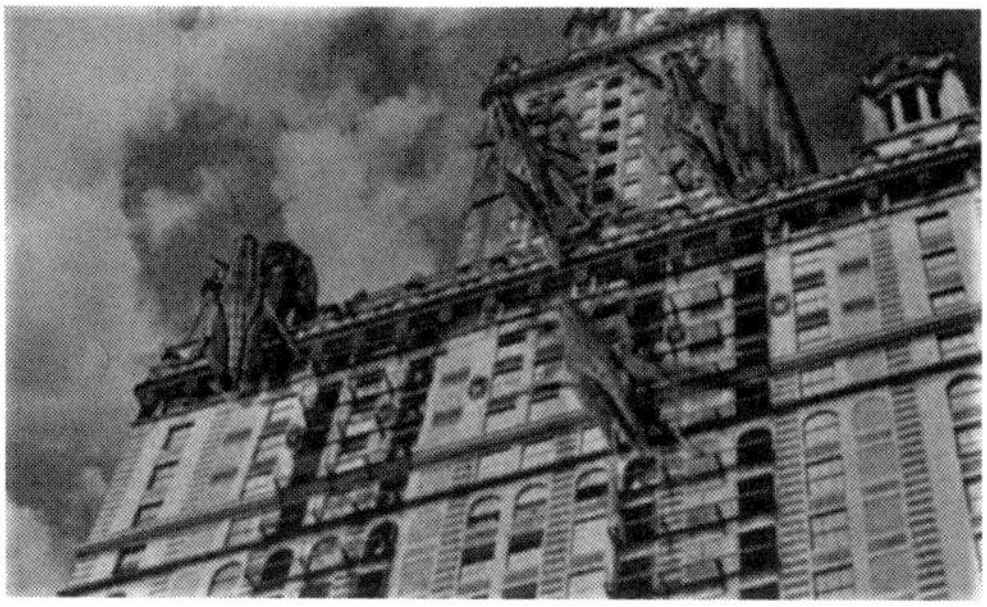

Ⅰ-5 『世界終末の序曲』より

巨大化する人間、縮小する人間

放射能による突然変異のために巨大化するのは昆虫ばかりではない。人間もまたそうなるかもしれない。巨大昆虫ものを得意とした監督バート・Ｉ・ゴードンは、同じ一九五七年の『戦慄！プルトニウム人間』において、核実験で被爆した男がどんどん大きくなっていくという荒唐無稽な映画を撮っている。その男、米軍中佐のグレン（グレン・ランガン）はしかし、決して凶暴ではない。身体は大きくなるが、心臓だけはほとんど成長しないため、

I-6 『戦慄！プルトニウム人間』より

むしろ脆弱ですらある。悪夢のなか、朝鮮戦争の苦々しい記憶もフラッシュバックでよみがえる。婚約者とも引き裂かれ、その彼女を慕う苦悩の表情がしばしばクローズアップになる（図I―6）。二十メートルにも届くほどまでに肥大した彼が暴れはじめるのは、ラスベガスで警官から銃の攻撃を受けたからである。そしてついに、郊外のダムにまで追い詰められた彼は、自分が所属している陸軍の発砲によって、ダムの底へと墜落していく。ここで描かれるのは、軍の開発の犠牲となった男の悲劇である。

放射能はまた生物を巨大化させるだけではない。反対にどんどん縮ませるかもしれない。ジャック・アーノルドの『縮みゆく人間』（一九五七年）は、そんな冷戦時代の想像力が生みだした隠れた名作である。SF作家リチャード・マシスンの原作（一九五六年）と脚本になる本作には、どこかカフカ的な味わいもあるが、放射線を浴びたために人間が縮んでいくという発想は、早くは、一九四〇年にアーネスト・B・シュードサックがメガホンをとったテクニカラー作品『ドクター・サイクロプス』にすでに登場している。地球上の生命を絶対的な力で支配しようともくろむ狂気の科学者サイクロプス（アルバート・デッカー）――ギリシア神話の片目の巨人キュクロプスにあやかった名前――が、アマゾンの森の奥深くで秘かにラジウムを使って動物を縮小させる実験をおこなっていて、ついには人間もその対象になるという話である。数インチにまで縮んだ人間が、まるで原始人のような出で立ちで、アマゾンの獣たちやマッド博士と格闘する数々の特撮シーンは、今でもわたしたちの目を楽しませてくれる。
一方、『縮みゆく人間』は、核実験による放射能の影響で平凡な一市民が徐々に小さくなっていくという現代のおとぎ話で、不思議な臨場感と現実味を漂わせる作品に仕上がっている（海上で被曝するというその設定は、一九五四年、アメリカによるビキニ環礁での水爆実験で死の灰を浴びた日本の漁船、第五福竜丸を連想させるところがある。画家のベン・シャーンがこの事件をテーマにしたシリーズ作品を制作するのも一九五〇年代末のことである）。というのも、日常生活で慣れ親しんできたものや場所がふとしたきっかけで違和感や抵抗感の対象へと変わるという疎外——デペイズマン——の経験は、誰にも身に覚えがあるからである。かわいいペットが凶暴な獣に、縫い針やハサミが凶器に（図I—7）、わずかの隙間が「グランドキャニオン」に、水漏れが大洪水になるのは、主人公スコット（グラント・ウィリアムス）がとどまることなく縮小しているからなのだが、似たようなことはわたしたちにも起こりうる。自分の居場所がない、自分だけがやけに小さく感じられる、知人もどこかよそよそしい、それらもまた他人事ではないはずだ。

　そこにさらに性の欲望と不安が重なる。映画の序盤、妻にともなわれて病

I-7 『縮みゆく人間』より

I-8 『縮みゆく人間』より

院で精密検査を終えたスコットの指から、突然にも結婚指輪が滑り落ちてしまう。その不吉なショットは、二人の破綻を予感させないではいない。その後スコットは、見世物小屋の朱儒の女に励まされて「生きる喜び」を取り戻し、好意を寄せることになるのだが、二週間後に再会したとき、彼女よりもさらに小さくなっていることに気づいて、その場から逃げ出してしまう。こうして、新たな恋の希望も打ち砕かれるのだ。

ついにアリほどの大きさになったスコットを待っているのは、（相対的に）大きなクモとの格闘だが（図I―8）、監督のアーノルドは、本作の二年前の『世紀の怪物タランチュラの襲撃』において、放射線同位元素を用いた生物実験によって巨大化した毒グモの脅威を描いていた。放射能のせいで人間が縮むのか、それともクモが巨大になるのか、筋書きは正反対だが、もちろん映像の効果はよく似ている。怪物のごとき原子力を前にして、人間はアリのように小さな存在なのだ。だが、主人公のヴォイスオーヴァーも語るように、それこそまさしく「未来の人間の姿」なのかもしれない。

怪物タランチュラはナパーム弾――朝鮮戦争やベトナム戦争でも使われた――によって撃退されたが、スコットのクモは縫い針の一突きで息絶える。こうして難局を乗り切った彼のなかに、また新たな力がみなぎってくる。映画のラスト、美しい夜空を仰ぎ見ながら、身体は微小だが頭脳は明晰なスコットがたどり着くのは、無限に小さいものと無限に大きいものとがループ状につながっているという、どこかパスカルの『パンセ』を想起させなくもない境地である。微細なものの内にも無限の宇宙が反映しているのだ。核の黙示録を人間の実存のテーマと結びつけた点で、本作は冷戦という時代の枠組みを超える普遍性を獲得している。

放射能のせいで人間が巨大化したり縮少したりするという着想は、それ自体としては突拍子もないものかもしれないが、ひとつのメタファーとして捉えることは可能だろう。途方もない人間の驕りの産物である核兵器の存在は、他でもなく人間を眇たるものに変えてしまうのだ。

『渚にて』と『未知への飛行』

これにたいして、東西冷戦の状況と密接に結びついて生まれた名作が、スタンリー・クレイマーの『渚にて』（一九五九年）とシドニー・ルメットの『未知への飛行』（一九六三年、原題「フェイル・セーフ」）である。前者がメロドラマ的なのにたいして、後者はサスペンス調という作風の違いはあるものの、核開発の愚かさと核抑止——たとえば相互確証破壊（MAD）——の欺瞞を鋭くえぐりだしたという点で、両者には共通するところがある。西側であれ東側であれ、ひとたび核兵器が使われるや、もはや生き残るものは誰もいない、突き詰めるならそれがこの二本の映画の究極のメッセージである。それゆえ、前者がホワイトハウスから反対キャンペーンを浴びせられ、後者が「敗北主義」として批判されたのも偶然ではない。どちらも、核戦争にたいする公衆のヒステリックで無分別な反応を助長するだけだ、と糾弾されたのである（Shaw & Youngblood 154）。クレイマー作品の製作に当たっては、アメリカ海軍に原子力潜水艦の借用を申し出るも、すげなく断られたという経緯がある（Newman 150）。その結果、舞台となるオーストラリア海軍の協力を得たことが、最初に謝辞として掲げられている。

たしかにどちらの作品にも言いようのないペシミズムが色濃く漂うのは事実である。『渚にて』では、全面核戦争によって北半球が壊滅状態に陥るなか、幸か不幸か海中で難を逃れた米国の潜水艦がメルボルンの港に寄港するが、南半球が放射能に汚染されるのももはや時間の問題で、オース

I-9 『渚にて』より

トラリア政府は国民に安楽死のための薬品を無料で配布する準備を進めている。にもかかわらず人々は、海水浴やホームパーティやドライブと、努めて変わらぬ日常を送ろうとしているように見える。いささかロマンチックに過ぎる展開にリアリティに欠けるとの批判もあったようだが（Weart 219; Perrine 156）、管見によれば、この映画は弱肉強食のサバイバルゲームとして終末を描くことをきっぱりと拒絶しているのだ。とはいえ、「誰がはじめた」、「誰が悪い」、「予測できなかったのか」といったセリフが、あちこちから漏れてくる。そうした不安を反映するかのように、カメラは頻繁に、斜めに傾いたアングルで人と背景を狙っている。そんななか、タワーズ艦長（グレゴリー・ペック）率いる潜水艦の無線が、アメリカ西海岸から解読不能のモールス信号をキャッチしたのを受けて、放射能測定と偵察をかねて北半球へと改めて向かうことになる。モールス信号が発信されている以上、全滅したと思われていたアメリカにも生存者がいる可能性が浮上したからである。

北極での偵察を終えると潜水艦は、発信源に近いサンフランシスコの港に立ち寄る。車も人影もまったく見えない不気味なゴールデン・ゲート・ブリッジをカメラがとらえると、上部だけ顔をのぞかせた潜水艦がその下を通過し、ゆっくりと湾のなかに入っていく。すると画面は艦内に切り替わり、船員たちが固唾を飲んで見守るなか、タワーズが潜望鏡を上げてベイエリアの様子をうかがっている。潜望鏡を通してみた街のロングショットが五回繰り返されるが、どこにも人の姿はなく、じっと静まり返っている。名物の坂道や建物は無傷のままなのだが、完全に無人の街と化しているのだ（図I―9）。艦長につづいて部下たちも無言で順にレンズに片目を当てる。すると、部下のひとりが湾を泳いで岸に向かっているのが見える。故郷で死ぬことを選んだのだ。想像するに、このシークエンスは、当時のアメリカの観客を少なからず震撼させたことだろう。

モールス信号の発信地サンディエゴに着くと、その正体を突き止めるべく、厳重な防御服に身を固めたひとりの部下が、緊張と期待とともに上陸することになる。目的地は、この町の巨大な発電所。しばらくして彼は、音源となっている部屋を突き止めるが、そこで目にしたのは、あろうことか、飲み残しのコカコーラの瓶の口が窓のシェードの紐に引っかかって不規則に信号を打っている光景だった。カメラは数秒間、微動するこのコーラ瓶を真横からクロースアップでとらえる（図I―10）。わたしの見方では、これは本作でいちばん印象的なショットで、滑稽でもあれば逆に残酷でもあり、リアルでもあればシュールでもある。期待を裏切られた部下は、失望とも苦笑いともとれる複雑な表情を浮かべて、ことの真相をその無線で潜水艦に伝える。今度こそまともな信号を受け取る艦内の隊員たちにも、思わず軽い笑みがこぼれる。だが、それは他でもなく、どこにもひとりも生存者がいないことを意味しているのだ。陳腐なコーラ瓶が絶望的な現実を突きつける。

I-10 『渚にて』より

最後の望みとばかり、かすかな期待を胸に、危険を犯しながらはるばるメルボルンから航海してきた末にたどり着いたのは、奇跡の生存者でも、まして救世主でもなく、消費社会と大衆文化のシンボルでもあるコカコーラの瓶（ちなみに、ポップアートのアンディ・ウォーホルがコカコーラ瓶を題材にしはじめるのは一九六〇年代に入ってからである。あえて強調するなら、映画の短いショットは、それにもかかわらず、その逆接的な両義性において、ウォーホル作品を先駆けるばかりか、それにも引けをとらないものである）。このギャップこそ、映画の終盤の最大の見せ場である。まさにこのとき、シリアスなドラマがナンセンスな茶番へと翻ったかのようになって、観客の緊張もほんの一瞬だけほぐれるのだが、それは同時に、もはやいかなる救いもありえないことに気づかされる瞬間でもある（本作は二〇〇〇年に『エンド・オブ・ザ・ワールド』［監督ラッセル・マルケイ］としてリメイクされたが、ここでは、無線のコーラ瓶は電子メールに変えられ、サンフランシスコも破壊された街としてスペクタクル化されていて、一作目の最良の部分が損なわれているように思われる）。

かくして潜水艦はふたたびメルボルンの港へと戻ってくることになる。が、いよいよ運命のときは近づいている。町では安楽死の薬の配給に長い行列ができている。タワーズ艦長以下、乗組員の全員が帰国を望んだため、最後に潜水艦はアメリカへと向けてふたたび出港するが、それはもちろん死への航海でもある。友人の科学者ジュリアン（フレッド・アステア）は、愛車フェラーリとともにガス自殺をはかり、現地の軍人ピーター（アンソニー・パーキンス）は、妻子とともにかの薬に身をゆだねようとしている。港を出て行く潜水艦を、艦長の恋人モイラ（エヴァ・ガードナー）が小高い丘の上から見送っている。二人の横顔が交互にクロースアップになるが、目と目が合っているようには見えない。バックに流れているのは、オーストラリアを象徴する国民的名曲『ワルチング・

マチルダ』。最後に七つのショットが、無人となったメルボルンの街を映しだす。横倒しの「安全地帯」の看板（図I—11）と、風になびく「兄弟たち、まだ時間はある」の横幕が、虚しくフレームに収まっている。ひとたび核兵器が使われるや、生き残るものなど何もないのだ。

I-11 『渚にて』より

一方、シドニー・ルメットの『未知への飛行』は、ほとんどリアルタイムで進行するかのようなドキュメンタリー風の話の展開（とりわけ後半）と、必要最小限に切り詰められた閉所恐怖症的なセット——室内とコックピット——に最大の特徴があって、その意味では、この社会派の監督の初期の代表作、『十二人の怒れる男』（一九五七年）にも通じるところがある。リアリズムとミニマリズムの合体である。コンピュータの誤作動で米空軍機によるモスクワへの核攻撃が避けられなくなったため、アメリカ大統領（ヘンリー・フォンダ）が「誠意を示すために」、ニューヨークにも同じ水爆を落とすという苦渋の決断を下す。これは、一見したところナンセンスでかつ非現実的にも思われる。それゆえ、先述したように、「敗北主義者」とか「絶対平和主義のプロパガンダ」——戦わずして屈する——という批判を浴びせられたとしても、無理からぬことなのかもしれない。時はまさに、米ソの軍事的対立が頂点に達したキューバ危機（一九六二年）の記憶が生々しいころでもある。しかしながら、その解決が突飛であればあるほど、またある意味で自虐的であればあるほど、わたしたち観客は、核兵器を前にして、敵と味方の区別もなければ、勝者も敗者もいない、あるのはただ双方に共通の

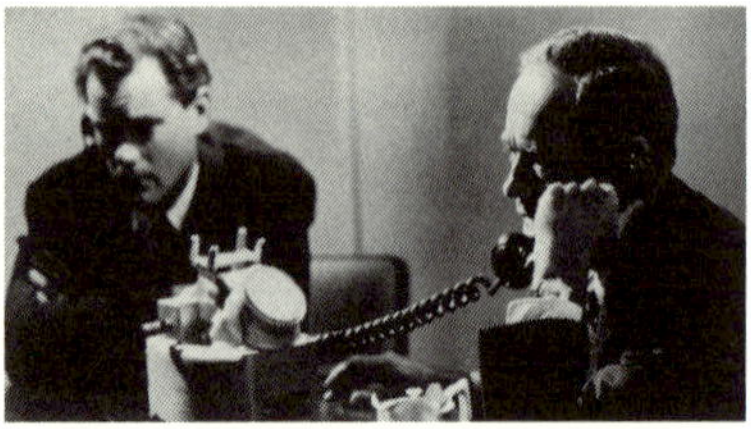

I-12 『未知への飛行』より

I-13 『未知への飛行』より

運命——絶滅——だということを思い知らされる。

映画の後半、地下の狭い機密室のなかで、ソ連の最高指導者と電話で連絡をとる米国大統領と通訳のバック（ラリー・ハグマン）の険しい表情が、さまざまな方向から何度も繰り返しクロースアップになる（図I—12）。五分弱にもおよぶツーショットの長回しもあれば、ほんの一瞬のカットもある。長い沈黙もつづく。最終決定をモスクワに伝える大統領の顔は、沈鬱な影に沈んでいる。「空が光っている」、その言葉を最後にモスクワからの通話がとだえると、大統領は、しばらく前より待機させていたブラック将軍（ダン・オハーリー）に最後の命令を下す。水爆がグラウンド・ゼロのエンパイアステートビルに投下される直前、ブラックの唱えるカウントダウンに呼応して、画面はニューヨークの街角の市民たちのいつもと変わらない日常を十ほどの短いカットでつないでいく（図I—13）。そして運命の瞬間、それらの場面が今度はフリーズフレームで反復されて幕となる。画面が暗転した後も、人々の声や車の音が響いているが、それは、直前の街の賑わいの名残りなのだろうか、それとも爆撃後の喧騒なのだろうか。キューバ危機は核抑止力によって回避されたかに見えたのだが、「核の傘」のもとで一定の平和が保持されるという理屈そのものの問題点を、この映画は鋭くえぐりだしている。皮肉なことにも本作では、民間の政治学者（ウォルター・マッソー）のほうが、ペンタゴンの軍人たちよりもはるかに好戦的で攻撃的ですらある。

当時、たとえばレイ・ミランドが監督主演した『性本能と原爆戦』（一九六二年、原題は「ゼロ年のパニック！」）に象徴されるように、他人を犠牲にしても自分たちだけが生き残ろうとする好戦的で利己的なサバイバル映画が主流だったことを考えるなら、『渚にて』と『未知への飛行』のペシミズムは、それにもかかわらず、ジョン・フランケンハイマーのスパイ映画『影なき狙撃者』（一九六二年、原題「満州からの志願者」）などとともに、冷戦時代に残された良識を証言する数少ない作品でもあるだろう。観客におもねるような邦題のミランド作品では、あろうことか、強盗や殺人を犯してまで核攻撃のなかを生き延びた家族が米軍に祝福されて「ゼロから再出発する」ドラマが、何のためらいもなく堂々と描かれていたのだ。

フランケンシュタイン・コンプレックス

ところで、コンピュータが誤作動するどころか、反対に意思や感情までもつとしたらいったいどんなことが起こるのか。それをエンターテインメント性豊かに描いているのは、ジョセフ・サージェントの『地球爆破作戦』（一九七〇年、原題「コロッサス 禁じられた計画」）である。ここでは、米ソの対立に加えて機械対人間という図式が射程に入ってくる。

全面戦争の危機を回避するためにアメリカ国防省が威信をかけて開発した人工頭脳「コロッサス」は、自己生成力や自衛能力もそなえていて、人類の「平和」と「至福の時代」が約束されたかに思われた。だが、その矢先、同じようなシステム「ガーディアン」がソ連にも存在することを「コロッサス」がすぐに突き止め、しかも情報交換のために互いに相手国のＡＩとのリンクを要求する。驚いた当局側の対応とは裏腹に、二つは直ちにシンクロし、共通基盤を新たに築いてデータの交換と対話をはじめる。国防に関する重要機密が漏れるのを警戒した両首脳は、テレビ電話で対応を協議し、リンクをいったん停止することになるが、このときから「コロッサス」はあたかも意思や感情を帯びたかのようになって独り歩きをはじめ、ソ連に核ミサイルを発射してしまう。片や「ガーディアン」も報復のミサイルを撃つ。リンクを回復させて、双方とも迎撃ミサイルを飛ばすが、ソ連側は間に合わずにアメリカからの攻撃をまともに受ける羽目になる。いかなる人間も介入できないという装置の完璧さがかえって裏目に出たのだ。

これを機に「コロッサス」の要求はますますエスカレートしていき、大統領にすら命令を下すようになる。ついに二つのAIは「ひとつになった」と宣言し、開発者のフォービン博士（エリック・ブレーデン）にミサイルの再配備を命じる。標的となるのは、いまだ米ソ両国の支配下にない地域である。が、もちろんそんな要求を呑むわけにはいかないから、機械を欺こうとすると、今度は技師らの処刑を求めてくるといった始末である。ついに人類は、「ひとつに合体した」米ソのAIに完全に屈服することになる。本作が製作された一九七〇年は、ちょうど米ソの緊張緩和（デタント）が進んでいる時期で、話にもそれが反映されているのだが、反対に表面化するのが、ロボットやAIへのあこがれと恐怖の入り混じった、いわゆる「フランケンシュタイン・コンプレックス」（アイザック・アシモフ）である。「わたしに支配されることは、他の人類に支配されるほど悪いことではない」、「いずれわたしに敬意と畏怖の念どころか、愛情さえ抱くようになる」と居直る「コロッサス」にたいして、開発者のフォービンは「絶対にない」と強く否定するが、最後にスプリットスクリーンで反復されるその表情はどこか曇っている。たしかに今やわたしたちは、「絶対にない」

と自信をもっていえる状況にはないように思われる（ボストロム）。

擬似ドキュメンタリー――『ウォー・ゲーム』と『スレッズ』

　とはいえ、深刻な核兵器の脅威というテーマをエンターテインメントとして享受することは正当なのだろうか。そう考える製作者や観客たちも当然いるはずだ。想像を絶することをあえて想像してみること。ピーター・ワトキンスがBBCのために一九六五年にメガホンをとった『ウォー・ゲーム』は、この監督お得意のドキュメンタリー風の手法によってイギリス（ケント州）への核投下の惨状を描きだす佳作（四十八分）で、そのあまりの迫真性と過激さゆえにいったんはお蔵入りになってしまったという経緯がある（図I―14）。日本ではこの監督の名前は、ベトナム戦争反対派を「人間狩り」するニクソン政権の圧制を描いた『懲罰大陸★USA』（一九七〇年）で知られるが、ここでも同じく、インタヴューとナレーションをはさみながら、素人俳優によるロケーション撮影で臨場感を盛り上げるという独特の擬似ドキュメンタリーのスタイルがとられている。その出発点は『ウォー・ゲーム』にあったのだ。

I-14 『ウォー・ゲーム』より

　黒く焼けただれた長い死体の列をカメラが上から移動撮影でとらえる五十秒間のショット（図I―15）、各地で相次ぐ飢餓や暴動や処刑、「大きくなったら何になりたいか」という問いかけに「何にも

I-15 『ウォー・ゲーム』より

なりたくない」と応えるケロイドの孤児たち、「ここは撮影禁止だ」と当局に制されても執拗にカメラが追っていく死体焼却場、「(神々にたいして)何万人も犠牲に捧げていた時代よりはましだ」と冷徹に語る科学者、産まれてくる子のことを案じる若い妊婦、等々。観客はフィクションであることがわかっているのだが、その臨場感は尋常でない。当局は情報を隠蔽しようとするから、誤解や無知がはびこる。それはまるで、BBCの誇りである報道の「客観性」というスローガンを皮肉っているようにすら見える(Newman 154)。最後に、この作品が「ドレスデン、ダルムシュタット、ハンブルク、ヒロシマ、ナガサキの空爆、一九五四年のネバダ核実験」などの情報を踏まえていること、軍事や医学などさまざまな分野の専門家からの助言を参照したことが字幕で伝えられる。もちろん、にもかかわらずやや主観的感傷に流れているのではないかと思われる映像もなくはないが、そもそもこの監督は、フィクションとドキュメンタリーとのあいだに厳密な境界線を引くことはできないと考えているのだ。やや皮肉を込めて、恐怖を誘うことで観客を楽しませているのではないか、という批判も可能かもしれない(Denis 69)。とはいえ、ハリウッドのスタンダード――「モノフォーム」にして「世界共通時間」――に抗して、革命やストライキ、反戦や芸術の前衛などのテーマを好んで擬似ドキュメンタリー風に描いてきたワトキンスにとって重要なのは、観客にできるだけ平等に情報を提供し、考える機会を与えるということなのである(伝記映画の秀作、一九七四年の『ムンク 愛のレクイエム』については、拙著『映画と芸術と生と』を参照願いたい）。

この作品からおよそ二十年後の一九八四年、同じくイギリスのＢＢＣは、今度はＮＡＴＯ軍の基地に近いシェフィールドを主な舞台に、やはり専門家の助言を参考に、核戦争の勃発からその十数年後までの経過を時間軸に沿ってたどるテレビ映画、『ＳＦ核戦争の未来・スレッズ』を発表する。監督はこれが長編第一作目となったミック・ジャクソンで、ワトキンスの前作を意識したためであろう、やはり素人俳優によるドキュメンタリー風の仕上げになっている。監督によれば、映画の製作に当たってリサーチに一年を費やし、五十人もの専門家を取材したという。いわく、「医師、物理学者、防衛専門家、心理学者、農学者、気候科学者、戦略専門家、諜報専門家、調査ジャーナリスト、核兵器学者に話を聞きました。［……］わたし自身が核戦争の専門家になってしまいました」、と（マシュー・ゴールト）。リアルかつシュールな映像のインパクトにも目を見張るものがある。たとえば、あたかもエイリアンが炎に包まれているかのようなショットに一瞬意表を突かれるが、おそらくそれは玩具の人形が燃えているのだろう（図Ｉ―16）。

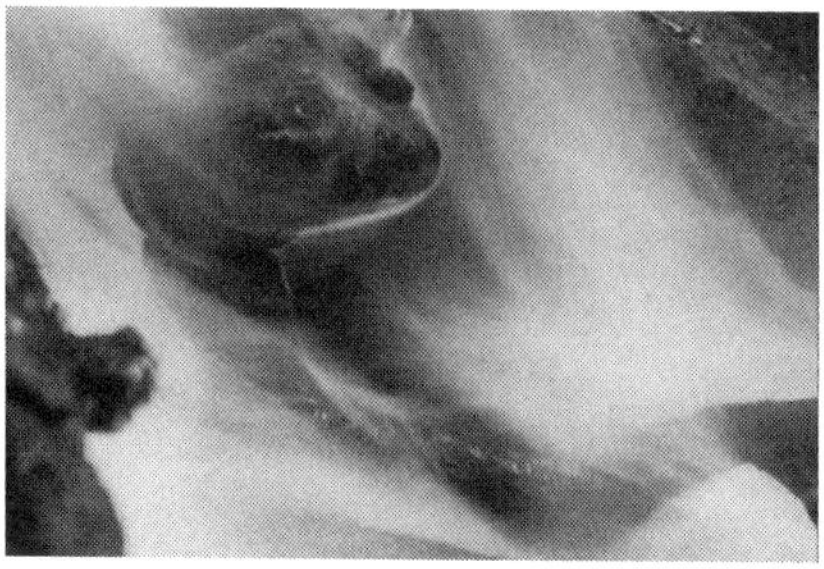

I -16 『SF 核戦争の未来・スレッズ』より

本作でとりわけ注目されるのは、胎児への放射能の影響に焦点を当てたことである。妊娠中に被爆し、フィアンセを失った主人公のルースは、それから四ヶ月後、寒冷化と食糧不足と蔓延する伝染病という最悪の環境のなか、誰の助けもなくただひとりで出産することになる。身体と精神の両面で胎児への悪影響が字幕で伝えられる

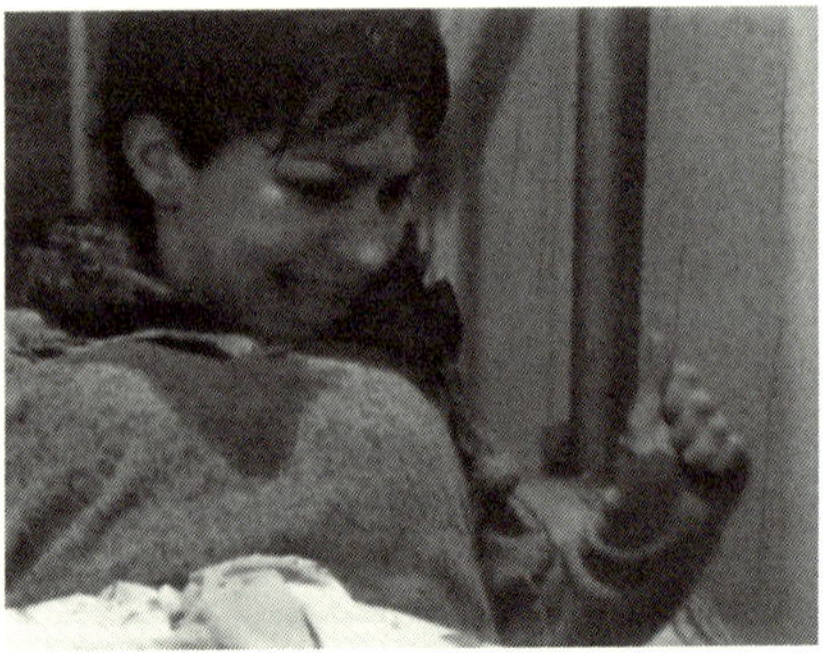

I－17　『SF 核戦争の未来・スレッズ』より

と、画面は、廃墟のなかの藁の上でいきむルースのクロースアップに変わり、しばらくすると赤ん坊の泣き声が響いてくる。一二月二五日と誕生の日付の記されたその子は、女児だが、希望の託されたイエスの生まれ変わりでもある。

　核投下から一年後、太陽の光はふたたび戻ってくるが、生存者のあいだにガンと白血病の危険性が高まり、オゾン層の破壊による紫外線の増大によって白内障が広がる。さらに四年後、人口は激減し、まるで中世の時代に逆戻りしたかのような世界になる。十年後、娘は無事に育っているが、まわりの子供たちと同様、ほとんど喜怒哀楽というものがない。はるか昔のテレビ番組のビデオの映像にじっと無表情で見入っている子供たちの場面は、痛ましくもあれば不気味でもある。わずかに生き残った人々は、原始的なやり方で不毛の大地を耕しているが、そこから得られる糧は微々たるもの。そしてルースも短い生涯を閉じる。さらにその三年後、天涯孤独となったルースの娘は、二人の少年とともにパンを盗み、そのひとりは銃で撃たれて倒れる。残ったもうひとりの少年とパンを奪い合っているうちに、彼女はレイプされてしまう。すると画面は切り替わって、おなかの大きくなった十三歳の彼女をとらえる。だが、待っているのはむごたらしい死産。血に染まるわが子をひとめ見た瞬間に叫びだしそうになる少女の痛々しい表情がフリーズして、映画は幕となる（図I―17）。

　ひとたび核兵器が使われるや、誰も何もなすすべはない。この映画でも、政府も警察も軍隊も一向に有効な手立てを打つことができない。イギリスでは、核兵器廃絶運動（CND）が一九五七年にはじまり、哲学者のバートランド・ラッセルもそれに積極的にかかわったことが知られているが、そうした事情も本作の背景にはあるだろう。

さらにこの映画の前年の一九八三年、同じく核戦争を題材にした『ザ・デイ・アフター』（監督ニコラス・メイヤー）がアメリカで製作されているが、これへの批判的応答という意味もあったかもしれない。というのもここでは、たとえ核爆弾が落とされようともいささかも屈することなく「自由と民主主義を守る」と大統領が大言壮語し（ときはまさにロナルド・レーガンの時代）、みずからを犠牲にして献身的に被爆者に対応する医師らのヒロイズムが理想化され、固い家族のきずなが相も変わらず持ち上げられ、核投下の瞬間がX線画像もどきのイメージのめまぐるしいモンタージュによってことさらスペクタクル化されているからである（図I―18）。リアリズムを謳い文句にしているにもかかわらず、いかにも生ぬるい自己満足である（Perrine 154）。それらの演出や映像はいずれも、『スレッズ』の対極にあるものだ（ちなみに、『スレッズ』は『ザ・デイ・アフター』が約束しながらも果たせなかったものすべてだと評したのは、天文学者でSF作家でもあるカール・セーガンであった[Perrine 167]）。しかもラスト近くでは、「世界戦争で自由を守ってくれた人々をたたえて」という、カンザスシティの国立第一次世界大戦博物館に刻まれた銘文――世俗化された「聖戦」の思想――が廃墟のなかから浮かび上がるという、余計なおまけまでついている。アイロ

I-18 『ザ・デイ・アフター』より

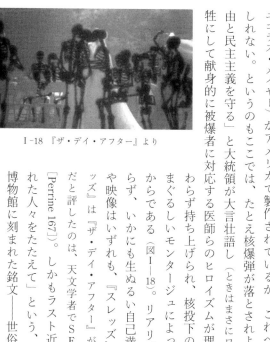

ニーかパロディーではないかと、目を疑いたくなるほどだ。

とはいえもちろん、アメリカでも政府に批判的な映画の流れがとだえてしまうわけではない。とりわけ原子力発電所の事故をめぐる隠蔽と内部告発を題材にした『チャイナ・シンドローム』（監督ジェームズ・ブリッジス、一九七九年）や、核燃料工場で実際に起こった汚染事故に取材した『シルクウッド』（監督マイク・ニコルズ、一九八三年）などがあげられよう。また、イタリアとの合作でアルベルト・デ・マルティィーノが監督した異色作、『悪魔が最後にやって来る！』（一九七七年、原題「ホロコースト2000」）では、核開発がサタンの業に、原発施設が黙示録の怪物にもたとえられている。

ソ連時代の名作『一年の九日』

冷戦時代のソ連でも、原子力開発をテーマにした名画が撮られている。タルコフスキーにも影響を与えたとされる監督、ミハイル・ロンムの『一年の九日』（一九六二年）がそれである。映画は、実験中に原子炉の事故で被曝してもなお研究をつづける主人公の物理学者ミーチャ（アレクセイ・バターロフ）を中心に、同じ職場で働くその妻リョーリャ（タチアナ・ラヴロワ）と、二人の友人で何事にもシニカルな理論物理学者イリヤ（ソ連を代表する俳優インノケンティ・スモクトゥノフスキーの若き頃）を絡めながら、一年間を凝集した九日分のエピソードを時間軸に沿って描いていく。人類の発展には核エネルギーの開発が不可欠だと考えて研究に身を捧げるミーチャと、科学の進歩をどこか皮肉な目で見ているイリヤとは、ある意味で対照的な存在で、両者のあいだで揺れながらも前者との結婚を選んだリョーリャは、研究と妻とのはざまでジレンマ——彼女のモノローグによると「物理学者としても妻としても失格」——に立たされている。

なかでも、放射能で次第に身体を侵されていく主人公が、妻とともに久々に出舎の実家を訪ねていく七日目の出来事は意味深長である。食事を終えて眠りにつこうとしているミーチャに父親が、やや遠慮がちだが畳み掛けるようにして、核開発は「命の危険をかけるほど価値のあるものなのか」、「誰のためのものだ」、「爆弾をつくったのか」などと訊いてくる。それにたいして息子の原子物理学者は穏やかだが確信をもって答えていく。「もちろん」、「人類のため」、そして言葉に詰まりながらも「(爆弾を) つくった」などと。妻がそばで心配そうに二人の会話にそっと聞き耳を立てている。この父親の素朴な疑問は、イリヤのシニシズムとともに、当時のソ連において描くことのできた最大限の異議申し立てだったのではないだろうか。この主人公にはまた、ソ連の高名な物理学者で原爆と水爆の開発に携わったものの、後に核実験禁止や人権運動に挺身したアンドレイ・サハロフの人物像が投影されている、という解釈もある (Shaw and Youngblocd 134)。映画のなかで研究員のひとりもまた、戦争が科学を発展させていることこそが現代の悲劇だ、と明言している。

I-19 『一年の九日』より

さて、ミーチャの病状はますます悪化の一途をたどっている。最後にはついに (九日目)、当時は動物実験でも成功率が低いために、医者も二の足を踏んでいる骨髄移植の手術を受ける決断をして病院に入ることになる。見舞いに来た妻とイリヤにミーチャのメッセージが届けられる。そこには、三人で一杯やりに行きたい旨がしたためられ、まるで幼児が描いたような、リョーリャを真ん中にして三人が手をつなぐ絵が添えられている。映画はこの手紙をクロースアップにして幕となる。そのささやかな望みはかなえられるのだろうか、それとも空しい遺書となってしまうのだろうか。その答えは宙吊りにされたままである。スターリン死去の後、最高指導者となったニキータ・フルシチョフ（在任一九五三—六四年）のもとで科学技術が大いに振興された当時にあって、主人公はその犠牲者でもあれば英雄でもあるだろう。実際にも本国では、この映画をめぐって賛否両論の反応があったようだ（Shaw & Youngblood 137–142）。

I-20『一年の九日』より

さらに本作の魅力は、こうした物語の重層性にとどまらず、その映像の特長にもある。陰影に富む多くのシーンが、たとえば主人公の二人が互いの思いをぶつけあう場面のように（図I—19）、幾何学的で抽象的でもある不思議な美しさをたたえている。そこにはまた、二十世紀初めの前衛芸術の運動であるロシア構成主義の遺産が生きているように思われる。とりわけ研究所の内部は、移動撮影を併用して遠近法が強調されることもあれば、俯瞰やローアングルによって空間の威圧感が際立たされることもある（図I—20）。研究所に向かう主人公の場面に象徴的に見られるように、人物がまるで周りの建造物に圧倒されるかのように小さく描かれることも少なくない。形式と内容、映像と物語とが見事に合体しているのだ。

毒をもって毒を制す――核開発の正当化?

さて、本章を締めくくるにあたって、先にも予告したように、核兵器こそがカタストロフを食い止め人類を救うという筋書きの映画を取り上げることにしよう。まずは、ほぼ同じ時期に製作された三本の映画を見くらべてみたい。イタリアからパオロ・オイシュの『天空が燃えつきる日』(一九五八年)、アメリカからアーウィン・アレンの『地球の危機』(一九六一年、原題「海底への旅」)、そしてイギリスからヴァル・ゲストの『地球が燃えつきる日』(一九六一年)に登場願おう。

ゴシック・ホラーの草分け的存在であるマリオ・バーヴァが撮影を担当している『天空が燃えつきる日』は、ロケットの故障によって月への軌道を大きく逸れた原子力ミサイルが宇宙で爆発、これが原因で巨大な隕石群が地球に刻々と接近しているという設定で、その影響はすでに世界各地で、猛烈な津波やハリケーン、大火災となってあらわれている。操縦室を切り離して地球に無事帰還できたパイロットの米人科学者マクラレン(ポール・ハシミッド)を中心に、対応が協議されるも、スタッフたちのあいだでも意見は分かれている。無数の隕石群が数千キロに迫るなか、最後に選ばれたのは、核弾頭を搭載したミサイルロケットを世界の各基地から同時に発射して一網打尽にする、という方法である。「すべてはみずから蒔いた種だ。判決は下された」、というわけだ。「人類の安全は、われわれが開発した武器にゆだねられている」とはまた、主人公の科学者のダメ押しである。ラスト近く、映画はその発射シーンをこれでもかと言わんばかりに、およそ二十ものショットでつないでいく。そして、無数のミサイルが巨大隕石群を粉々に粉砕するところが映されると(図I―21)、つづいて「助かった」とばかり、スタッフたちに安堵の笑みが浮かぶ。

映画では、ソ連もこの計画に協力したことになっているが、核弾頭の数を問われたロシア人研究

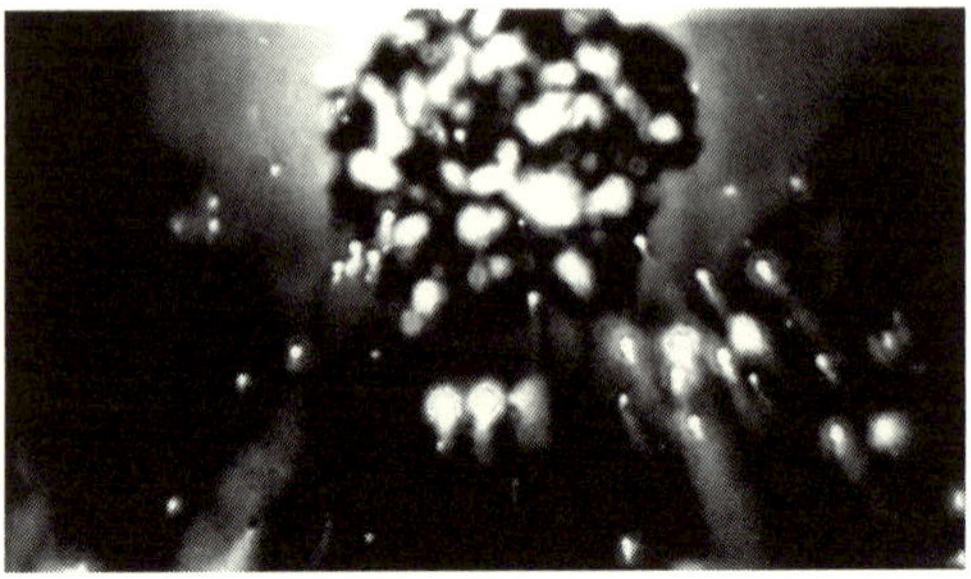

I－21 『天空が燃えつきる日』より

者が、こっそりと「アメリカの倍」と答える場面に、くっきりと東西冷戦が影を落としている。先進各国によるミサイル発射の場面がことさら強調されたのは、おそらく、北大西洋条約機構（ＮＡＴＯ）によって西側各国に中距離弾道ミサイルが配備されていく当時の状況と無関係ではありえないだろう。爆破計画を指揮しているのが米人科学者である、というのも思わせぶりである。いずれにしても本作は、核兵器による失敗は核兵器によって帳消しにするというメッセージを、ほとんど臆面もなくあからさまに打ち出しているのである。

『地球の危機』でも事情はさして変わらない。相次ぐ核実験によってヴァン・アレン帯（地球の周囲の放射線帯）が異常をきたし、六十度を超える気温のなか、地球全体が滅亡の危機にさらされている。北極の空も赤く染まって氷山が溶けだし（今やそれは絵空事ではなくなった）、マンハッタン島も真っ赤に燃える灼熱の大気に包まれている。これを食い止めるべく、核ミサイルを発射してヴァン・アレン帯を粉砕させるという無謀な計画を提案するのは、原子力潜水艦の設計者ネルソン提督（ウォルター・ピジョン）である。多くの科学者たちが地球の自爆だとして猛反対し、艦長以下の乗組員たちも二の足を踏むなか、ネルソン提督は強引に潜水艦を発射地点のマリアナ諸島へと進める。同船している女精神科医（ジョーン・フォンテイン）も、提督の妄想だという診断を下す。だが、この間も世界中から壊滅的な被害のニュースが届いている。ひとりの船員が、人類の破滅が神の意思ならそれに従うしかないと繰り返すが、「敗北主義だ」と厳しく戒められる。おそらくここには、同じ原子力潜水艦を舞台にした二年前の映画『渚にて』にたいする強烈な皮肉が込められていると思われる。そしてついに、地上との連絡が一切絶たれ、大統領の承認も得られないまま、核ミサイルの発射がネルソン提督の独断によって強行されることになる。

めでたく結果オーライ。あれやこれやの末に最後に海中から打ち上げられたミサイルの爆発と同時に、赤く燃える空に澄んだ青さが戻ってくる様子を、ネルソンと乗組員たちが甲板から笑顔で見上げ、互いに握手を交わしている。それまでの対立などなかったかのように。ひとりのボスの破天荒な決断と強引な決行によって地球は救われたのだ。ここでもまた、核兵器による損害は核兵器によって埋め合わせるという方便が幅を利かせている。

I-22 『地球が燃えつきる日』より

一方、ヴァル・ゲストの『地球が燃えつきる日』はやや趣を異にしている。無人のロンドンの街——セント・ポール大聖堂を背に、大手新聞社や印刷出版業が集まっているフリート・ストリート——を汗だくになりながらこちらに歩いてくる男（図I—22）、この出だしから観客の目はスクリーンに釘付けになる。しばらくして彼は、ビルのオフィスに入るとタイプライターを打とうとするがうまく動かず、電話で記事の内容を伝える。地球と人類は終わるのか、それとも新たに生まれ変わるのか、云々と。すると、これまでの赤茶けた息苦しい画面が通常の白黒へと変わり、時間が九十日前の時点へとさかのぼる。こうし

I-23 『地球が燃えつきる日』より

I-24 『地球が燃えつきる日』より

て幕を開ける本作は、この『デイリー・エクスプレス』の新聞記者ピーター（エドワード・ジャッド）を中心に、科学者でも軍人でもなく、ジャーナリストたちの目を通して核の脅威が描かれていく。それこそ、この映画の特筆すべき点である（残念ながら日本では公開もDVD発売もないようだが、SFの名監督ヴァル・ゲストの代表作であるとわたしは思う）。編集室の壁には大きく「インパクト！」の張り紙がかかっているが、これは、特ダネを追いかけるジャーナリズムへの皮肉でもあれば警告でもあるだろう。飲んだくれのピーターも事の深刻さに次第に目覚めていく。

いみじくも米ソが同時に核実験をおこなったのが直接の引き金。地軸がゆがみ、磁極も反転、さらに地球がゆっくり太陽に接近しているために、世界各地は六十度を超える猛烈な暑さに見舞われている。ただし、こうした情報は当初、政府や軍の関係者たちによって極秘にされているため、それを暴き出すのはジャーナリストたちの腕の見せどころである。ロンドンでは核実験反対の市民大集会も開かれている。気温の急上昇だけではない。突然の日食、大洪水、サイクロン、大火災などの禍難が世界中に襲いかかり、ロンドンもまた例外ではない（当時のイギリスの観客には、ドイツ軍によるロンドン大空襲［一九四〇―四一年］の記憶が蘇ったかもしれない）。霧で名高いこの町だが、今や、高温でテムズ川の水が蒸発して濃い水蒸気に包まれている。にわか予言者が「最後の審判の日が来た、悔い改めよ」などとはやし立てているが、もはや耳を傾ける者はほとんどいない。ウェストミンスター寺院の気高い鐘の音もどこか虚しく響いている。

変則的な地球の動きを正常に戻して事態を収拾するために、シベリアに四発の強力な核爆弾を打ち込むという決定が、世界中の科学者たちによってなされる。非常事態が宣告され、人々は都会を離れて田舎に避難する。ただ一部の若者たちだけは自暴自棄になって乱痴気騒ぎに興じている。ロンドンに残る主人公のピーターと恋人ジーニー（ジャネット・ムンロ）もまた図らずも彼らの騒ぎに巻き込まれてしまう。

そしてラスト、画面は再び最初の赤茶けた色へと戻ると、核爆弾発射までの秒読みがラジオで流れだし、ついにシベリアへの投下の瞬間がやってくる。汗だくの工員たちが働く印刷所では、『デイリー・エクスプレス』の二つの正反対の一面刷り――「世界は救われた」（図Ⅰ―23）と「世界は終わった」（図Ⅰ―24）――が用意されている。カメラはそれぞれの活字をゆっくりと大写しにすると、鐘の音がまた響き渡りはじめる。はたして結果は吉と出るのか、それとも凶と出るのか。それは観客に委ねられたままである。核実験のもたらしたカタストロフを果たして核爆発で償うことができるのか。本作は周到にも、『天空が燃えつきる日』や『地球の危機』のような楽観的で一方的な結論をあえて退けているのである。

核兵器が人類を救う？

核兵器こそが地球と人類の危機を救う、その筋書きの映画はその後もとりわけハリウッドを中心に製作されつづける。記憶に新しいところでは、マイケル・ベイの『アルマゲドン』（一九九八年、このタイトルは『黙示録』の最終決戦地をさすヘブライ語に由来する）、ジョン・アミエルの『ザ・コア』（二〇〇三年）、そしてダニー・ボイルの『サンシャイン2057』（二〇〇七年）などがそれである。順に、地球に衝突しようとする小惑星、動きを止めてしまった地球の核（コア）、死にかけている太陽という違いはあるものの、これらカタストロフの原因を打ち破り人類を救済に導くのは、信じがたいことに他でもなく強力な核爆弾なのだ。つまり、それぞれ小惑星、コア、太陽に巨大な核爆弾を打ち込むというわけである。小惑星を粉砕し、コアを活性化させ、太陽をよみがえらせる、という名目のために。

『アルマゲドン』では、突然マンハッタンに激しい流星雨が降り注ぐと、思わず「戦争だ」、「サダム・フセインだ」という叫び声が人々の口を突いて出る。クライスラービルの美しいアール・デコ調の尖塔がまっさかさまに崩れ落ち、ツインタワーのひとつも、頂上が崩れて噴煙を上げている。後ろの章で見ることになるが、ワールドトレードセンターはテロの攻撃を受けるよりも前に、アメリカ人の想像力のなかですでに破壊されていたのだ。この作品でロマンチックに謳い上げられる「父による」犠牲と救済、掘削職人の勇気と誇りは、それ自体としては称賛されうるものかもしれないが、あろうことかそれらすべては核爆発のために捧げられているのである。

『ザ・コア』において、地球のコアの異常を招いた原因は、米軍が極秘で開発した人工的に地震を起こす兵器「デスティニー」であったというひねりはあるとしても、それを贖うべく地中深く降りて核爆弾をコアに打ち込み、地球の危機を救うのもまた、「任務のために死ぬ」こともいとわない米軍である。大事なところでコンピュータ・ハッカーが凄腕を発揮して、「デスティニー」を機能不全に陥れたり、軍の極秘情報を世界中にばらまいたりしてほくそ笑んでいるのは、観客を楽しませるためのちょっとしたご愛敬である（ここには、ヒッピーとヤッピーが合体した新自由主義的でもある、いわゆるカリフォルニアン・イデオロギーが影を落としている）。最初に火の海と化して全滅する町が世界遺産の密集するローマだというのは、意外性を狙ったためだろう。地球のはるか内部に美しい洞窟が眠っているという発想は、後述することになる、核シェルター探索の映画『地底戦車サイクトラム』（一九五一年）などにその原型がある。何より女性の科学者が大活躍するのも、一九五〇年代のSFパニックにその起源を求めることができるだろう。

一方、太陽が死にかけているという『サンシャイン2057』の設定は、太陽の二分の一が損なわれるという『黙示録』の記述（8: 12）を連想させるが、そこにマンハッタン島ほどもある大きさのとてつもない核爆弾──「最後の希望を託した核」──を打ち込んで生き返らせるという発想は、核が地球を救うという一連の映画の系譜につながるものである。ミッションを帯びた宇宙船は、多民族の縮図──そのなかには日本人飛行士もいる──のような様相を呈しているが、最後まで生き残って無事に任務を全うするのは、アジア系でもヒスパニック系でもアフロアメリカンでもなくて、（もとより大意はないのかもしれないが）青い目のアングロサクソンの男（キリアン・マーフィー）である。この爆発と同時に画面は黄金色に渦巻く炎に包まれ、しばらくして真っ白に輝く強烈な光に変わる。こうして地球に太陽が戻ってくる。みずからを犠牲にする男はまさしくメシアとして、その神々しい光と同一化する。美しいその映像は崇高さのオーラさえ発し、そのことで評価もされているのだが（Szendy 93）、これが核爆発の効果によるものだということを、わたしたちは決して忘れてはならないだろう。核兵器が人類と地球を救う、百歩譲って映画の世界は措くとしても、そんなことが実際にあろうはずはないし、あってはならないのだから。

第Ⅱ章　天使か悪魔か——エイリアンの正体

「大惨事」という意味の英語「ディザスター disaster」の語源は、古イタリア語の「ディザストロ disastro」にあるとされるが、これは文字どおり「星 astro」から「見離されて dis」いるということ、つまり「星のめぐり合わせが悪い」ということである。真に受けないまでも、星占いが気にはなるという人は、少なくないだろう。良くも悪しくも、わたしたちの運命は天のお星さま次第なのである。しかも、怪物を意味する「モンスター」の語源であるラテン語「モンストラム」もまた、もともと「神聖な予兆（警告）」という意味だから、本来は宗教的なニュアンスの濃い言葉である。

『黙示録』にも、太陽が暗くなったり、星が地上に落ちたりするという、おそらくは日食や隕石の落下などを指すと思われる現象が語られている。それらを合理的に説明できなかった時代には、たしかに天罰のように見えたことだろう。さらに、「太陽の三分の一、月の三分の一、星という星の三分の一が損なわれる」（8:12）とも記される。「三分の一」という具体的な数字は、感覚的に、再生可能な破壊の限界を表わしているのだろうか。

他の星から見知らぬ生命体が地球にやってくるという話は、さすがに聖書のなかにはないが、その代わりに天使やサタン――堕ちた天使――たちが大活躍している。天使（アンゲロス）とは、もともと文字どおり天からの使者なのだ。ことによると、ＳＦ映画のエイリアンは、天使やサタンが世俗化したものという側面を持っているかもしれない（実際、アレックス・プロヤスの『ノウイング』［二〇〇九年］などのように、それをにおわすような映画もある）。たしかに、あえて図式的に言うなら、天使の成り代わりのような友好的な地球外生命体と、逆に、堕天使の化身のような悪魔的なエイリアンとに大別できる。もちろん、両者のあいだを揺れ動くものもいるし、視点や立場が変われば天使はサタンに転倒しうる。というわけでこの章では、ＳＦ映画――もしくはＳＦパニック映画――のなかでも、終末論や黙示録とのつながりが濃いと思われる作品に注目してみることにしよう。

『地球の静止する日』とそのリメイク

今日まで隆盛を誇ってきたこの種の映画の出発点を画するのは、同じ一九五一年に製作された二本の「古典」、すなわち、ひとつは、名匠ロバート・ワイズによる『地球の静止する日』であり、もうひとつは、脂の乗り切ったハワード・ホークスが新進のクリスチャン・ナイビーとともに手がけた『遊星よりの物体X』である。しかも面白いのは、異星人に関して両者の扱いがきわめて対照的な点で、前者が天使的だとすると、後者はサタン的である。どちらも、後にリメイクされているが、残念ながら第一弾を凌駕するほどではない。

そもそも、一九五〇年代の古典的なＳＦパニック映画にはリメイクされるものが少なくない。たとえば、後で触れることになる『ボディ・スナッチャー』は、一九五六年のものを第一作として、少なくとも、一九七八年と一九九三年と二〇〇七年の三回にわたり同じハリウッドでリメイクされている。さらに、一九五三年の『宇宙戦争』（監督バイロン・ハスキン）を二〇〇五年に改作したのはスティーヴン・スピルバーグである。それぞれリメイクされるたびに、その時代の政治的、社会的、文化的な状況を微妙に反映しているように思われるが、この点についてはおいおい検討していくことになるだろう。

さて、ワイズ作品は、突然ワシントンに円盤が舞い降りるというシーンで幕を開けるが、そのなかから姿を現わすクラトゥ（マイケル・レニー）なる男は、「地球の全生命を救うため」にはるばる宇宙の彼方から来たのだと告げる。いわば愛と平和の使者である。しかも、人間に成りすましてカーペンター（「大工」の意）と名乗るも、誤解されて（米軍兵士によって）いちどは殺害されるのだが、同行したロボット、ゴートの手によって蘇生され（図II―1）、雄弁なメッセージを残してふたたび宇宙へと飛び立っていくという筋書きだから、容易に想像されるように、この主人公に救世主キリストのイメージが重ねられていることは疑いない。世界中の元首たちを一堂に集めて、争いの無益さを説くというのが、彼に課せられた使命である。

とはいえ、話はそれほど単純でもない。なぜなら、人間と同じ容姿のこの宇宙人は、それにもかかわらず、人間をはるかに超える自分の力を実証するために、世界中の電力を三十分間だけ止めてみせたり――突然の停電に戸惑う世界各地の様子がドキュメンタリー風にモンタージュされる（二十四のカットからなる見事な一分四十秒間）――、目的がかなわなければ「地球を破壊することもできる」と脅したりすることさえいとわないからである。

東西対立のなか、政治家への説得が功を奏さないと悟ると、クラトゥは、すかさず今度は世界中の科学者たちに訴えるため、物理学者バーンハート――その容貌からもアインシュタインを連想させないではおかない――を説得しようとする。クラトゥの星では、犯罪も戦争もなく秩序が保たれているが、その理由は、法の支配が行き届いていて、ゴートのような強力なロボットたちが警察の

II-1 『地球の静止する日』より

役割を果たしているからだ、という。それゆえ、平和の使者クラトゥが掲げる理想は、つまるところトマス・ホッブス的なリヴァイアサン国家ではないかという批判や（Skoble 96）、原子力の脅威を科学技術の支配で隠蔽しているに過ぎない、というううがった論評もある（Newman 14）。

たしかに、一九五〇年代はまだ科学技術の明るい未来を思い描くことができた時代だったのかもしれない。一九六〇年代になると、前章で見た『未知の飛行』がそうだったように、コンピュータの誤作動が原因で地球の自滅がはじまることになる。とはいえ、復活したクラトゥが地球を離れる直前に、世界中の科学者と米軍を前に披露する平和のメッセージ——「すべての武器を捨て、戦争を回避せよ」——は、冷戦下にあって鮮烈なインパクトを与えたのは確かだろう。政治家や軍隊は、ここではほとんど無力で、単に振り回されているだけである。それゆえ、この反アメリカ的とも受け取ることのできる映画が、本国ではあまり歓迎されなかったというのも（George 145）、うなずける話ではある。

これにたいして、二〇〇八年にリメイクされた『地球が静止する日』（監督スコット・デリクソン）が積極的に打ち出すのは、人類を守るためというより、地球を人類から守るためにクラトゥ（キアヌ・リーブス）が地球に来たという、前作とは異なるメッセージである。そのセリフによれば、「地球は死にかけている。人類が滅ぼそうとしている」、「人類が死ねば地球は守られる」、というわけだ。球体状の宇宙船が世界の各地に到来していて、地球上の生物を採取していく。ここには明らかにエコロジーとシェルター——現代の「ノアの箱舟」——の思想がこだましている。「宇宙では本当の死というものはない、形を変えるだけだ」と、輪廻の思想や中国語を披露するクラトゥはまた、ニューエイジの申し子でもある。さらに女性たちが大いに活躍するのも特徴で、前作でクラトゥの下宿の家主だったヘレンは、ここでは宇宙生物学者（ジェニファ・コネリー）となって奮闘する。対応の総指揮をとる国防長官（キャシー・ベイツ）もまた女性である。その配役陣が二人の重要性を傍証してもいる。

とはいえ、地球の側も相手の側も、前作にくらべてはるかに好戦的になっていて、戦闘のスペクタクルが随所に盛り込まれる。そもそも、今回は愛と平和を説くために地球に来たわけではないのだ。メタリックな外見のゴートは、眼から破壊光線を発する点で前作と変わらないものの、著しく巨大化してはるかに攻撃的である。ワイズ作品においてやや戯画化されていた米軍は、今度はむしろ積極的な役割を担う。さらに、未確認飛行物体の接近を前に、科学者たちを招集するのはNASAである。これらにも9・11の影を見ることは容易だろう。

『遊星よりの物体X』とそのリメイク

一方、くしくも『地球の静止する日』と同じ一九五一年に製作された『遊星よりの物体X』（監督クリスチャン・ナイビー、製作ハワード・ホークス）は、米ソの冷戦構造をはっきりと反映していて、人間とほぼ同じ姿形をした異星人には明らかにロシア人のイメージが重ねられる。しかも、未確認飛行物体が不時着するのは、米ソの境界に位置するアラスカである。この地はかつてロシア領であったが、クリミア戦争（一八五三—五六年）での財政難のために法外に安い値段でアメリカに売り渡されたといういわくつきの土地である。そこにエイリアンが到来するのだから、まるで領土を奪い返すためにきたとでもいわんばかりだ。俯瞰ショットが土地の広大さを強調する。

　溶けた氷のなかから不気味な姿を現わす強靭な大男は、体の一部が切り取られても、植物のように再生していく。アラスカの基地は対応に苦慮するが、最後には強力な電流で感電死させることに成功する。強い閃光に激しく身をよじらせるエイリアンの場面（図II―2）は、いささか残酷に見えるのだが、当時のアメリカの観客の多くは、そこにある種のカタルシスを味わったのだろうか。

「空を見張れ」、これがこの映画の最後にジャーナリストから発せられる明快なメッセージである。さもなければ、核爆弾が飛んでくるかもしれない、というわけだろう。本作では、米軍や科学者とともにジャーナリストが鍵を握っているのだが、報道の自由どころか、軍事上の理由からそれを制限されてもあえて抵抗はしない。国家と地球を守るという名目のもと、軍と科学者と民間人が一致団結しているわけだ。

II-2 『遊星よりの物体X』より

　これにたいして、一九八二年にジョン・カーペンターによってリメイクされた『遊星からの物体X』では、舞台は南極へと移り、異星人もグロテスクな怪物に変貌している。それは、体のあらゆる部分から新たな個体を生むばかりか、接触したすべての人間を感染させて、吸収・代謝していくが最初は見た目だけではそれとわからない。そのため、米国探検隊員たちはお互いに相手が信じられなくなって、仲間内で血なまぐさい殺し合いが繰り広げられるというのが、このスプラッター映画の特徴である。前作とは打って変わって、敵は仲間のなかに潜んでいるのだ。もちろんそこには、一九八〇年代に入って世界中で急速の広がりをみせたエイズの不安が投影されていることは疑いないだろう。

『ボディ・スナッチャー』とそのリメイク

一九五六年にドン・シーゲルがメガホンをとった『ボディ・スナッチャー／恐怖の町』もまた、宇宙からの生命体が人類滅亡の危機をもたらすという、今やおなじみの筋書きで、これが冷戦やマッカーシズムの寓意になっていることは確かであるが、それほど単純でもない。というのも、フィルム・ノワール的な心理ドラマという側面も無視できないからである（Sanders 64）。もちろん、フィルム・ノワールそのものが冷戦構造という文脈と無関係でないことは前の章で確認したとおりだが、この映画においてそれはまた特別の意味を持っている。

自分は正常で狂ってなんかいない、精神科医の前でそう絶叫する男——主人公の開業医マイルズ（ケヴィン・マッカーシー）——の場面からいきなり幕を開ける本作の物語は、この男の回想というかたちで展開し（しばしば彼のヴォイスオーヴァーが重なる）、もういちど最後にこの病院に帰ってきて幕となる。つまり、いわゆる枠物語、あるいは額縁の構造になっているのである。これら二つの特徴、すなわち、主人公が自己のアイデンティティを見失っていることと枠物語という設定とは、またフィルム・ノワールに典型的なものである。

その男が語りだす話というのが、カリフォルニアの田舎町サンタ・ミラに謎の種子が宇宙から飛来して、巨大な豆のサヤのようなものになり、人が眠っているあいだにそっと襲って瓜二つのクローン人間をつくり、今や町全体にそれが広がっているという、容易には信じがたいものである。この複製たちは、外見はまったく本人と同じだが中身が違っていて、人間らしい感情や表情に欠けている。マイルズが事の顚末を語り終えた後も、精神科医は、そんな話は彼の妄想に過ぎないと高を括っている。だが、直後にそのサヤの犠牲者と思しき患者がサンタ・ミラから運ばれてくると、たちまち態度を一転させ、連邦警察等に緊急の連絡を取ることになるのだ。これが本作のラストだから、ひとまず映画は完結するのだが、解決は宙吊りにされたまま。回想の最後でマイルズは、大量のサヤが次々とトラックで町から外に運び出されていく光景を目の当たりにして、「次はお前らだ！」とカメラに向かって何度も大声で叫ぶ。この映画が、その後さらに三回もリメイクされることになる理由のひとつは、おそらくこうした未解決の結末にあったと思われる。事実、まるでマイルズのセリフに応えるかのように、リメイク三作品の舞台は順に、サンフランシスコ、アトランタ、ワシントンへと移っていくのである。

さて、もういちど第一作に戻るなら、無感情のクローンの方ではなくて、その異常に気づいた人たちのほうが、むしろ妄想に取りつかれているのではないかと自分を疑い、周りからも神経症か集団ヒステリーに陥っているとみなされるのだが、そうした心理的葛藤がこの映画の見所のひとつでもある。マイルズはまた朝鮮戦争の退役軍人という設定だから、そのトラウマにつきまとわれているようにも見える（2016 Hantke 114）。クローンたちは冷たく言い放つ、苦痛や悩み、欲望や愛、野心や信仰など感じないでいる方がよほど楽に生きられる、と。それはどこか解脱の境地のように聞こえなくはない。

追い詰められた主人公とその愛人ベッキー（ダナ・ウィンター）が、町から脱出するため、クローンを装って無表情で歩いていると、犬が車にひかれそうになるのを見たベッキーが、思わず「危ない！」と叫んでしまう。人間だから感情を抑えることはできないのだ。これが原因で彼女も、眠ったすきに謎の生命体に乗っ取られてしまう。その彼女にキスをした瞬間、それまでにない恐怖心を感じた、一瞬の眠りで愛する人が恐るべき敵に変わった、と主人公のヴァイスオーヴァーが語る。それ以前にも彼女は、危うくクローンに変えられそうになっていて（図II—3）、その姿を一瞬だけ垣間見たマイルズは、驚愕とも魅惑ともとれる複雑な表情を見せる。この両義的な反応は、またわたしたち観客のものでもある。エイリアンの正体とは、「イドのモンスター」、あるいは抑圧されたセクシュアリティの不安に他ならないという、うがった精神分析的な解釈があるが（Tarratt）、これらはまさにそのことが当てはまる場面だろう。異星人は、気味悪い他者であるよりも前に、自己の内なる魔物でもあるのだ。温室のサヤのなかから形をとりつつあるクローンを破壊するマイルズはまた、まるで自分の分身を抹殺しているかのようでもある（図II—4）。わたしたちの誰もが自分の分身の影におびえているのだ。クローンと化した町の住人たちが何食わぬ顔で大量のサヤを淡々とトラックに運んでいるところをロングショットでとらえる場面もまた、言い知れず不気味だ（図II—5）。

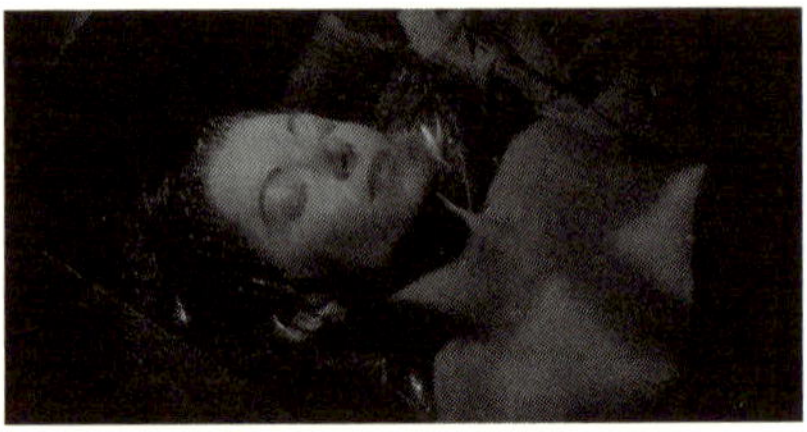

II–3 『ボディ・スナッチャー／恐怖の町』より

一方、つづく三つのリメイク作品は、いずれも第一作をしのぐような出来栄えとはいえないが、先述したように、それぞれの時代を反映しているという点では興味深い。

一九七八年の第二作『SF／ボディ・スナッチャー』（監督フィリップ・カウフマン）は、舞台をサンフランシスコに移し、主人公を公衆衛生局の調査官マシュー（ドナルド・サザーランド）とその同僚エリザベス（ブルック・アダムス）という設定に変えている。背景にあるのは、もはや米ソ冷戦ではなくて、大量消費社会であり、大都市における人間疎外と環境汚染である。レストランの厨房やゴミ収集車が何度も映しだされる。コンクリート・ジャングルのなか、人はすでに、エイリアンに襲われる前から、互いに無関心で感情の希薄な世界を生きている。しかも、マシューの友人の作家の妻がいみじくももらすように、宇宙から何かが飛んできているとしても、「公害だらけの世界では気がつかない」。

さらに、中央情報局（ＣＩＡ）や連邦警察局といった政府機関も、本作ではまったく当てにならない。「みんなグル」なのだ。このあたりにも、『存在の耐えられない軽さ』でも知られる監督カウフマンの批判精神が利いている。精神科医も登場するが、やはり最初からグルで、彼の理屈では、人間はむしろ「新しい生命体に進化している」。また、前作を知っている観客なら、そこで主役を演じていたケヴィン・マッカーシーがほんの一瞬だけカメオ出演して、「奴らが来る、助けてくれ」と叫んでいるショットを見て、思わず苦笑いすることだろう。本作では、エリザベスのみならず、マシューもまた犠牲者になっ

II-4　『ボディ・スナッチャー／恐怖の町』より

II-5　『ボディ・スナッチャー／恐怖の町』より

Ⅱ-6 『SF／ボディ・スナッチャー』より

ていて、怒号を上げる彼の暗い咥内にカメラが近づいていって幕となる（図Ⅱ―6）。まるで、わたしたち観客をすっぽりと呑み込むかのように。この場面のバックに流れているのが、皮肉にも、神の恵みをたたえるおなじみの讃美歌『アメイジング・グレイス』であるとしても、もはや人類に救いはないのだ。

他方、第三作の『ボディ・スナッチャーズ』は、ホラー映画から出発したアベル・フェラーラが一九九三年に手がけたもので、今度はアトランタの米軍基地へと舞台が移る。宇宙から飛来した謎のサヤは、その地の軍人たちに取りついてクローンに成りすまし、密かに大量のサヤを育てて、各地の米軍基地に送り届けようとしている。つまり、これまで多くの終末ものの映画のなかで、敵と戦ってきたはずの米軍が、すでにエイリアンの餌食となっていて、そこから破滅がはじまっていくという筋立てになっているのだ。軍人たちの家族も個性や感情のないクローン人間と化していて、保育所で何十人もの子供たちが全員同じ絵を描いて、得意気な顔で女教師に見せるシーンは印象的だ。ここには、ロナルド・レーガンからジョージ・ブッシュ父へとつづく強硬な対イラク外交と軍事政策にたいする暗黙の批判が込められているように思われる。とはいえ、こうした反米的とも受け取れる身振りそれ自体もまた、ハリウッドの戦略のひとつであることは否定できないだろうし、国家主義を逆に補強するという効果をもたらす可能性もある。たしかに、孤高のヒーローもしくはヒロインが、腐敗した団体や組織に果敢に立ち向かうというストーリーは、ハリウッドお得意の筋書きでもある。

事が発覚して、アトランタの空軍基地の施設がことごとく爆破されていく終盤のモンタージュは迫力満点だ。逃げ惑う兵士たち。このとき、語り手であるヒロイン（ガブリエル・アンフォー）のヴォイスオーヴァーで、「どれほど彼らを憎んだことか」と流れるが、その「彼ら」とは、普通なら、エイリアンとそれが象徴するであろうイラク軍となるかもしれない。だが、ここでは文字どおり米軍ととるべきだろう。彼女は、軍の環境調査を依頼された化学者の父、継母、そして弟とともに、この基地にやってきたのだった。家族全員が順番に犠牲になっていくなか、ただひとり残された彼女は、湾岸戦争のトラウマを抱えたボーイフレンドとともにヘリコプターで辛くも脱出に成功する。しかし、彼らを新たに迎え入れる別の米軍基地の兵士が着陸を誘導する映像に、誰のものとも知れない不気味な低い声が重なって終わりとなる。いわく、「行き場はもうない。あなたの種族は残っていないのだから」、と。やはりもはや救いはないのだ。

これにたいして、三度目のリメイクとなった二〇〇七年の『インベージョン』（監督オリバー・ヒルシュビーゲル）では、合衆国の首都を舞台に、女性精神科医（ニコール・キッドマン）を主役にして、感情のない複製と化した前夫の魔の手から幼い息子を守り抜く母親の戦いを、話の主軸に据えている。その意味では、SFホラー映画の強いヒロインという、一九七九年の『エイリアン』のエレン以来にわかに増えてくるキャラクターの延長線上にある。また、本人が眠っているあいだに乗り移るという点は変わらないものの、その原因が巨大な謎のサヤという、やや時代がかった設定は捨てられ、知性を持つ宇宙の生命体がヒトのDNAを書き換えてクローン化していくというストーリーに更新される。それゆえ、ウィルスと同じように猛烈な勢いで感染していく。「わたしの息子はわたしの息子ではない」とコンピュータで検索すると百二十万件近くもヒットする始末。

とはいえ、本作の最大の特徴は、製作当時の政治的状況が露骨なまでに意識されていることである。テレビやラジオから流れるニュースが全編の随所で挿入されていくが、それらはたいてい中東情勢にかかわるもので、しかも米国の対応を擁護する内容である。かつてコミュニストに重ねられていた異星人たちは、今やイスラームの寓意となるのだ。恋人の医者（ダニエル・グレイブ）も知らないうちに「感染」していて、「われわれの世界はよりよい世界だ」という彼の仲間五人を、ヒロインは次々と撃ち殺していくが、恋人にたいしてだけはその脚を狙うにとどめる。本作でもっとも暴力的なシークエンスである。

しかも、人類にほとんど救いはなかったこれまでの三作にたいして、この第四作では、最終的にアメリカが勝利することになる。小児期に特殊な疾患ADEMにかかったことのある人間は免疫を持つことが突き止められ（だからヒロインの息子もクローン化することはなかった）、そのワクチンのおかげで早くも一年後に事態は沈静化していく。免疫を発見した科学者がインタヴューに答えて言うには、「もろいウィルスだった。われわれは人間に戻った」、と。ことほど然り、映画はあえてイデオロギー性を隠そうとしないのだ。ここにもまた、とりわけ9・11のトラウマが濃い影を落としている。

『宇宙戦争』とそのリメイク

一方、H・G・ウェルズが原作の『宇宙戦争』は、まず冷戦期の一九五三年にバイロン・ハスキンによって、次にポスト9・11の二〇〇五年にスティーヴン・スピルバーグによってそれぞれ映画化されているが、両者の差異にはまた別の含意がある。

地球への移住計画を企てる強力な火星人にたいして立ち向かうというおなじみのストーリーだが、第一作で地球救済の最後の決め手となるのは、つまるところ「奇跡」である。各国があらゆる軍事的手段を講じるも撃退かなわず、ついにアメリカは原子爆弾の投入を決断するにいたるが、それでもほとんど効果はない。この計画を総括するのは、皮肉なことにも、パシフック大学――つまり「平和」大学――理工学部の科学者たちである。終戦（つまり平和）をもたらすためにヒロシマに原爆を投下したという理屈が、ここにも無意識のうちに働いているのだろうか。人類と文明の未来は、この核攻撃の成功にかかっているというのだ。

II-7 『宇宙戦争』(1953年) より

爆発直後の場面は、まるで単なる嵐の後か何かのようで、ほとんど現実味に欠ける。誰も焼けただれるどころか、放射能を危惧する気配すらなく、ただ白い灰を浴びているに過ぎない。ヒロシマやナガサキの惨状に映画の製作側もある程度通じていたに違いないこと、さらにネバダ砂漠で核実験がくりかえされていたことを考えるなら、この生半可な描写は、明らかにアメリカの観客に配慮してのことだろう。
原爆という最後の切り札にも見離されて、宇宙船からの攻撃が激化するなか、人々はパニックに陥り、逃げ惑い、暴徒化している。主人公の科学者フォレスター博士（ジーン・バリー）は、恋人で科学者の卵シルヴィアの行方を命がけで探している。一人が再開できたのは、避難者たちでひしめき合う教会堂のなか。すると、突然騒ぎが収まったかのように、宇宙船が落下してくる。その扉が半分開くと、光の漏れるなかからグロテスクで不気味な触手のような腕だけが這うようにして伸びてくるが、すぐに凍りつくようにその動きが止まる（図Ⅱ—7）。この映画のなかでいちばん見逃せないショットである。主人公がそこに近づいていって死んでいることを確かめると、「奇跡」だとつぶやく。すると、教会の鐘の音があたりに鳴り響き、さらにナレーションで最後に、火星人は大気中の微小なバクテリアにたいして抵抗力がなかったこと、人類を救ったのは「神がその叡智で地上に生みだした最小のものだった」ことが告げられる、という顚末である。このように本作では、「奇跡」という語を他でもなく宇宙物理学者に語らせることによって、科学と信仰とが必ずしも相対立するわけではないことを暗示しようとする。科学と黙示録とは、想像力において矛盾しあうどころか、むしろ相性がいいのだ。

Ⅱ-8 『宇宙戦争』（2005年）より

ひるがえって、二〇〇五年のスピルバーグによるリメイクでは、大筋で前作に準じるものの、キリスト教的な内包は表面的には前景化してはいない。ただし、すでに百万年も前に地球に到来し、地中に隠れて密かに攻撃のときを待っていた火星人という設定には、永い眠りのなかから覚めて暴れだす『黙示録』のサタンを連想させるところがある。9・11のトラウマと怒りが本作の根底に流れているのは事実だが、『インベージョン』のようなイスラームへのストレートな連想は周到に避けられているように思われる。「テロか？」という息子の問いかけにたいして、主人公の父親（トム・クルーズ）は、すかさず「ノー」と答えている。好戦的愛国主義にたいしては、一定の歯止めをかけているのだ。

息子と娘を危険から守りぬく父という、やはりおなじみの家族愛の筋書きに本作は則っているのだが、そしてこの監督作品のご多分にもれずエンターテインメント満載なのだが、一味違うところがあるとするなら、それは、離婚したこの父親が子供たちにたいして人知れぬ罪の意識を抱いていて、その捨て身の行為に贖罪の意味が込められている点である。しかも彼は、科学者でもエリートでもなければ、まして軍人でもなく、ごく普通のブルーカラーの労働者である。米軍とともに戦おうとする息子を、父は必死で引き止めさえする。無駄な攻撃を控えて、むしろ逃げることで、あくまでも子供たちを守ることに徹するのだ。そんな彼を見て、ある男が「俺とお前、考え方が違うらしい」と言い捨てる。こうして辛くも、元妻のもとに無事子供たちを送り届けることに成功する。終わり近く、そのボストンにたどり着くと、「ミニットマン」の彫像が破壊をまぬかれて荒れ果てた姿で立っているのが見える（図II―8）。かつてアメリカ独立戦争で活躍した民兵を記念する像で、それが主人公のイメージと重なる（Ambrose 65-66）。この監督の作品としては珍しく、ノスタルジーが漂うショットである。最後のナレーションは基本的に前作と同じものだが、相手を滅ぼしたのが武器や策略でなかった点があえて強調され、さらに地球上のあらゆる生物との共生が謳われる。平和のメッセージにエコロジーの視点が加わるのだ。

黙示録的SF映画の黄金期

さて、ここでもういちど黙示録的なSFパニック映画の黎明期にして黄金期でもある一九五〇年代に立ち返ろう。というのも、想像力と知の限界への挑戦において、後につづく数々の作品のアイデアはこのときすでにほぼ出尽くされているように思われるからである。しかも、すべてアナログの映像だから、CGが過剰なまでに氾濫している今日にあって、たとえいかに技術水準が低いとしてもどこか懐かしさと温かみがある。そのオリジナルな存在感にたいして、ベンヤミンをもじって「アウラ」について語ることすらできるものがあるかもしれない。たとえば、先述した一九五三年の『宇宙戦争』に登場するモダンにして愛らしくもある宇宙船がそうであるように(図II—9)。

さらに、カート・ニューマンの『クロノス』(一九五七年)に登場する、資源の枯渇した外宇宙の惑星から地球に送り込まれてきた、エネルギー吸収装置の巨大ロボット「クロノス」は、幾何学的に美しい純粋な形態をしていて、メキシコ湾岸で虎視眈々と原子力発電所や水爆貯蔵庫の侵略を狙っている(図II—10)。その抽象的な形態は、スタンリー・キューブリックの名作『2001年宇宙の旅』(一九六八年)のモノリスにもつながっている。「あちらで起こることはまたこちらでも起こりうる。このまま資源を使いつづければ」。科学者のひとりが発するこのセリフに本作のメッセージが集約されている。

『恐怖の火星探検』(監督エドワード・L・カーン、一九五八年)のように、かつて繁栄した文明を誇った星が今や「死の惑星」となったという設定は、地球の未来の姿を映しだしている。宇宙戦争や太陽の異変のために絶滅を迎えようとしている未知の外宇宙から、新たな生存の場を求めて地球に到来するとすれば、彼ら訪問者は、『宇宙水爆戦』(監督ジョセフ・ニューマン、一九五五年)や、『世紀の謎 空飛ぶ円盤地球を襲撃す』(監督フレッド・シアーズ、一九五六年)の場合のように、侵略者でもあれば同時に警告者でもあるだろう。グロテスクだがどこか愛嬌のあるミュータントで人気の『宇宙水爆戦』では（図Ⅱ—11）、地球への平和的な移住をもくろむ異星人の科学者が、人間の科学者二人を宇宙船に拉致して情報を得ようとするのだが、最終的には二人を解放して地球に送り返し、自分の星の破滅を甘んじて受け入れるという、ややロマンチックな筋立て。だが、未来の地球がこの星のようにならないという保証はどこにもない。『空飛ぶ円盤地球を襲撃す』において、異星人たちは対話を望み、友好的に事を進めようとするにもかかわらず、あくまでも徹底抗戦の構えを崩さないのは、人間の方である。米軍は核兵器で対抗しようとさえする。宇宙船が大統領官邸の上空に出現し、リンカーン記念堂や国会議事堂を攻撃の標的にするとしたら（図Ⅱ—12）、それはひとえに人間が招いた報いでもあるだろう。透明なバリアに守られた彼らの円盤はどんな攻撃も跳ね返してしまう。

ジーン・ファウラーの『宇宙船の襲来』（一九五八年、原題は「わたしは宇宙から来たモンスターと結婚

Ⅱ-9 『宇宙戦争』（1953年）より

Ⅱ-10 『クロノス』より

Ⅱ-11 『宇宙水爆戦』より

した」）では、女性が死に絶えた星の住人たちが、人間になりすまして地球の女と結婚し、子孫を残そうとするというストーリーで、見た目にはエイリアンだとはわからない。彼らがこっそり正体をあらわすかのようにして、月明かりのなか、おぞましいその顔が一瞬だけディゾルブで重なるショットが何度かさしはさまれる（図II―13）。いうまでもなく、冷戦時代のソ連のスパイを象徴しているのだが、当時の観客にとって、このことはほぼ自明だったと思われる。というのも、一九四九年には『わたしはコミュニストと結婚した』（監督ロバート・スティーヴンソン、別名「十三号桟橋」）という、似たような原題のスパイ映画が製作されているからである。彼らは一様に無表情で、人間的な感情に欠けている。「知らなかった愛も幸せもここで知った」、主人公のエイリアン（トム・トライオン）が、侵略の夢破れて地球を後にするときに残す最後のセリフである。アメリカは「愛と幸せ」の国というわけだ。とはいえ、初夜の時も彼はセックスをむしろためらっているように見え（図II―14）、新妻（グロリア・タルボット）も妊娠しないことに悩んでいる。それゆえ、この「クィアなモンスター」のうちに同性愛への不安を読みとろうとする解釈もあるほどだ（2016 Hantke 92）。一九五〇年代、同性愛とコミュニズムとは同類とみなされることもあったようだ（George 133-135）。

一方、もはや地球に住めなくなったために他の惑星に進出するとすれば、侵略者となるのは人類の方である。宇宙を目指していると思ったら、たどり着いたのは二〇二四年の地球だったという、予期せぬタイムトラベルを描いたエドガー・ウルマーの『宇宙のデッドライン』（一九六〇年）では、その近未来の世界は、聴覚と生殖能力を失った人類とミュータントたちに支配されていた。エイリアンについて、フロイト的な用語を使ってそれをいち早く「イドの怪物」とか「内なる悪魔」とかと呼んだのは、宇宙への移住――植民化――をテーマにした『禁断の惑星』（監督フレッド・M・ウィルコックス、一九五六年）であった。人間の潜在意識こそが宇宙的抗争の原因をつくっている。狂気の科学者が象徴するのは、進歩と破滅とが紙一重でもあるということだ。人間／エイリアン、われわれ／かれら、善／悪という二項対立は、実のところ一見するほど自明のものではなくて、黙示録的なSF映画の誕生時からすでに揺らいでいたのだ。

『縮みゆく人間』で冷戦時代の核開発競争に警鐘を鳴らすジャック・アーノルドは、『それは外宇宙からやって来た』（一九五三年）において、宇宙船の故障で地球の引力に巻き込まれたエイリアンの口を借りて、姿かたちが違うだけで嫌ったり恐れたりして理解できないものを排除しようとする人間の悲しい性《さが》をえぐりだす。だから、もとより侵略の意図のない彼らは、誤解を避けてなかなか姿を見せようとしないのだが（図II—15）、その昆虫のような複眼でしっかりとヒトの本性を捉えているのだ。

II-12 『空飛ぶ円盤地球を襲撃す』より

II-13 『宇宙船の襲来』より

II-14 『宇宙船の襲来』より

『クォーターマス2／宇宙からの侵略生物』（監督ヴァル・ゲスト、一九五七年）や『金星人地球を征服』（監督ロジャー・コーマン、一九五六年）によれば、謎の生命体の恐怖は、物理的

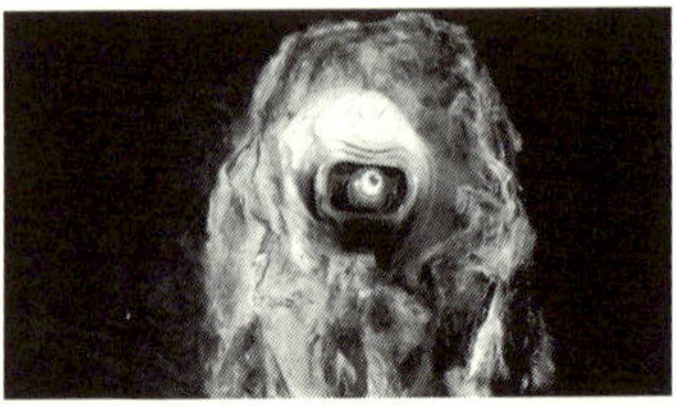

II-15 『それは外宇宙からやって来た』より

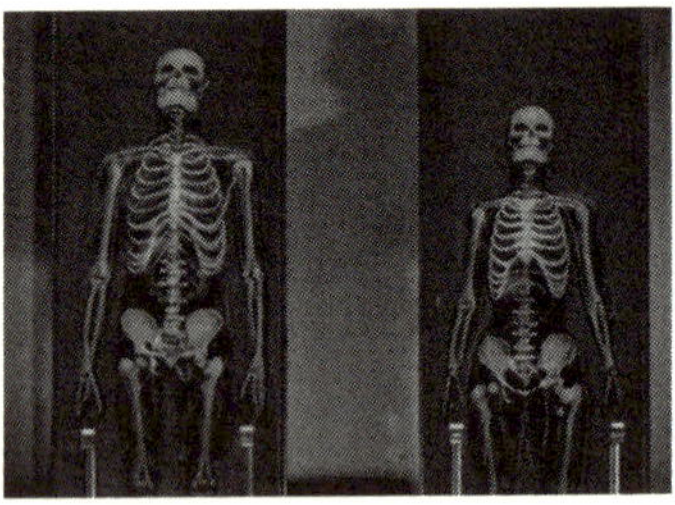

II-16 『宇宙水爆戦』より

というよりもむしろ精神的なもので、知らぬ間に人間が「洗脳」される点にある。『宇宙水爆戦』の異星人たちは、頭脳変換室なるもので人間の思考を自由にコントロールしようとする（これらのモチーフには明らかに反共の意図が込められている）。彼らにはまた、各惑星の物理的条件に適合できるように身体を改造できる秘密の装置もあり、全身X線のイメージでその改造が表現されている（図II―16）。『世紀の謎 空飛ぶ円盤地球を襲撃す』のように、人間の記憶を脳から読み取ることができるエイリアンもいる。『宇宙からの暗殺者』（監督W・リー・ワイルダー、一九五四年）では、地球移住をもくろむエイリアンは、人間を催眠にかけて自在に操ろうとする、等々。

「ブロブ」あるいは『マックィーンの絶対の危機』

わたしの視聴にも限界があるから、もちろんこれだけに留まらないだろうが、一九五〇年代の隠れた名作をもう一点だけ見ておくことにしよう。それとは、『マックィーンの絶対の危機』（監督アーヴィン・イヤワース、一九五八年）である。英語の原題は、「小さな塊」を意味する「ブロブ」だが、これではほとんど意味不明のため、邦題は大スターの名前にあやかって付けられたのだろう。実際にも、スティーヴ・マックィーンの初期の代表作なのだが、日本での公開は、『荒野の七人』（一九六〇年）や『大脱走』（一九六三年）で彼が一躍スターダムにのし上がった後の一九六五年のことである。

ある夜、突然ペンシルベニアの田舎町に隕石が落ちてきて、そのなかからスライム状の地球外生命体が出てくる。最初はほんの野球ボールほどの大きさだったものが、次々と人間を吸収・同化してみるみる肥大していく。変幻自在にその形状を変えるので、わずかの隙間さえあれば、どんなところへも進入することができる。スーパーマーケット、映画館、診療所、車の修理屋、レストラン、カフェなど、小さな町のどこにでもあるごく普通の日常の生活空間が標的になる。幸いだったのは、夜も遅かったこと。ただ映画館では、まだ多くの観客がホラー映画を楽しんでいる。映写室に通風孔から進入してくるこのスライムは、まず映写技師を瞬く間に飲み込んでしまう。すると、上映作品の映像が突然切れて、スクリーンが真っ白になると、今度は観客席へと忍び込む気配（図II―17）。人間を飲み込んで膨張していくこのゼリー状の怪物は、観客を巻き込んでとらえて離さないフィルム（映画）のメタファーではないか、というややうがった解釈もあるほどだ（Szendy 135-137）。

II-17 『マックィーンの絶対の危機』より

そもそも一九五〇年代の映画で大活躍するのは、後に人気を博するようになる粘液を滴らせたおぞましい化け物というよりも、有機物と無機物、動物と鉱物とのあいだにあって無限に成長していく謎の生命体である。たとえば、ジョン・シャーウッドの『モノリスの怪物』（一九五七年）に登場するのは、触れた人間を石化させることで成長して巨大化する黒い水晶のような動く生命体であり（図Ⅱ―18）、ヴァル・ゲストの『宇宙からの侵略生物』（一九五七年）でも、次々と人間を襲って大きくなっていくのは真っ黒いタール状の怪物である。これらのイメージはいずれも、「ブロブ」がそうであるように、地球を襲う隕石そのものから着想されて文字どおり膨らんでいったものだろう。

Ⅱ-18 『モノリスの怪物』より

さて「ブロブ」に戻るなら、いち早く異変に気づいていた主人公の高校生スティーヴは、真夜中に仲間たちとけたたましくクラクションを鳴らして、眠りについていた住人たちを強引に起こし、警察や消防隊まで呼び出して、危険を知らせようとするが、イソップ寓話の「オオカミ少年」のようなものだから、大人は誰もまともに相手にしてくれない。するとその瞬間、映画館から大勢の客が悲鳴を上げて逃げ出してくると、「オオカミが来たぞ！」はにわかに現実味を帯びてくるのだ。銃や火炎や送電線など、当時の田舎町で調達可能なあらゆる撃退法が手当たり次第に講じられるが、相手は一向にひるむ気配がない。当てずっぽうでかけた消火器がむしろ功を奏して、熱ではなくて逆に冷気に弱いことが判明すると、住民総出で町中の消火器が集められて噴射し、ひとまず一件落着となる（図Ⅱ―19）。スティーヴには思い当たる節がなかったわけではない、少し前、冷凍庫に逃げ込んだ彼は、すんでのところで難を逃れていたのだ。こうして、田舎町はほんの一夜のうちに、破滅の危機とそこからの救済という、まさしく黙示録的な世界を体験することになる。

この映画でわたしがとりわけ注目したいのは、そしてこの映画が評価されうるのは、同種の作品にありがちの、軍隊や政治権力への追随、反共の暗示、科学技術への盲目的なまでの信頼、個人主義的なヒーロー賛美、力ずくのサバイバル・ゲームなどといった要素はむしろ後景に退いて、庶民たちの小さなコミュニティの平凡な日常と親密な人間関係が前面に打ち出されている点である。そうしたものがまだ現実に生きていた時代だったのだろう。町中の消火器が撃退の決め手となったというのは、何とも微笑ましい限りだが、それこそはこの映画の利点でもある。

とはいえ、ラストはそれほど楽観的なものではない。いったん動きを止めたものの死んだわけではないその怪物は、空軍が北極に運んで捨てることになるから安全だ、そう聞かされたスティーヴは、「北極が寒い限りね」と応じる。そして、パラシュートでそれが北極に落とされる場面の上に、大きなクエッションマークが浮かんできて幕となる。たしかに、いみじくも今日わたしたちが直面しているように、北極といえどいつまでも凍ったままとは限らないのだ。この映画はそれをすでに一九五〇年代に予告していたかのようだ。この年代はまた、序でも述べたように、人類の自然への介入による新たな地質学的年代「アントロポセン」の議論において、「大いなる加速」と呼ばれる破壊が始まるとされる時期でもある。ちなみに、大気中の二酸化炭素濃度の増加と地球温暖化と北極の氷の溶解との関係が、人工衛星によって記録され始めるのは一九七〇年代のことだから、マックィーンの映画はまさに先見の明がある。

II-19 『マックィーンの絶対の危機』より

「ブロブ」は無機物とも有機物ともつかない代物だが、一九五〇年代の映画にはまた、植物にも動物にも分類できないような謎の生命体が登場する。そもそも宇宙に地球の分類体系は通用しないのだ。先述した『ボディ・スナッチャー』の「サヤ」がそうであった。『宇宙からの侵略生物』で無機物と有機体をまたぐエイリアンを描いたヴァル・ゲストは、『原子人間』（一九五五年、原題は「クォーターマス博士の実験」）では、植物とも動物ともつかない生命体を登場させる。不時着した宇宙船の飛行士のひとりのなかに忍び込んでいたその宇宙の生命体は、サボテンのように胞子を撒き散らしながら、長い触手を伸ばして、次々と人間ばかりか動物園の猛獣たちをも吸収して巨大化していく。TV中継がおこなわれるなか、ロンドンのウェストミンスター大聖堂に侵入したこの怪物——タコか蜘蛛のようでもある——は、『遊星よりの物体X』の場合と同じように、強力な高圧電流によって退治される（図II—20）。スティーヴ・セクリーのイギリス映画『トリフィドの日 人類SOS』（一九六二年）でも、大量の流星によってもたらされた食肉植物トリフィドがまるで動物のように動き回って大活躍する。焼き払ったと思っても生きているこの怪物には意外な弱点があって、それは水に無抵抗なことであった（ナイト・シャマランが二〇〇二年の『サイン』で採用することになるだろう）。

II-20 『原子人間』より

ウィルスとしてのエイリアン——『アンドロメダ…』

さらに一九七〇年代に入ると、肉眼では見ることのできない地球外生命体が人類の未来を脅かすことになるが、その背景にはおそらく、列国による細菌兵器開発競争の危機があったと考えられる（一九七五年には生物兵器禁止条約が発効している）。終末論的な危機をもたらす原因として、新たに生物兵器が加わることになる。そんななか、この状況にいち早く返答するかのようにメガホンをとったのが、かつて一九五一年に『地球の静止する日』で冷戦構造に即反応した名監督、ロバート・ワイズの『アンドロメダ…』（一九七一年）である。ニューメキシコ州の小さな村に人工衛星が落下し、その住民がほとんど外傷のないまま、二人の例外を除いて死に絶えてしまう。その謎を解明するため、全米から有能な科学者四人が極秘に最先端の地下研究施設に召集される。その結果、人工衛星の破片に付着した、緑色の結晶体構造をもつ極小のウィルスが原因であったことが判明するが（図

II-21 『アンドロメダ...』より

II―21）、そのときにはすでにこの宇宙のウィルスによって施設内が汚染されたため、核の自爆装置が自動的に作動している。幸いにもそれは間一髪のところで解除され、宇宙の未知の菌の撃退法も、二人の生存者から突き止められて、危機はいったん回避されたかに思われたのだが、この緑の結晶体を映しだすコンピュータが「分析不能」でクラッシュしたところで幕となる。核爆発をも成長のエネルギーに変えることができるという、恐るべき繁殖力のこのウィルスによって地球は汚染されてしまうのだろうか、それとも……。結論は宙吊りにされたままである。核はここでウィルスに主役の座を譲るのだが（Upton 145）、それも本作が時代の変化に敏感に反応した結果である。

大半のシーンが無機的で冷たい実験室のなかで繰り広げられるこの映画の味噌は、そこが軍のトップシークレットの化学兵器開発施設で、問題のウィ

ルスも軍が宇宙から採取したものだった、という点にある。ここでは、ラットやサルのみか、生存者のひとりである生後間もない乳児までもが実験台にさらされる。科学者たちのその仕事ぶりを、カメラは、まるで科学ドキュメンタリーを撮っているかのように、できるだけ客観的に追っていくのだが、それだけにいっそう事の深刻さと非人道性が浮き彫りにされることになる。

『アンドロメダ…』の隠れた主役が生物兵器だったとするなら、一九九六年に製作されたデヴィッド・トゥーヒーの『アライバル　侵略者』でクローズアップされるのは、ますます深刻化しつつある地球温暖化である。侵入した異星人たちが人間の姿に成りすましてメキシコやペルーの奥地に最新鋭の火力発電所を建設し、NASAにまで潜入して密かに移住を企んでいる。気候の大変動によって人類を滅亡させることが彼らの目的なのだが、この映画によると、地球の温暖化を加速させているのは彼らエイリアンたちである。この着想はかなり姑息な責任転嫁に見えなくはないが、彼らの口を借りて繰り返しこう明言される。「みずからの環境を破壊する者に生きる権利はない」と。彼らが残すこの警句的なメッセージが最後に再び流れて映画は幕となる。つまりここにおいても、はるか遠くから到来する生命体は、侵略者にして警告者、悪魔にして天使でもあるということだ。

ピクチャレスクの黙示録――『アバター』

人類こそがむしろ破壊者であり侵略者である、CG映像を駆使しながらこのテーマを環境問題と黙示録で味付けして見せることで世界的に大ヒットしたのが、ジェームズ・キャメロンの『アバター』(二〇〇九年)である。だが、物語の面でも製作の面でも、ここにものっぴきならないパラドクスが潜んでいるように、わたしには思われる。というのも、ユートピア的な原初の森の世界が、他でもなくハイテクによってまさしくピクチャレスクに再現されているからである。しかも、一大バイオ産業が、人間のDNAに先住民ナヴィのDNAを掛け合わせてハイブリッドな生命体アバターをつくり、これを利用して、豊かな森に包まれたその星パンドラを侵略征服し、経済的に価値のある地下資源だけを略奪しようと企てている、という筋書きである。ちなみにそこに、ネイティヴ・インディアンとその土地を侵略してきたアメリカの歴史が反映されているのは当然として、さらに、二十世紀のはじめに「ブラック・ゴールド」と呼ばれた天然ゴムを求めて南米の森を荒らし、インディオを酷使してきた悲惨な歴史が投影されているという解釈もある（Pagacz）。

侵略のための情報収集という任務を課された主人公ジェイク（サム・ワーシントン）のアバターは、最初は闘争本能をむき出しにしてパンドラの奇想の動物たち——中世の森の想像上の聖獣たる一角獣の生まれ変わり——と戦っているが、ナヴィの娘ネイティリ（ゾーイ・サルダナ）から未知の世界へのイニシエーションを授けられると、次第に、自然と一体化した彼らの生き方に強く惹かれていくようになる。みずからのアバターによってジェイク本人も徐々に変わっていくのだ。映画の観客のなかには、理想郷パンドラとあまりにも食い違う地球の現状に絶望して現実逃避に走り、自殺未遂する者まで出てきたという（Piazza）。

一方で人類の側にあるのは、瀕死の地球、バイオテクノロジー（とその巨大企業）、むき出しの欲望、最新戦闘機であり、他方でナヴィの側にあるのは、宇宙の神聖な森とそこに棲む神秘の動植物たち、先祖の霊と自然への崇敬、原始的な武器である。この比較的わかりやすい対立図式のなか、ハイテクと暴力によって前者が後者を破滅させようと画策するが、これを阻止する救世主となるのが、まさしくジェイクのアバターである。一見したところ、従来の侵略／被侵略の関係を転倒させるばかりか、アンチ軍隊とアンチ資本主義のメッセージすら内包しているようにも見えるのだが、パンドラを救うのは先住民ではなくて、つまるところ白人の男なのだ（Butler 128）。白人の男がネイティヴの救世主となる（かに見える）という筋書きはまた、アラビアにおけるトーマス・E・ロレンス、中国（清）と英国軍人チャールズ・ゴードン、そしてボルネオの探検家ジェームズ・ブルックの場合に象徴されるように、植民地主義を背景に西洋が好んできたクリシェのひとつでもある（Chapman and Cull 206）。

さらに、SFに欠かすことのできない最新兵器のみならず、神秘の星の幻想的な動植物たちの数々もまた、巧妙なCGIの産物だということを観客は知っているから、謳い文句の聖なる自然の「魂」や「精霊」なるものも、どこか空虚な言葉遊びのように響く。中盤にさしかかるころ、

II-22 『アバター』より

バイオ企業のトップが、パンドラの森の立体的なヴァーチャル映像を操作しながら、そこに眠る資源への飽くなき欲望を吐露する短いが象徴的な場面がある（図II—22）。突き詰めるなら、本作の全編がいわばこの3D映像の拡大版ともいえるだろう。かくて監督のキャメロンは、その映像によって世界制覇をもくろむ、というわけだ（そしてそれは、ある程度まで成し遂げられた）。

アニミズム的な自然崇拝をハイテクによって雄弁かつ修辞豊かに表現しようとしたところに、この映画の興味深いパラドクスはあるだろう。アバター計画を開発推進してきたのは、女流生物学者のグレイスだが、その彼女は、知的好奇心から、先住民たちの文化にも深い理解を示していて、最

後には企業側の手によって葬られてしまう。森のなかではネイティィリが、実験室ではグレイスが、ジェイクのイニシエーションを導いている。『エイリアン』シリーズの主演女優シガニー・ウィーバー演じるこのグレイスの内には、矛盾と葛藤が渦巻いているのだが、それこそがむしろこの映画の隠れたテーマなのかもしれない。

かつて、十八世紀のイギリスでは、険しい渓谷や切り立つ山々を描いた風景画が、「ピクチャレスク（絵のような）」という形容で大いにもてはやされたが、当時はまたまさに産業革命の真っ盛りでもあった。つまり、一方では自然の搾取に先鞭をつけておきながら、他方では手つかずのままの自然の荒々しくも雄大なイメージを、貴族やブルジョワたちは楽しんでいたのだ。『アバター』にこだましているのは、黙示録的テーマと同時に、逆説をはらんだこの「ピクチャレスク」の美学でもある。かつて「ピクチャレスク」を表現していたメディウムは油絵や水彩だったが、二十一世紀はデジタル・イメージがそれに取って代わるのだ。

難民・移民の黙示録——『第9地区』と『モンスターズ 地球外生命体』

黙示録的なSF映画がそのつどいかに時局を反映してきたか、それは近年の作品にも当てはまる。ニール・ブロムカンプの『第9地区』（二〇〇九年）や、ギャレス・エドワーズの『モンスターズ 地球外生命体』（二〇一〇年）には、明らかに移民や難民をめぐる現代の状況が濃い影を落としていると思われる。

南アフリカを舞台にドキュメンタリー・タッチで描かれる『第9地区』には、かつてのアパルトヘイトが背景にあることはもちろんだが、ヨハネスブルクのある地区に隔離され抑圧される「栄養不良で憔悴した」無数のエイリアンたちの悲惨な姿は、今日むしろ、国境で足止めを食らったり、軟禁させられたり、強制撤去させられたりする各地の難民の状況を連想させないではいない（南アフリカの場合はモンザンビークやジンバブエなどからの難民）。対策に当たる超国家機関（MNU）と軍の関係者や科学者たちのなかにすでに黒人の姿が少なからず見えることからも、力点はアパルトヘイトよりも難民にあるように思われる。あるいは、封鎖と軍事侵攻、高い人口密度という状況は、イスラエル軍に包囲されたパレスチナのガザ地区を暗示しているのかもしれない（Cubitt 61）。エイリアンはもはやかつてのように、侵略者か警告者か、悪魔か天使かという二者択一の問題ではなくて、もっと複雑な様相を呈してくるのだ。

彼らの到来からすでに二十年以上が経過して、二百万――この数もまたガザ地区を想起させる――にも届きそうな数に達したため、第9地区からさらに場末の強制収容所のような場所へ集団で移住させる計画が進められている。その責任者を任されたのが、MNUのごく平凡な役人ヴィカス（シャールト・コプリー）で、第9地区に入って移住の説得に当たることになる。彼らはその姿から「エビ」という蔑称で呼ばれているのだが、その大量の卵を発見したヴィカスは、小屋ごと焼き払ってしまう。『レビ記』（11: 9–12）や『申命記』（14: 9）によると、ヒレやウロコのない水の生き物はすべて「汚らわしい」とされるから、エビもその仲間ということになる。その卵が焼けてはぜる音を聞いてヴィカスは、「ポップコーンみたいにはじけている」と無邪気にもご機嫌の様子だ。

とはいえ彼は、折り紙付きの人種主義者というわけでも、武装主義者というわけでもない。むしろ、無抵抗の相手に銃を向けるMNUの傭兵部隊にたいしては批判的ですらある。彼はただ上からの命令に盲目的に従おうとするだけの組織の機械なのであり、その意味で、ハンナ・アレントのいう「悪の凡庸さ」に結びつける解釈もある（2016 Woolfolk 184）。

MNUの表向きの指針は、客観的な現状把握と人道的な対応にあるのだが、実のところ、武器を振り回して「エビ」を追い払い殺害しようとするのはもっぱら人間の方で、反対に「エビ」たちは、『猿の惑星』のサルたちがまたそうだったように、人間よりもはるかに人間らしい感情の機微や豊かな表情、そして細やかな仕草を見せる（図II―23）。外国人嫌いが痛烈に皮肉られているのだ。「エビ」たちの食料を牛耳って暴利をむさぼっているのもまた人間のギャング団である。それはまるで、難民を食い物にする密入国斡旋人を暗示するかのようでもある。

さて、ヴィカスはというと、現場で誤って黒い液体を浴びたために遺伝子の突然変異で「エビ」に変身を始める（このあたりの展開はやや唐突に見えるが、カフカ的と言えなくはない）。その液体を没収し、彼をバイオテクノロジーの実験台にして一儲けしようとたくらむのもやはり人間である。辛くも隔離病棟を脱出した彼は、第9地区に逃げ込み、「エビ」たちの知的リーダーであるクリストファーと接近していく。例の黒い液体は、彼らが二十年かけて蓄積した宇宙船の燃料で、それがあれば母船に戻ってヴィカスを治療できるのだという。この間も変身の進むハイブリッドの身体の彼は、今や、人間よりもエイリアンの方に自己のアイデンティティを重ねている。ケータイでつながる妻との会話だけが彼の心の支えなのだが、その通話もMNUによって盗聴されているのだ。

II-23 『第9地区』より

さて、ヴィカスとクリストファーは、命がけで黒い液体燃料を取り返すことに成功するが、向こう三年ものあいだ救助の迎えを待たなくてはならないと知ると、ヴィカスはクリストファーを出し抜いて、自分だけ宇宙船に乗り移ろうとするが、それにはあえなく失敗してしまう。ギャング団の餌食となるヴィカスを助けるのは、「エビ」のクリストファーの息子である。一方、MNUに捕らえられたクリストファーを救出するのは、覚悟を決めたヴィカスで、故郷の惑星に相手を戻してやろうとする。それというのも、必ずや迎えにきて元の身体に戻してやるというエイリアンの約束を信じようとするからである。MNUの部隊が激しく攻撃するなか、ヴィカスの抵抗で、クリストファー親子は二十年ぶりに無事に宇宙船を出発させることができる。ヨハネスブルクの上空を長らく覆っていた巨大な宇宙船が離れていく光景に、市民たちは歓喜しているようだが、「エビ」へとほぼ完全な変身を遂げ、公式には死んだ者として葬られたヴィカスだけは、妻を思いつつ、クリストファーの再来を待ちわびている様子だ。果たして、「キリストを担うもの」――ラテン名でクリストフォロスという伝説的な聖人もいる――という意味のこのエイリアンは、再び地球に舞い降りてヴィカスのみならず、隔離を強いられた二百万もの「エビ」を救うことはできるのだろうか。それは未決のままに残される。

一方、イギリスの自主映画『モンスターズ　地球外生命体』では、国境の壁をめぐるアメリカの独断的な移民政策が批判的に暗示される。地球外生命体のサンプルを採取したNASAの探査機がメキシコ上空で大気圏突入時に大破したために謎の生命体が繁殖し、米軍を中心に封じ込め作戦が展開されている、という設定のもとで話が始まる。その被害が国内に及ばないようにするため、米軍は何としてもメキシコとの国境で食い止めようとしているのだ。冒頭、攻撃に向かう兵士のひとりが、ワーグナーの「ワルキューレの騎行」を口ずさんでいるが、これは明らかに、同曲をバックに米軍ヘリがベトナムの村を空爆するという、フランシス・コッポラの『地獄の黙示録』（一九七九年）の名高いシーンを踏まえたものである。

その取材でメキシコに来ていた新聞社のカメラマン、コールダー（スクート・マクネイリー）が社長令嬢のサマンサ（ホイットニー・エイブル）を国境まで送り届けるという、ロードムーヴィーの形式で話は進行していく。この映画の小気味いい皮肉は、いつ出没するとも知れないエイリアンの危険地帯をくぐり抜けてアメリカを目指すのが、中南米の人間ではなくて、まさしくアメリカ人——一発屋の青年とブルジョワ娘——だという点にある。おまけに彼ら二人はパスポートとチケットを盗まれていて闇のルートに頼るしかないから、アメリカが拒絶し排除しようとする、いわゆる不法移民の境遇に限りなく近づいているのだ。途中、犠牲になった子供たちの写真や、山積みになった身元不明の遺体が映るが、そこにも難民のイメージが重なる。現地人によると、モンスターたちは普段はおとなしいが、米軍が来ると怒って暴れだすのだという。だから米軍こそがむしろモンスターでもある。メキシコの町の破壊と犠牲はほとんど米軍によるものなのだ。アメリカは大金をはたいて壁を築いたけれど、自然が相手だから無駄だと、現地人は諦観してもいる。森の木に産み付けられたモンスターの卵を、彼らは破壊しようとはしない。おそらく彼らにとって、モンスターの繁殖もまた自然の摂理なのだ。

川を下り、森を抜け、山を越える丸二日間の困難な逃避行——そのシークエンスはヴェルナー・ヘルツォークの『アギーレ 神の怒り』（一九七二年）を想起させるところがある——の末、主人公の二人はやっとのことで高い壁の張り巡らされた国境の町にたどり着く。その直前、森のなかのマヤの遺跡から二人が長くて堅固な壁を見渡すショットは、美しくもあれば恐ろしくもある。実際に

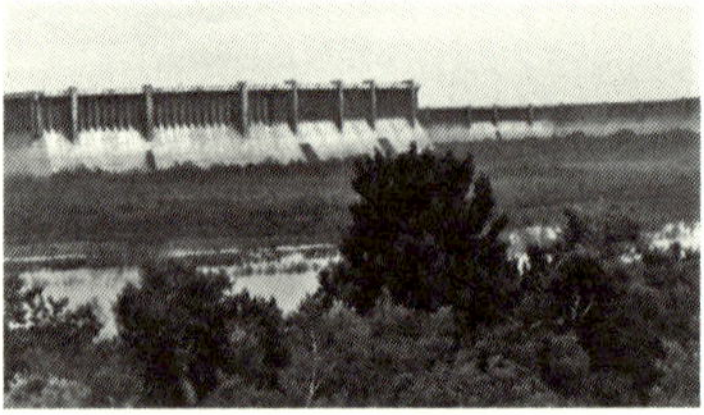

Ⅱ-24 『モンスターズ 地球外生命体』より

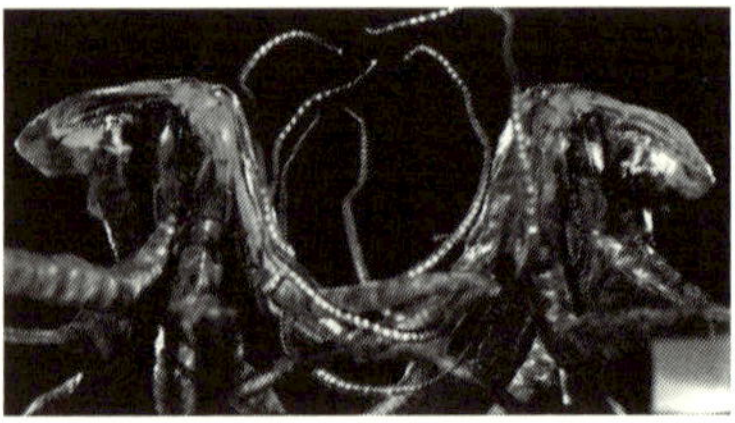

Ⅱ-25 『モンスターズ 地球外生命体』より

は国境沿いに森のマヤ遺跡は存在しないから、これは架空の映像である。高くて長い壁の威圧的な光景に彼女は思わず「世界の七不思議みたい」と漏らす（図Ⅱ—24）。ところが案の定、アメリカ側の町は軍の攻撃ですでに壊滅状態、巨大なタコのようなモンスターの遺体も転がっている。堅牢な壁も何ら功を奏さなかったわけだ。九一一番に緊急通報した二人の前に突然、二匹のモンスターが現われる。だが、彼らは二人を襲うわけでも、建物を破壊するわけでもなくて、互いの長い触手を絡め合って交尾をすると（図Ⅱ—25）、その場から立ち去っていく。自然の摂理に従っているだけなのだ。二人はその様子に感動すらしているようだ。

いかにしてコミュニケーションをとりうるか――『メッセージ』

ところで、もし外宇宙から未知の生命体が地球に到来するとして、わたしたちはいかにして彼らとコミュニケーションをとりうるだろうか。不可解にもじっと沈黙を守る彼らが、天使なのかそれとも反対に悪魔なのか、いかにして判断できるだろうか。このテーマを正面から取り上げているのが、ドゥニ・ヴィルヌーヴの『メッセージ』（二〇一六年、原題は「アライバル」）である。十二の同じ円盤状の巨大宇宙船が世界の各地に飛来し、地面から浮き上がったまま水平にではなく垂直にじっと停泊しているが、目下のところ攻撃してくる気配はない。不気味にして崇高でもあるその映像

II-26 『メッセージ』より

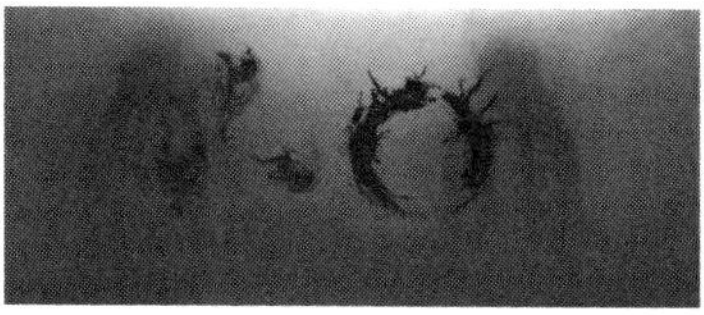

II-27 『メッセージ』より

は、映画ファンならずともよく知られた『2001年宇宙の旅』に登場する巨大なモノリスを連想させないではいないが、おそらくそれはスタッフによって意図された計算である。十二という数も、キリストの弟子の数や、『黙示録』の鍵となる数字を想起させる。

この突然の侵入者を前にして、中国は武力に打って出る構え、各国もまた攻撃の準備を始めている。アメリカでも軍は戦闘の準備を整えていて一触即発の状態にあるが、その前にあらかじめ、言語学者のルイーズ（エイミー・アダムス）と物理学者のイアン（ジェレミー・レナー）の二人を宇宙船に乗り込ませてエイリアンたちと接触させようと試みる。この映画の最大の見せ場は、そのルイーズが、七本足の生き物「ヘプタポット」の二体――往年の人気お笑いコンビの名前をとって「アボットとコステロ」の愛称で呼ばれている――と何とかしてコミュニケーションをとろうと試行錯誤する幾つもの場面である。

声や身振りや文字など可能な手段を尽くして――たしかにそれらは、言葉の通じない国でわたしたちがとりうる切り札である――ルイーズが語りかけると、透明なバリアの向こう側にいる彼らは、長い触手の先端から墨のようなものを発射してくる（図II―26）。すると、画面いっぱいに広がる墨の流れは、たちまち、さまざまな大きさと抑揚をもつ黒いウロボロスが禅の「円相」のような丸い輪になっていく（図II―27）。それはほとんど墨流しか墨絵の跡のようにも見える。これが一種の表意文字のようなものであることを直感したルイーズが、

II-28　フランツ・クライン《フィギュア 8》（1952 年　スタンフォード大学）

II-29　『メッセージ』より

何度も彼らとの接触を試みるなか、物理学者で後に夫となるイアンの助けを借りて間一髪で一部解読に成功し、事なきを得て帰還させるというのが話の大筋である。彼らが「武器」という語を使ったものだから、早合点した一部の米軍兵士は宇宙船の内部を爆発させてしまう。一方の中国ももはや堪忍袋の緒を切らせている。が、「武器」とは「言葉」のことに他ならないことが解けると、パズルの十二ピースがつながり始めたことを伝えるニュース映像とともに、各地の巨大宇宙船はゆっくりと雄壮に地球を離れていくのである。

だが、これだけでは単によくできた美談で終わるに過ぎないだろう。本作でそれ以上に注目すべきは、管見では次の二点、すなわちひとつは、墨流しにも似たそれら文字の視覚的で触覚的な特徴であり、もうひとつは、そのウロボロス状の文字が、過去・現在・未来という時制の区別のないロゴグラム（表語文字）になっているという設定である。順にもう少し詳しく見ていくことにしよう。

中国系の米人作家テッド・チャンの原作中編「あなたの人生の物語」では、彼らの「表義文字」は「曼荼羅に似ていた」と形容されている。これにたいして映画ではどちらかというと、ジャクソン・ポロックやフランツ・クライン（図II—28）の黒一色のカリグラフィックな抽象絵画の世界——

それ自体が書の影響を受けている――にも似ているように、わたしには思われる。ヴィルヌーヴの着想源のひとつは、おそらくアメリカの抽象表現主義の絵画にあったのではないだろうか。しばしばルイーズは、手に触れようとすることで、文字どおり触覚でそれらの文字（イメージ）を体験し把握しようとする（図II―29）。さらに、もちろんそれらの映像はCGによるものなのだが、その絵文字をコンピュータに取り込んでデジタル化し、映像解析によって未知の言語を読み解こうと試みるところに、この映画のメタ構造的な特徴がある。序でも触れたレフ・マノヴィッチを再度引くなら、デジタル化によって映画は「映画‐眼（キノ‐アイ）」から「映画‐筆（キノ‐ブラッシュ）」へと変貌を遂げるという具体例のひとつがここにも見いだせるだろう。

II-30　『メッセージ』より

しかも、デジタル化された絵文字の映像を次々と拡大していくと（図II―30）、結果、世界中の十二の宇宙船から発せられる絵文字を全部つないでこそ意味をなすメッセージであることが判明する。つまり、世界がひとつになれということである。終盤に置かれたこのシークエンスにもまた、過去の名作への周到な参照があるように思われる。それとは、ミケランジェロ・アントニオーニの『欲望』（一九六六年、原題は写真の引き伸ばしを意味する「ブロー・アップ」）であり、さらにリドリー・スコットの『ブレードランナー』（一九八二年）である。着想の出発点となるアントニオーニ作品では、秘密の鍵を握る細部の拡大の対象が、数枚の写真だったとすると、それに範を取った『ブレードランナー』ではビデオ映像となり、さらにこれらを受けたヴィルヌーヴの本作においてデジタル映像に取って代わられる。

この展開はまさに映像メディアの変遷をなぞるかのようでもある。このカナダの監督は、同じ二〇一六年に続編『ブレードランナー 2049』を撮っているから、その演出はおそらく意図的なもので、優れた先達たちにオマージュを捧げているように思われる。

一方、時制の存在しない「ヘプタポット」の言語が、過去も現在も未来もない彼らの時間の意識に対応すること――思考は言語によって決定されるという、いわゆる「サピア＝ウォーフの仮説」の具現化――を見いだしたルイーズは、彼らの言語にますますのめり込んでいくうちに、みずからもまた彼らと同じ時間の感覚を抱くようになる。つまり、現在のうちで過去や未来が同時に体験されるようになるのである。とりわけ、物理学者のイアンと結婚して生まれることになる娘ハンナのあまりにも早すぎる死を見てしまったことが、彼女に大きな傷となってのしかかる。それは、いわゆるタイムトラベルではなくて、一方向の流れを超越した時間の体験である。

実はこの映画は、ルイーズの娘――その名ハンナ（HANNAH）は回文になっている――が誕生し成長するも不治の病で少女のまま世を去る四分余りのシークエンスで始まり、最後は、イアンとの結婚によってその子が生まれる場面に戻っていく。つまり、始まり（アルファ）と終わり（オメガ）とが重なり合うウロボロスの形象は、「ヘプタポット」の表語文字の基本パターンであると同時に、この緩やかな黙示録的映画の根本的構造でもあるのだ。

いずれにしても、未知の来訪者――他者――をのっけから「悪魔」と決めてかかると、わたしたちは大変な過ちを犯してしまい、痛いしっぺ返しを食らうことになるかもしれない。なぜならそれはむしろ「天使」かもしれないのだから。

第Ⅲ章　テイク・シェルター――現代のノアの箱舟

この世が終末を迎えるとき、それでも生き残る者はいるのだろうか。『黙示録』によると、イスラエルの全十二部族のなかからそれぞれ一万二千人ずつが選ばれて、合計十四万四千人に神の刻印が押され、終末の大混乱のなかを生きのびて新たなエルサレムに入ることが許されるという(7: 3-8)。彼らの額には、「小羊の名と、小羊の父の名」とが刻まれ、シオンの山に立つ小羊(キリスト)に祈りを捧げている(14: 1)。要するに、選ばれた義人たちだけが救われるというわけだ。

ちなみに、祝福された十二という数字は、キリストの弟子(使徒)の数でもある。また、神の栄光に輝く新しいエルサレムも十二という数字からなっていて、長さと幅と高さがそれぞれ等しく一万二千スタディオン——約二千四百キロメートルに相当——であるという。つまり、完璧な立方体の形状をした巨大なシェルターのようなものである。ここには、四方向にそれぞれ三つずつ、合計十二の門と土台があり、十二部族と十二使徒の名前が刻まれるとともに、十二人の天使によって守られている(21: 9-13)。神に祝福されたこの巨大シェルターのなかで、選ばれた十四万四千人が人類の未来を紡いでいくことになる、というわけだ。

似たような発想はすでに『創世記』(6-9)のなかの名高いエピソード、「ノアの箱舟」にも認められる。人間が堕落し、地上に不法がはびこっていることに心を痛めた神は、大洪水を起こして、みずから創造した生き物を全滅させようとする。ただ「無垢な人」ノアとその一族だけには、大きな箱舟を造ることを命じ（その大きさや構造まで規定されている）、つがいの動物たちとともにそこに入って子孫を残していくようにと諭すのである。世界が危機にさらされたとき、選ばれた者だけがシェルターのなかで生きのびる、このいささか差別的ともとれる発想は、ユダヤ教とキリスト教の内に深く刻印されてきたに違いない。

初期映画のなかのシェルター

シェルターをめぐるテーマは早くも初期映画のころから登場している。たとえば、デンマーク映画の黄金時代を築いたオーガスト・ブロムが彗星の地球接近をテーマにして撮った黙示録的パニック映画の嚆矢、一九一六年の『世界の終わり』がそれである。実際にも、一九一〇年のハレー彗星の接近と、その四年後に勃発した第一次世界大戦とが映画の背景にある。大資本家と貧しい労働者との対立を描いたことで、フリッツ・ラングの『メトロポリス』（一九二七年）を先駆けることの作品は、相次ぐ隕石の落下による大規模な火災や洪水の描写が見せ場のひとつになっているが（図III—1）、そのカタストロフをブルジョワ社会の頽廃のメタファーと捉えている点に特徴がある。混乱の渦のなか、ブルジョワたちは「救われればわれわれは新しい世界を発見しその主人となるだろう」などと気勢を上げ、めか

III-1 『世界の終わり』より

しこんで大宴会を催している。そこに逃げ惑う労働者や農民たちが押しかけてきて、屋敷の主人は、招待客たちをよそ目に、負傷した妻を抱えて秘密の入り口からこっそり地下のシェルターに逃げ込む。周到にも万一の時に備えて、あらかじめ鉱坑の壁に避難の矢印を付けておいたのである（図Ⅲ—2）。ところがガスが蔓延してきて二人は相次いで命を落とすことになる。自分たちだけが生き残ろうとすると、相応の報いを受けることになるのだ。

一方、ハンガリーからアメリカに帰化したばかりのマイケル・カーティスがメガホンを撮ったその名もずばり『ノアの箱舟』（一九二八年、一部トーキー）でも、この旧約聖書の話が、第一次世界大戦当時のヨーロッパの状況とそっくり重ね合わされているが、オーガスト・ブロムの作品とはある意味で対照的である。

Ⅲ-2 『世界の終わり』より

時は一九一四年、パリからコンスタンティノープルへ向かう満員のオリエント急行が、フランスの国境近くで嵐に見舞われて、激流で倒壊した鉄橋に突進するという大事故を起こしてしまう。そこに乗り合わせていたアメリカのプレイボーイ、トラヴィス（ジョージ・オブライエン）と、ドイツの小劇団の女優マリー（ドロレス・コステロ）は、幸運にも命からがら生き延びて、愛し合い結婚することになるのだが、それはまだほんの前触れに過ぎない。程なくして第一次世界大戦が勃発し、マリーはドイツのスパイにでっち上げられて命を狙われ、トラヴィスもアメリカの参戦とともに連合軍に加わることになる。あらぬ嫌疑で新妻が処刑されようとするまさにその瞬間、偶然のめぐり合わせで夫が現われて誤解を解き、助け出すことができたのはよかったものの、敵の爆撃にあって生き埋め状態になってしまう。このとき、その場に居合わせた牧師が、「時代は異なるが洪水も戦争も全能の神による罰だ」、「箱舟が洪水を乗り越えたように、神の正義が、この血の海に勝らんことを」とばかりに、ノアの物語を披露しはじめるのである。

こうして、場面は『創世記』の時代へと一気にさかのぼることになる。後半のこのおよそ四十分弱のシークエンスは本作の最大の見せ場で、なかでも大量の水とエキストラを使った十三分間にも及ぶ洪水の場面の撮影では、複数の溺死者が出たほどだったという（ハリウッドではこの事件をきっかけに、エキストラの安全のための規定が整えられていくことになる）。ノアの三人の息子のひとりであるヤペテが、偶像崇拝に明け暮れるネフィリム族のもとで生贄にされそうになった女ミリアムを救い出して、すでに大嵐が吹き荒れるなか最後に箱舟に乗り込むという架空のエピソードが花を添える（お察しのとおり、それぞれをトラヴィス役とマリー役と同じ俳優が演じている）。箱舟（シェルター）にしがみつこうともがく異教徒とその神殿が無残にも大水に呑み込まれていくシーンは、まさしく迫力満点で今でも見劣りしないほどだが、いささか単純な勧善懲悪に陥っているという印象は否めない（図Ⅲ―3）。水の力によって悪が浄化される、というわけだ。

実際にも、このシークエンスの後、画面はふたたび現代へと舞い戻り、休戦協定が結ばれたことが告げられ、連合軍が歓喜

Ⅲ-3 『ノアの箱舟』より

の行進をするなか、先の牧師が、「犠牲は無駄ではなかった。[…]戦争はもはやこの世から消えるのみ」と宣言すると、主人公の二人が嬉々として行列に加わるところで幕となる。だが、残念ながらそれがいささか甘い見通しだったことは、その後の歴史が証言するところである。いずれにしても、現代の出来事に過去の神話を投影させるこの映画がいみじくも物語っているのは、シェルターの発想そのものが遠く聖書に根ざす宗教的起源をもつという、まぎれもない事実に他ならない。

ここまで見てきたように、オーガスト・ブロムとマイケル・カーティスの二本のサイレント作品は、シェルターをめぐってある興味深い対照性——懐疑と信頼——を示しているが、この違いはその後の映画のなかでも、人種やジェンダー、階級や職業などのテーマとも絡み合いながら、さまざまな変奏を奏でていくことになる。

現代の「ノアの箱舟」としての宇宙船——『地球最後の日』

SF映画にもまたシェルターは欠かせないモチーフである。ポーランド出身の監督ルドルフ・マテ——かつてカール・ドライヤーの『裁かるるジャンヌ』(一九二八年)や『ヴァンパイア』(一九三二年)の撮影監督として実力を発揮した——が一九五一年にハリウッドで手がけたテクニカラー作品『地球最後の日』は、そうした映画の先駆けといってもいいだろう。

激しく燃えて炸裂する黄金色の炎がスクリーンの枠いっぱいに広がる強烈なショットで幕を開けると、つづく場面で、聖書をクロースアップにしてノアの逸話のさわりがナレーションで読み上げられるところからも明らかなように、本作もまた、黙示録とノアの大洪水への参照をいささかも隠そうとはしない。惑星が地球に接近して衝突の危機が迫っているという筋書きは、その後の映画において何度も繰り返されることになるものだが、これもまた、天から星が落ちてきて、地上に底なしの穴をうがち、地中のかまどから灼熱の噴煙を立ち上らせるという、『黙示録』の記述（9:1-2）に遠い起源を求めることができる。

とはいえ、この映画で面白いのは、接近しているのが一つどころか二つの惑星で、一方のベラスは確実に地球に衝突するのだが、もう一方のザイラはその危険性が薄いため、飛行船でそちらに移住する大胆な計画が実行されるという奇抜な展開である。ベラスが地球の十倍もの大きさなのにたいして、その周りを公転しているザイラは、地球とほぼ同じ規模の星だという。地震や火山の噴火、氷山の崩壊や大津波など、地球のあちこちで異変が現われるなか、飛行船の建造が着々と進んでいる。そのプロジェクトに従事しているのは、全米精鋭の六百人を超える若くて健康な男女の科学者や技術者たちなのだが、四十人ほどしか定員のない「ノアの箱舟」の乗船者は、そのなかから抽選によって決められるという。

この間、聖書を筆頭に、宇宙船に積み込まれるべき書物が集められ、つがいの動物たちも準備されていく。映画のなかでもそう呼ばれているように、これはまさしく二十世紀の「ノアの箱舟」なのだ。アメリカのみならず、先進各国で同様のプロジェクトが進行中だという。

だが、地球最後の日は刻一刻と迫っている。ニューヨークの街が大津波に襲われ、難破した大きな船とともに、エンパイアステートビルを筆頭に摩天楼だけが波間から顔をのぞかせている一瞬の航空ショット（図Ⅲ―4）は、その後の同種の映画に大きな影響を与えることになるだろう。屋根の上に取り残された少年をヘリコプターが救出するシーンは、今や災害時でよく目にする現実の光景となった。

Ⅲ-4　『地球最後の日』より

Ⅲ-5　『地球最後の日』より

　さて、いよいよ飛行船に乗り込む四十四名を男女別で「公正に」抽選するときがやってくる。ただし、本計画の責任者とその家族、出資者である大資本家は別枠である。かくして幸運な当選者の名前が公表されるのだが、それは当然ながら、同じ計画に携わってきたにもかかわらず選ばれなかった仲間の反感を買い、暴動を惹き起こすことになる。その一方では、反対に、恋人が抽選に漏れたために辞退する者も出てくる。年長の責任者もまた、貪欲で傲慢な大資本家が乗り込もうとするのを阻み、みずからも身を引く。こうして大混乱のなか、四十人余りの若きエリート――そこに見えるのは白人だけで黒人の姿はない――を乗せた宇宙船は（図Ⅲ―5）、新天地ザイラに向けて洋々と飛び立っていくのだ。船内から彼らは、赤く燃えるベラスが地球に衝突する様子を、絶望とも感嘆ともとれる複雑な表情で眺めている。

　自分だけ助かろうとする大ブルジョワはもちろん言語道断としても、そもそも現代の「ノアの箱舟」によって救済されるのは、つまり人類の未来を背負っているのは、もっぱら若い科学者やエンジニアたちである。このいささか素朴な科学技術への「信仰」に本作は基づいていて、それについてはほとんど疑問視されているようには思われない。

だが、それだけではない。こうして飛び立った「ノアの箱舟」は、幸いにも無事にザイラ星の氷原に着陸するが、恐る恐る外に出てみると、前方に広がるのは緑にあふれる光り輝く理想の新天地。「新世界での人類の始まりである」という字幕がその光景に重なって映画は幕となる（図Ⅲ―6）。このラストもまた思わせぶりだ。『黙示録』の十四万四千人どころか、わずかに四十余人の若い白人のエリートだけが生き残り、新しい惑星――「新たなエルサレム」――に入ることを許されたのだ。かつての「義人」は、今や科学技術の信奉者へと変貌する。しかもこの宇宙船には、その昔、信仰の自由を求めてイギリスから新天地アメリカを目指した清教徒たちを乗せたメイフラワー号のイメージが明らかに重なっている。映画の公開当時の観客たちにとっても、その連想はほとんど自明のものだったと想像される。

Ⅲ-6 『地球最後の日』より

この種のエリート主義的なハリウッドの生き残りの思想――優生学的イデオロギー――にたいして、スタンリー・キューブリックがすかさず『博士の異常な愛情』（一九六四年）のなかで強烈に皮肉ることになるのだが、この映画については以前に拙著『黙示録』で触れたことがあるので、そちらを参照願いたい。

頓挫する地下シェルター探索――『地底戦車サイクロトラム』

とはいえ、同じく一九五一年に製作されたもうひとつの作品、テリー・O・モースの『地底戦車サイクロトラム』（一九五一年、原題「知られざる世界」）に言及しないとしたら、わたしたちは平衡感覚を失うことになるだろう。これは、地球外生命体をめぐって、やはり一九五一年に二本の対照的な映画、『地球の静止する日』と『遊星よりの物体X』が製作されていたというのと、どこか事情が似ているように思われる。

迫りくる核の脅威から「文明を守る会」の科学者たち――女性一人を含む合計七人――が、原子力エネルギーを利用した強力な掘削艇サイクロトラムに乗り込んで、地球の奥底に核シェルターとなりうるような空間を見つける探検に向かうという、ジュール・ヴェルヌの『地底旅行』(一八六四年)にインスピレーションを得た物語である。

狭い掘削艇に閉じ込められて、死火山の火口から地中深くに潜行していくこの長旅で、メンバーは次第に憂鬱感と孤独感に襲われるようになる。日を追って鬱屈してくる船内のショットは(図Ⅲ―7)、意気揚々とした若き科学者たちを乗せた『地球最後の日』のロケットの内部の様子とまさしく好対照をなしている。犠牲者や脱落者も出るなか、引き返すべきか否か、残った三人の男たちが迷っているときに、最終的に進むという決定を下すのは若い女性の生物学者(マリリン・ナッシュ)である。実のところ彼女がいちばん冷静に判断し行動しているように見える。

さらに掘り進むと、不思議なことにも光にあふれ、大きな滝の流れ落ちる広々とした洞窟空間にたどり着く。ニューヨークから一六四〇マイル地中にあるその場所は、温暖な気候で住むのに適しているばかりか、化学資源も豊かだから産業の発展も期待できる。太陽は上らないが、光と水には事欠かないので農産物も育つだろう。肺魚の化石――それが大きくクローズアップになる(図Ⅲ―8)――も見つかって、太古の昔に生命の営みがあったらしいことも判明する。「自滅への段階を早めている」人類も、おそらくこの地に適応できることが期待される。久々にメンバーの顔に笑顔

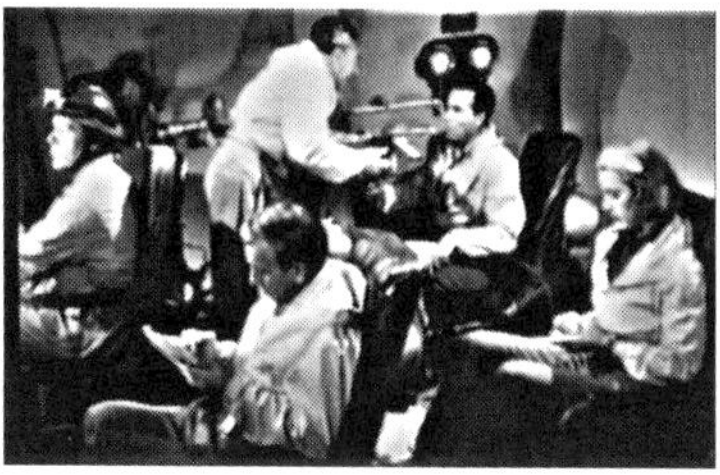

Ⅲ-7 『地底戦車サイクロトラム』より

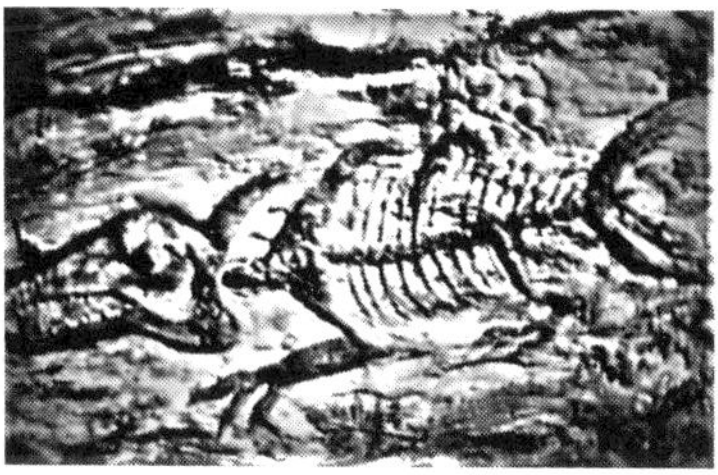

Ⅲ-8 『地底戦車サイクロトラム』より

が戻り、彼女は思わず「約束の地」と歓喜の声を上げる。この語は元をたどれば、神がイスラエルの民に与えると約束した地カナンのことである。かつてメイフラワー号の移民たちにとってアメリカはまさに「約束の地」であった。

　ところが、実験用に地上から連れてきたウサギが死産し、さらに無精子であることを彼女が突き止める。つまり、たとえこの光と資源にあふれる地底の巨大シェルターに逃れてきたとしても、人類は子孫を残すことができないのだ。誰もが、喜びの絶頂から絶望の淵へと突き落とされ、計画の失敗を思い知らされて、再び掘削艇に乗り込む。ただ、二度の世界大戦を経験したいちばん年長の科学者だけは、「自爆に夢中になっている」地上に戻るつもりはもはやない。このときもやはり、「男社会のなかでいつもビクビクしていた」と振り返る彼女は、希望を捨てようとはしない。今や万事休すかと思われたその瞬間、突然、火山が火を噴きはじめ、その勢いで幸運にもサイクロトラムは上昇して海上へと舞い戻ると、前方にヤシの木の茂る南国の島が見えてくる。それはあたかも、楽園は地上にあったとでも言わんばかりである。このいささか唐突で楽天的なラストにはやや苦笑させられるが、選ばれた者だけが助かるというシェルターの発想の欺瞞を突いた点、さらに女性の科学者にきわめて積極的な役割を与えた点で、本作は特筆に値するように思われる（主に一九五〇年代のSF映画におけるジェンダーの役割を論じた研究書［George］には遺憾ながら本作への言及がない）。

映像に擦り込まれた優生学——現代のブロックバスター映画

とはいえ、ハリウッドは相も変わらず選民主義的なブロックバスター映画を作りつづけていて、近年ますますその傾向を強めているようにさえ思われる。これは、9・11以前も以後も変わらない。たとえば、ミミ・レダーの『ディープインパクト』（一九九八年）しかり、ローランド・エメリッヒの大ヒット作『2012』（二〇〇九年）しかりである。一方、これらよりもやや複雑な筋書きを持つとはいえ、クリストファー・ノーランの『インターステラー』（二〇一四年）もまた例に漏れないだろう。

彗星が地球へ衝突するという差し迫る危機や、その状況下シェルターのなかで誰が生き残るのかという粗筋において、『ディープインパクト』もまた、ノアの箱舟と黙示録というユダヤ教的でキリスト教的な神話の延長線上にあることは間違いない。マンハッタンの摩天楼が巨大な津波に呑み込まれていく映像は、ルドルフ・マテの『地球最後の日』の先例なくしてはありえないだろう。百万人を収容できるという巨大な地下都市の建設が急ピッチで進んでいる。大統領（モーガン・フリーマン）がテレビで全国民に訴えるところによると、それはまさに「現代のノアの箱舟」と呼ばれ、すでに二十万人の科学者、医者、技術者、教師、兵士、芸術家が選ばれ、残る八十万人はコンピュータが任意に選択するのだという。ただし、アメリカ国籍を持たない者、五十歳以上の年長者や病人は、最初から除外されている。要するに、救われるのは若くて健康なエリートたちであり、神に成り代わってそれを告げるのが合衆国大統領なのだ。

一方、迫りくる彗星にたいしては、「メサイア計画」つまり「救世主の計画」が実行され、冷戦時代の終結を反映して、アメリカとロシアの協力のもと、大量の核爆弾が彗星めがけて打ち込まれる。他ならぬ核兵器こそが地球の危機を救うというゆがんだ正当化のイデオロギーがここにも登場している。とはいえ、この計画は功を奏し、辛くも地球全滅は回避される。再出発を誓う大統領の演説につづいて、大円蓋の半壊したヴァチカンのサン・ピエトロ大聖堂前の広場で歓声を挙げる大群衆の映像で本作が幕を閉じるのも象徴的だ。

もっとあからさまなのは、日本でも大ヒットを記録した『2012』である。マヤ暦の終末予言にあやかったタイトルのこの映画において、カタストロフの原因となるのは、地球内部の加熱による大規模な地殻変動である。そのため、文字どおり巨大な「ノアの箱舟」の計画が先進各国で秘密裏に急ピッチで進んでいる。その一艘に乗り込めるのは四万人。その存在を知っている一部の権力者や大富豪は、一人につき十億ユーロもの大金をはたいて乗船券を買ったりしている。大統領は臆面もなく、「若い科学者の価値は老いた政治家の二十人分だ」と断言してはばからない。専門家によって選ばれた、人類存続に必要な遺伝子を有する者は無条件に乗船を許されている。美術館では、傑作の数々がひそかにコピーに置き換えられ、本物は箱舟に運び込まれる。だが、《天地創造》——そのなかにはノアの箱舟と大洪水を描いた場面もある——を描いたシスティーノ礼拝堂のミケランジェロの天井フレスコ画は、神とアダムのちょうど真ん中から無残にも崩れ落ちる（図Ⅲ—9）。あたかも、神と人間のあいだに亀裂が走るかのように。それればかりか大胆にも、サン・ピエトロ大聖堂が倒壊していく様も、CGを駆使して描かれる。エメリッヒは、背信的というよりエンターテインメントに徹しているのだ。東京やロンドンも破壊をまぬかれない。そんななか、傲慢で貪欲なロシアの大富豪（というのも思わせぶりだ）が土壇場で箱舟から海へ放り出されてしまうのは、ご愛嬌である。

つまるところ、「完璧な遺伝子プール」と経済力が救済の基準になっているのだ。最終的には、押し寄せる群衆を可能なかぎり受け入れることにはなるが、なかでも本作のサブプロットとなるのは、苦闘の末に箱舟に乗り込むことのできたSF作家とその元妻、そして二人の子供たちをめぐるエピソードである。それというのも彼らは、ハリウッド映画が描きつづけてきた家族愛と父の力を象徴しているからである。ラスト近く、無事出発した箱舟のデッキで父親が、「一緒にいれば、そこが家だ」と家族に語るショットが、何よりそれを物語っている。こうして選ばれたエリートや傑作を乗せた巨大な箱舟は、水没をまぬかれたアフリカ大陸の南端、その名も喜望峰を目指すことになるのだ。ちなみに、四万人収容の巨大な「ノアの箱舟」は、エメリッヒ自身が手がける超大作映画のメタファーでもあるだろう。

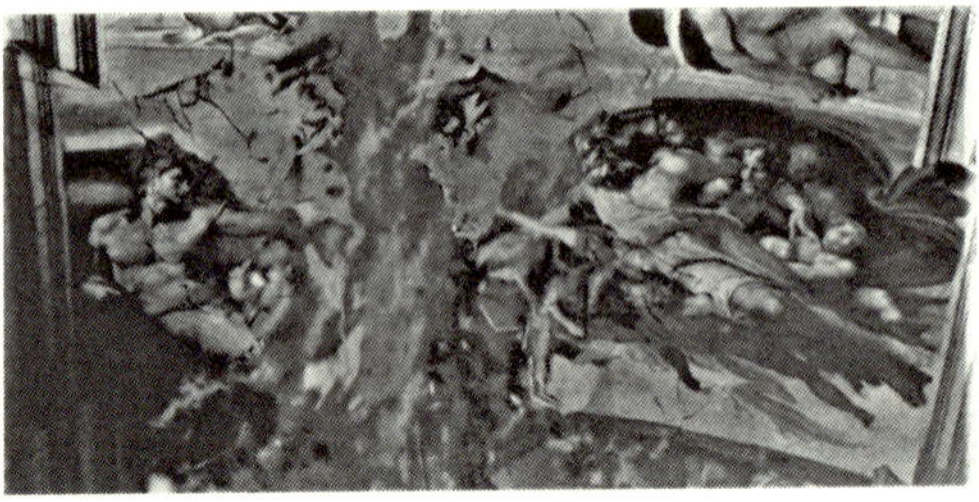

Ⅲ-9 『2012』より

一方で科学の進歩によって、他方で映像技術の進化によって、表面上の筋書きは大きく様変わりしているように見えるとしても、これらハリウッドのブロックバスター映画の根底にあるものは、前述した『地球最後の日』の頃と基本的に変わっていないように思われる。すなわち、選ばれた一部の人だけが救われて新たにユートピアを築くという発想である。クリストファー・ノーランの近作『インターステラー』でも、舞台を宇宙に移して、さらに複雑な時空のループ構造が表現されているとはいえ、大筋は変わっていない。人類滅亡の危機を前にして、ストーリーの骨格をなすのは、「ラザロ計画」——キリストが奇蹟によって蘇生させた男の名に由来——と呼ばれる、冷凍受精卵の保存と、父と娘の家族愛だからである。

シェルターこそが地獄

とはいえもちろん、ハッピーエンドばかりではない。ことによると、安全だと思われていたシェルターにこそ危険が潜んでいるかもしれないし、そのなかで待ち受けているのは、生き残りをかけた熾烈な戦いかもしれないではないか。

たとえば、クリス・ゴラックの独立系映画『クライシス』（二〇〇六年、原題は「あなたのドアの右側」）では、汚染されていないと信じていた自宅の内部にこそ、実は致死性のウィルスが蔓延していたというラストのどんでん返しが待っている。普段と変わらない朝、妻（メアリー・マコーマック）を仕事に見送ったミュージシャンの夫（ロリー・コクレイン）がラジオをつけると、突然、ロサンゼルスの中心で有毒ガスによる爆弾テロが発生したというニュースが流れてくる。急いで庭に出てみると、噴煙立ち込めるダウンタウンの摩天楼群がはるかかなたに見える。妻を迎えるため車で街に向かうも、大混乱で引き返さざるをえない。すると自宅に見知らぬ中年の男が飛び込んできて、避難させてくれという。かくして二人で、外気が入らないよう家中に厳重な目張りをして、じっと事の成り行きを見守ることになる。この間も夫は妻のことが気がかりなのだが、なすすべがない。しばらくすると、命からがら妻がダウンタウンから逃げ延びてきて、ドアを開けてほしいと懇願する

Ⅲ-10 『クライシス』より

も、汚染を恐れる夫は、妻の望みを聞き入れることができない。相対峙する二人が重なり合うのは、ガラスの反射像のなかにおいてだけである（図Ⅲ―10）。妻は守れないが、赤の他人は守れる、この転倒も明らかにハリウッドの大作の定石を意識したものである。

　一夜明け、夫は妻を別の一室に隔離することを思いつき実行に移す。透明な遮蔽膜を隔てて、二人のやり取りがつづく。しばらくすると、中年男は家族のことが心配になって外へ出て行く。別れ際に夫はこの男に「あんたのおかげで助かった」と礼を言うのだが、最後の逆転を知っていれば、このセリフもまた皮肉に響く。一方の妻は、尋ねてきた友人の勧めで治療を受けるため病院へ向かう。夫のもとには救助隊員が駆けつけて、検査のために家のなかの灰を持ち帰るが、「くれぐれも外に出ないように」と念を押すことも忘れない。妻は結局、治療を受けられなくて死の灰のなか咳をしながら戻ってくる。三日目の朝が明けて、二人が絶望にくれていると、突然にもふたたび救急隊員たちが現われてきて妻を連れ去る。夫は自責の念に堪えないようだが、実はウィルスが蔓延してきわめて危険なのは逆に密封された家のなかで、幸い妻は助かることが告げられる。かくしてこの家は完全に隔離され、必死の抵抗もむなしく、そのなかで夫は命を落とすことになる。かたや妻は回復に向かう。「外出禁止」を警告していたのは当局の方なのだが、忍び込んだごく微量の死の灰は、閉ざされた狭い空間のなかで瞬く間に増殖してしまったのだ。

　シェルターの発想を転倒させるこの自主映画は、九十分余りの全編が手持ちカメラで撮られていて、画面はつねに不安定に揺れ動き、擬似ドキュメンタリー風の仕上げになっている。その意味では、後述することになるマット・リーヴスの『クローバーフィールド』（二〇〇八年）の手法を先取りする作品でもある。

ザヴィエ・ジャンの『ディヴァイド』（二〇一一年）では、ニューヨークが核攻撃を受けて、アパートの地下室に逃げ込んだ九人の男女のあいだで、食料と覇権を賭けた腹の探り合い、暴力とレイプの壮絶なドラマが繰り広げられる。閉所恐怖症的な極限状態における生存競争のなかで、誰もが次第に狂気に侵されていく。シェルターこそがむしろ地獄。かつてソ連の最高指導者ニキータ・フルシチョフが口にしたという、生者が死者をうらやむとはまさにこのことだ。しばらくすると、防護服に身を固め武装した兵士が入ってきて、生体実験のために女児を連れ去っていくが、彼らがいったい何者なのかは明かされないまま。ひとりエヴァ（ローレン・ジャーマン）だけは下水道のなかを潜り抜けて辛くも地獄のシェルターから脱出するが、街は壊滅状態で、もはやどこにも生き残る望みはない。

そもそも、どれほど堅牢なシェルターを準備したとしても、核や細菌の兵器を前にすればそんなものは無力にして無益なのだ。アメリアはたとえば、一九六〇年代初めに人気を博したTVドラマシリーズ『トワイライトゾーン』の一編「核シェルター」（一九六一年、日本放送時のタイトルは「生と死の世界」）で、核の時代に自分たちだけ——家族であれ、町であれ、国であれ

Ⅲ-11　「核シェルター」（『トワイライトゾーン』）より

――が生き残るという発想そのものを痛烈に皮肉っていたにもかかわらず、その教訓は生かされないままなのであろうか。このドラマにおいて、自分の妻子を守るために、頼ってくる隣人たちをことごとく追い払った医者のシェルターは、その隣人たちによって強引に突き破られてしまうのだが（図Ⅲ―11）、まさにそのときミサイル攻撃は誤報だったというラジオの放送が流れてくるのである。コミュニティの人間関係はもはや元の鞘に収まることはないだろう。

シェルターの生政治、その一――二十一世紀

ハリウッド映画はまた近年、あの手この手を使って、シェルターの紋切り型にひねりを加えようと試みている。今日、ポスト黙示録の生き残りゲームの映画は、イデオロギー的、宗教的、エコロジー的な対立ばかりではなく、格差社会、移民や難民、そしてとりわけ生政治をめぐる深刻な現実を無視できなくなっているように思われる。たとえば、マイケル・ベイの『アイランド』（二〇〇五年）、ニール・ブロムカンプの『エリジウム』（二〇一三年）、さらにボン・ジュノの『スノーピアサー』（二〇一三年）などはそうした作品である。

なかでも『アイランド』は、臓器移植や代理母出産をめぐる現代のバイオテクノロジーの究極のかたち、あるいはその恐るべき将来を垣間見させてくれる。大気汚染で地上に住めなくなったため、ハイテクによって完全に隔離・管理された超高層建築に人間は住んでいる。その空間は、まさしくパノプティコン（一望監視塔）のような様相を呈していて、彼らは一方的に監視されるだけで、その相手の正体を見ることはできない。彼らがひたすら望んでいるのは、「汚染されていない最後の楽園」――新たな「エデンの園」――に行けることだけで、上層部によって下されるその決定――

「抽選」——の日が来るのを心待ちにしているのだ。

ところが、実際には、彼らはいずれも巨大バイオ企業がつくりだしたレプリカントたちで、ごく一部の超富裕層の顧客のために臓器を提供したり、代理母となったりする役目を担わされた存在である。その企業バイオテック社のトップが呼ぶには、彼らは「不死の欲望が生んだ夢の製品」に過ぎない。それはまた、ミシェル・フーコー風にいうなら、生政治がもたらす「従順にして有益な身体」であり、ジョルジョ・アガンベンの言い方を借りるなら、「ゾーエー（生物学的生）」あるいは「剝き出しの生」に還元された生き物である。「抽選」でアイランド「エデンの園」に行くとは、すなわち、しかるべきその役目を終えれば抹消される、ということを意味する。シェルターはまたナチのガス室のようなところでもあるのだ。それを示唆するかのように、密室に集められたクローンたちにガスが吹きかけられるショットも用意されている。生政治は今やまさしく新自由主義的な権力と経済力の象徴となる。

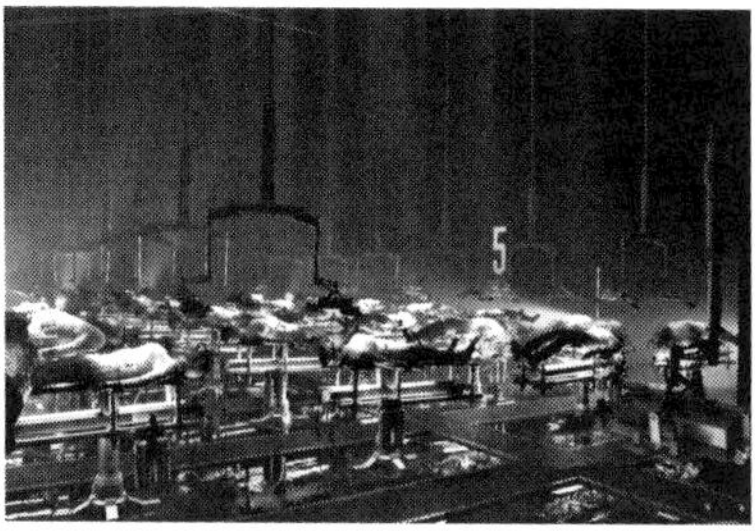

Ⅲ-12 『アイランド』より

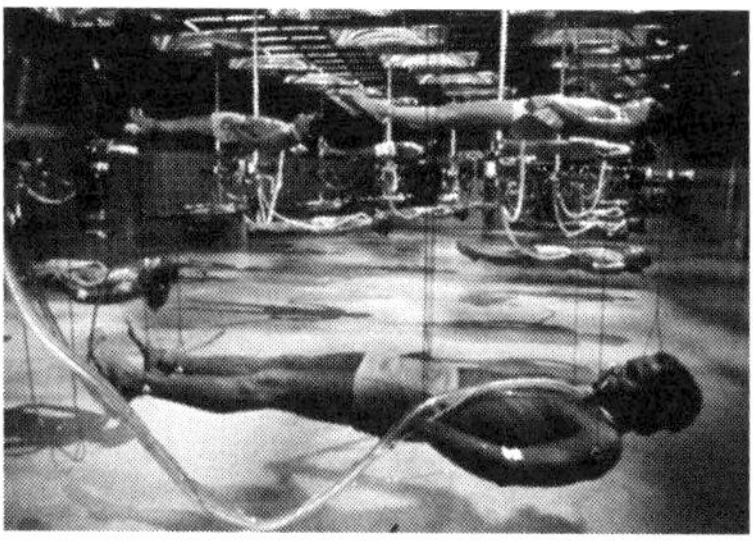

Ⅲ-13 『コーマ』より

巨大な工場のなかで無数のクローンが眠らされているシーンは恐ろしくも鮮烈だが（図Ⅲ—12）、それは、かつて一九七八年に早くも臓器売買に鋭いメスを入れたマイケル・クライトンの秀作『コーマ』における同様のシーンを連想させないではいない。この映画では、昏睡状態に陥った無数の人間――「ビオス（社会的生）」ではなくて「ゾーエー」としての身体――がコンピュータ制御されて天井から吊るされ、来たるべき臓器摘出の時を待っていたのだ（図Ⅲ―13）。不老と長寿へのあくなき欲望が生み出していく生政治の闇。『コーマ』がもはや絵空事でなくなってきたとするなら、二〇一九年の世界を二〇〇五年に予言する『アイランド』もまた、遅からず現実化することになるのだろうか。

さて、このバイオテック社の驚愕のからくりを偶然にも知ってしまったクローンのひとり、主人公のリンカーン（ユアン・マクレガー）――「自分の存在に疑問をもった最初の製品」――が、偽りのシェルターから脱出して、自分を発注した本人やメリック博士と対決し、仲間のクローンたちを解放することに成功する、というのが本作の筋書きである。そして、それはもちろん、ますます加速し肥大化するバイオ産業にたいする一定の批判にはなっているのだが、どこか両義的なところが残るように思われる。というのも、「リンカーン」という名前と「解放」という物語（歴史）それ自体が、まさしくアメリカそのものを体現しているからである。おまけに、バイオテック社から雇われてリンカーンの命を狙っていた黒人の殺し屋までが、最後に寝返って、クローンの解放に協力する。

さらに、リンカーンとともにシェルターから脱出した若くて美しいクローン、サラ（スカーレット・ヨハンソン）は、生まれてはじめて見たカルバン・クラインの広告に思わず魅了され釘づけになってしまう。男女が抱き合うその広告は、彼女に、クローンに禁じられていた愛の感情を目覚めさせるのだが、そして映画はその点を観客にアピールしたいのかもしれないが、その企業はアメリカのブランドの象徴でもあるだろう。つまり、バイオテクノロジーの発展を後押ししてきたはずの新自由主義的発想それ自体が疑問に付されているようには思われないのだ。それはまた、ハリウッドのブロックバスター映画の限界でもあるのだろうか。かくして最後のシーンにおいて、リンカーンとサラの二人は、彼の夢に何度も出てきていた「レノヴァティオ（再生）」という「箱舟」に乗って、今度は正真正銘の理想郷を目指すことになる。だが、それこそまさしく「アメリカン・ドリーム」の焼き直しに過ぎないように思われる。

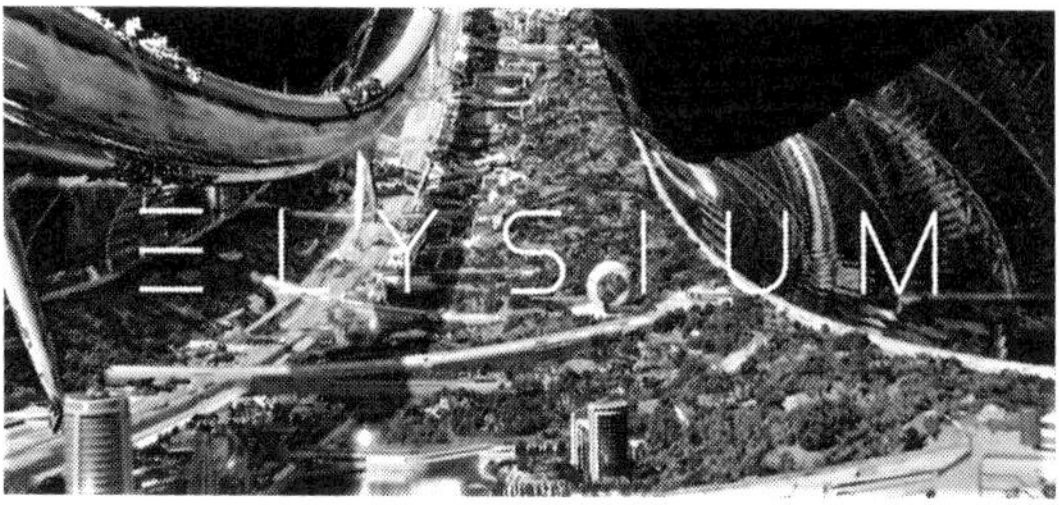

Ⅲ-14 『エリジウム』より

一方、ギリシア神話の理想郷「エリュシオン」から題名をとった『エリジウム』でもまた、ポスト黙示録の荒廃した地上のディストピアと、衛星軌道上に建設されたハイテクの清潔なユートピア――いわゆる「浮かぶ都市 floating city」（図Ⅲ―14）――との違いが、滑り出しのタイトルバックから強調される。その快適なシェルターに住むことができるのは、ほんの一握りの大金持ちだけである。何より地上の住人たちがそこに憧れるのは、万病を癒すことのできるハイテクの医療機器がそろっているからだ。やみ業者に大金を払ってシャトルの乗車券を手に入れ、密かにエリジウムに潜入しようとする地上の人間もいるのだが、彼らは「不法移民」と呼ばれて排除される。これだけでも本作が、アメリカのみならず、わたしたちを取り巻く生政治的な状況を如実に反映していることがわかるだろう。

主人公マックス（マット・デイモン）は、その「エリジウム」を設計・施工した政府お抱えの大企業で働くしがない職工なのだが、重篤な労災によって余命五日を宣告されたために、何としても「エリジウム」に飛んで治療を受けたいと望んでいる。幼なじみの看護師フレイ（アリシー・ブラガ）もまた、末期白血病の幼い娘を抱えている。荒れ果てた地上からは、空に浮かぶ理想郷エリジウムの輪郭がかすかに見えていて、幼少期のころからマックスはフレイとそこに行くことを夢見ていたのだ。そのマックスが、エクソスケルトン（強化外骨格）に身を包み、自己を犠牲にして、万難の末にフレイとその娘とともにエリジウムにたどり着き、政府や大企業、さらにはその手先と戦い、ついには、万能の医療カプセルを何台も地上に運ぶことに成功して、貧しい人々の無数の命を救う、というのがこの映画の粗筋である。地上のすべての人に格差なく平等に開かれている先端医療、それが映画のメッセージかもしれないが、生政治によって徹底的に管理される社会そのものにたいしては批判の矛先が向けられることはない。

シェルターの生政治、その二——一九七〇年代

一方、一九七〇年代にさかのぼるなら、ポスト黙示録とシェルター、およびその内部を支配している生政治的管理にたいして、いち早く疑問を呈するような作品が何本か発表されている。くしくも、他でもなくミシェル・フーコーが近代における生権力批判を展開しはじめるのと、ほぼ時間的に重なっているのは偶然であろうか。たとえば、サットン・ローリーの『大襲来！吸血コウモリ』（一九七四年）、L・Q・ジョーンズのカルト的映画『少年と犬』（一九七五年）、マイケル・アンダーソンの『2300年未来への旅』（一九七六年）などが、そうした作例である。

最初のローリー作品の邦題はいかにも客寄せパンダ風だが、原題は「選ばれたサバイバーたち」。

核の脅威の迫るなか、コンピュータが任意に選び出した十数名が、安全と快適と清潔を謳い文句にする地下深い超近代的シェルターに運ばれてくるが、そこは実は、徹底的な監視と管理のもと、極限状態において人間の心身がいかに反応するかを観察する、ナチスも顔負けの恐るべき生体実験場であった。彼らは徐々に吸血コウモリの恐怖にさらされていく（図Ⅲ―15）。生き残ったわずかの者だけが祝福されてシェルターを去るや、ほどなくして何も知らない次の被験者たちが新たに到着する。

Ⅲ-15 『大襲来！吸血コウモリ』より

つづいて『少年と犬』の舞台となるのは、わずか五日間で終結したという核による第四次世界大戦後の荒廃した近未来（二〇二四年）のディストピア。生き残った少年ヴィック（ドン・ジョンソン）が、テレパシーで交信できる利口な愛犬ブラッド（セリフの声はティム・マッキンタイア）に導かれるようにして、サバイバルをかけた放浪の旅をつづけている（図Ⅲ―16）。知的でユーモアのセンスもある犬にたいして、未熟で衝動的な少年の関心はもっぱら食料とセックス。あるとき、若い女をならず者たちから救ったことがきっかけで、地下に残る文明世界の存在を知った少年は、それが女の罠だと気づいている愛犬が止めるのも聞かず、その世界への扉を開けて潜入していく。

すると、「トピカ」と呼ばれるその地は、まるで二十世紀前半のアメリカの田舎に逆戻りしたかのような緑豊かな人工の世界で、全

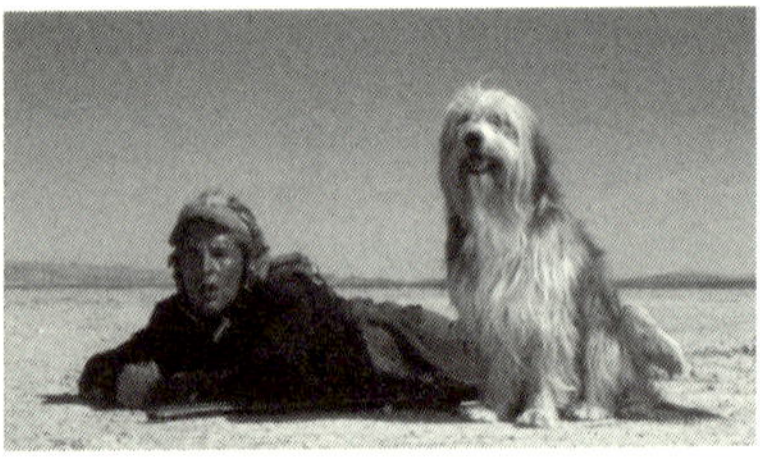

Ⅲ-16 『少年と犬』より

Ⅲ-17 『少年と犬』より

員白人なのだが、奇妙にも誰もが白塗りの顔をしている（白人至上主義への強烈な揶揄）。そこでは何事につけ反抗する者を裁くための懲罰委員会がひっきりなしに開かれていて、二度と生きては戻れない「農場」に次々と送られている。それはまた「世界浄化運動」とも呼ばれる。健康な白人の少年ヴィックは、そのシェルターにいわば「種馬」としておびき寄せられたのだった。数十人もの白塗りの女たちが、人工授精のために彼の精子を待っている。純白のウェディングドレスに身を包んだ娘たちが順番待ちをするシーンは、滑稽だがどこか不気味でもある（図Ⅲ―17）。いかにセックス好きといえ、機械的な射精に耐えられない少年は、脱走を試みようとするが、下手をすれば彼もまた「農場」送りとなる身である。

が、少年を罠にかけた女が仲間を裏切って彼を助けたことで、無事二人は地上に戻って、ブラッドとの再開を果たす。すると、そこで待っていたのは衰弱した瀕死の愛犬の無残な姿。女は、もう手遅れだから置いていこうと少年をけしかける。賢い愛犬もどうやらそれを望んでいるようだ。「愛しているわ。わたしと一緒に行きましょう」、女の言葉を神妙な表情で黙って聞いている少年。するとスクリーンはおもむろに暗転し、何かが焦げる音と煙とともに、「食べないのか？」という愛犬の声と、「腹は減っていない」という少年の答えがヴォイスオーヴァーで聞こえてくる。こうして元気を取り戻した二人は、夜明けのディストピアへとふたたび歩きはじめる（図Ⅲ—18）。蛇足かもしれないが、オフカメラで暗示されているのは、少年が弱った愛犬のために女の肉を与えたということである。シェルターにおける極端な生政治的管理ばかりでなく（だがそれは現実離れしているわけではない）、サバイバルの発想そのものがさりげなく、しかし鋭く皮肉られている隠れた名作である。カルト的な作品として今も一部で高い人気を得ているのもうなずけるだろう。

もうひとつ、一九七〇年代で忘れられないのは、先述の『アイランド』のモデルともなっている『2300年未来への旅』（原題は主人公の名をとって「ローガンの逃走」）である。数々の戦争と汚染を生き延びた二十三世紀、今や人類は、巨大なドームで外界から隔離されたシェルター都市「シティ」で暮らしている。そこは一見したところ快適なユートピアのように見えるが、人口を一定に保つために三十年以上生きることはできない決まりになっている。だから目にするのは、古代ギリシア・ローマまがいの服装を着けた若者ばかり。彼らの手には生まれたときから時計が埋め込まれている。しかも、アフロ・アメリカンやヒスパニック系、アジア系の若者の姿はどこにも見当たらない。その歳に達した者には「生まれ変わりReborn」とも「回転木馬Carousel」とも呼ばれる儀式が待っていて、古代ローマ風の円形劇場で仲間たちが見守るなか、ドーム上方へと引き上げられるのだが（図Ⅲ—19）、実のところそれは、新たな生へのイニシエーションであるどことか、彼らの死を意味している（この場面のみならず、全体を通して、未来と古代のシュールな合体は映像に不思議な魅力を

Ⅲ-18 『少年と犬』より

与えている）。

この「シティ」で逃亡者を取り締まり粛清する警察の任務を帯びた主人公のローガン（マイケル・ヨーク）が、同じ役目のジェシカ（ジェニー・アガター）とともに、あろうことか反旗をひるがえして逃走を企て、そこから若者たちを解放して未来都市を破壊するというのがおおざっぱな筋で、そこだけ聞くと、一九六〇年代から一九七〇年代初めのカウンターカルチャーと「異議申し立て」の潮流に連なる作品に分類されて終わりになるかもしれない。実際にも、よく知られているように、「三十歳以上の奴は信じるな」とは当時、反戦運動とヒッピーの合言葉であった。逃亡の末に二人が目の当たりにするかつての合衆国の首都は無惨な廃墟と化し、名物《ジョージ・ワシントン像》も頭部だけ残して全身を雑草に覆われている（図Ⅲ―20）。この一瞬の忘れがたいショットは、おそらく当時の多くのアメリカ人にとって不快感を催させるものだったろう。SF映画についてのモノグラフを著わした高名な批評家ヴィヴィアン・ソブチャックも、「テクノロジー恐怖症」（2004 Sobchack 132）として本作に辛い点を付けている。とはいえ、生にたいする厳重な管理と調整、そして人口を掌握する権力を暴きだそうとする点で、この映画は、近代における生政治の問題点を突くミシェル・フーコーの仕事――たとえば『社会は防衛しなければならない』（一九七五―七六年）――とくしくも時間的にも重なっているように、わたしには思われる。

Ⅲ-19 『2300年未来への旅』より

人口対策についていうなら、たとえば一九六〇年代末から七〇年代にかけてアメリカとヨーロッパの一部で施行された産児制限にたいする強烈な問題提起となっているのは、マイケル・キャンパスのイギリス映画『赤ちゃんよ永遠に』(一九七二年、原題「人口ゼロ成長」)である。舞台は、人口増加と食糧危機、環境破壊と資源の枯渇が進む近未来のディストピア。妊娠と出産が固く禁じられているにもかかわらず、その法を犯して子供をもうけた若い夫婦の話である。監禁されて処刑を待つ彼らが脱出に成功した先の小島は、一見したところ空気が澄んでいるのだが、実はポラリス――冷戦時代にロッキード社によって開発された核弾頭ミサイル――によって放射能汚染された進入禁止区域だったという落ちが付いている。人類から生殖能力が奪われた近未来を描くアルフォンソ・キュアロンの『トゥモロー・ワールド』(二〇〇六年、原題は「人類の子供たち」)では、奇跡的に妊娠した不法移民の黒人女性キーに最後の望みが託されているが、キャンパスの作品では、一縷の望みも残されているようには思われない。日本でも優生保護法の傘のもとで実行されてきた不当な強制不妊手術が問題視されはじめるのが一九七〇年代に入ってのこと、その法律が廃止されるのは実に一九九六年まで待たねばならないから、決して他人事ではない。

Ⅲ-20 『2300年未来への旅』より

環境破壊と人口増加と食糧不足などを題材にした映画を称して「クライメイト・フィクション Cli-fi.」と呼ばれることがあるが、リチャード・フライシャーの『ソイレント・グリーン』(一九七三年)もまた、そうした系譜に連なるカルト的作品のひとつである。時は二〇二二年のニューヨーク、地球温

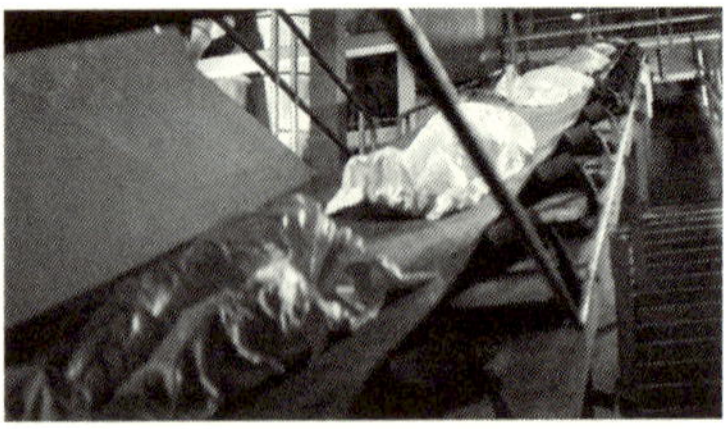

Ⅲ-21 『ソイレント・グリーン』より

Ⅲ-22 『ソイレント・グリーン』より

暖化で生物が絶滅して食糧不足が深刻化し、貧富格差のますます激しくなるなか、ごく一部の特権階級だけが快適で警備万全のシェルターのような住居で自然食材の恩恵にあずかっているが、他方、廃車のなかやアパートの階段にもあふれる大多数の市民は、政府から支給される味気ない緑色のクラッカーのような合成食品「ソイレント・グリーン」で飢えをしのいでいる。しかも、本人が望めば、「ホーム」と呼ばれる施設で、好みの映像や音楽に囲まれながら安楽死を選ぶこともできる（むしろ公にはそれが勧められている）。友人のソル（エドワード・G・ロビンソン）がその犠牲になったことで、真実――「ソイレント・グリーン」の材料が人間であること――を知ってしまう刑事の端くれソーン（チャールトン・ヘストン）の話である。密かにソーンが潜入した巨大な工場のなか、白布にすっぽりとくるまれてベルトコンベア上を次々と流れてくる遺体のショットと（図Ⅲ―21）、それが緑色のクラッカーに化けて同じくベルトコンベアに現われるショット（図Ⅲ―22）は、観客の目に焼き付いていることだろう。ポスト黙示録とカニバリズムというお馴染みの組み合わせに独自の演出を施した本作は、いわゆる「アメリカン・ウェイ・オブ・ライフ」の神話を完全に解体してみせる。

　一方、自然の死に絶えた地球全体がすべて人工的で画一的に調節・管理されたポスト黙示録のシェルターのような世界と化しているのは、ダグラス・トランブルの『サイレント・ランニング』（一九七一年）である。かろうじて余命を保っているのは、巨大な宇宙ステーションの温室ドームのなかで標本として生きるささやかな動物と植物だけ。宇宙に浮かぶこのドームもまた一種のシェルターなのだが、そのドームの森をすべて爆破して帰還せよという無謀な指令が地球から送られてくる。しかし、それに納得のいかない乗組員のひとり、植物学者のフリーマン（ブルース・ダーン）は、森のドームを守るべく、同僚たちを殺めてまで、愛嬌のある小型ロボットの助けを借りて、宇宙船のひとつに乗り込んでドームとともに土星の軌道の外に飛び出してしまう。それもこれも、地球の自然の来たるべき再生を願ってのことである。

Ⅲ-23『サイレント・ランニング』より

ところが、ロボットと戯れて孤独を紛らわしているあいだに、肝心の植物が枯れはじめる。光が不足していることに気づいた主人公は必要な手立てを施し、後の世話をすべて相棒のロボットに任せて自爆してしまう。同僚を殺めてしまったことへの自責の念もあった。ひとり残された愛らしいミニロボットが、玩具のようなじょうろで植物に水をやると（図Ⅲ―23）、この森のドームが暗い宇宙空間を漂うショットに変わって映画はエンドクレジットになる。バックに、ジョーン・バエズの歌う『リジョイス・イン・ザ・サン』の澄んだ声が流れている。果たして、このささやかな森のシェルターは、自然再生の起爆剤になりうるのだろうか（とはいえたしかに、この愛らしいミニ・ロボットは、人類が地球を去って後も、ただひとり何百年間もゴミを処理しつづけるロボット「ウォーリー」［二〇〇八年アニメーション映画］の誇らしい先祖であるだろう）。

このように通覧してみると、一九七〇年代にはエンターテインメント性とともに鋭敏な批判精神をもそなえた作品が少なくないことがわかるが、本章を閉じるにあたって、シェルターの発想そのものに疑問を投げかける近作に登場してもらおう。それとは、ジェフ・ニコルズの『テイク・シェルター』（二〇一一年）である。

弱いメシアの警告——『テイク・シェルター』

穏やかに見えた空が突如として一面の暗雲に包まれ（図Ⅲ—24）、油のように粘っこくて黄ばんだ雨が主人公カーティス（マイケル・シャノン）の手に降りかかる（図Ⅲ—25）。そんな印象的な映像ではじまるこの映画は、異常気象が本当に現実のことなのか、それとも世界の終わりに取り憑かれた彼の妄想や幻覚に過ぎないのか、わたしたち観客を宙吊りにしたまま物語が進んでいく。というのも彼は、精神病の母親をもち、みずからも発病の恐れを抱えてカウンセリングを受けているからである。狂気と黙示録とがテーマ的に相性のいいことは、ドン・シーゲルの『ボディ・スナッチャー』（一九五六年）やサミュエル・フラーの『ショック集団』（一九六三年）を筆頭に、すでに前の章でも何度か見てきたとおりである。主人公の妄想と家族の犠牲という点ではまた、スタンリー・キューブリックのサイコホラー『シャイニング』（一九八〇年）に通じるところもある。内面の崩壊と世界の崩壊、あるいは内なるアポカリプスと終末の脅威とが重なり合うのだ。『テイク・シェルター』はまさしくその系譜に連なる作品である。そもそも、聖書にさかのぼるなら、黙示録のイメージそのものが、現実と妄想のあいだの境界を漂っているのだ。

Ⅲ-24 『テイク・シェルター』より

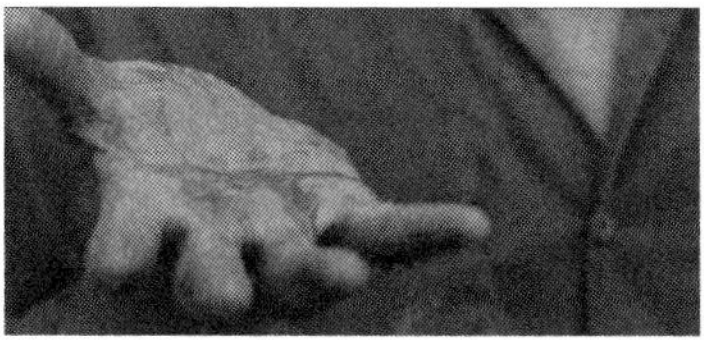

Ⅲ-25 『テイク・シェルター』より

無数の鳥の群れが空を覆いつくすときも、はたまた、雷音がとどろき閃光が地平線をつんざくときも、それが見えたり聞こえたりするのは自分だけではないかと、主人公はいつもどこかで疑っている。しかも、愛犬に嚙みつかれたり、見知らぬ他人に襲われたり、あげくには妻のサマンサ（ジェシカ・チャステイン）に命を狙われたりと、悪夢のような妄想はどんどんエスカレートしていくから、全編にちりばめられた数々の異常現象もまた、彼の内面を映しだすいわゆる自由間接話法的な映像のようにも受け取れるのである。さらに主人公は、たしかにカタストロフを恐れてはいるのだが、自分が正気であることを自他ともに証明するために、何らかの大惨事が起こることを密かに期待しているようにも見える。その両義性もまた、いつもたいてい黙示録的な予言の根底にあるものだ。

かくして、終末の強迫観念に憑かれたカーティスは、妻と耳に障がいをもつ娘を守るためだと自分に言い聞かせて合理化することで、放置されたままの昔のシェルターを拡充補強しはじめるのである。水や食料はもちろん、防毒マスクや発電機などにいたるまで完璧を期そうとするため費用もかさむ。妻が内職で勤めている会社の重機をこっそり拝借したことで仕事も解雇され、妻が内職でコツコツと貯めていた金を無断で使い果たしたばかりか借金まで抱え込んでしまうから、妻との溝も深まっていく。兄弟や友人とも諍いを起こし、地域の人たちからは疎まれる。

Ⅲ-26 『テイク・シェルター』より

Ⅲ-27 『テイク・シェルター』より

そんな折、激しい嵐が本当に襲ってきて、不幸中の幸いでシェルターはたしかにその役目を果たしてくれるのだが、嵐がとうに過ぎ去っても彼はそこから離れようとしない。妻の必死の説得で、シェルターの扉を恐る恐る開けると、透き通った青空からまぶしい太陽が降り注いでいる。この瞬間だけ、主人公は妄想から解放されたかに見える。娘の手術も控えて家計の苦しいなか、心機一転のため一家は毎年恒例のビーチ旅行に出かけることになる。海辺で娘と砂の城をつくっていると、突然に彼女が立ち上がって、手話で「嵐」と告げる。娘を抱き上げて水平線に目をやるカーティス（図Ⅲ―26）。するとカメラは次に、予想されるその視線の先ではなくて、反対に、家のなかから出てこようとする妻の方に向き直ると、両側の窓ガラスに重苦しい暗雲がしっかりと映り込んでいる（図Ⅲ―27）。意表を突く忘れがたいショットである。妻が神妙な表情で外に出てくると、夫と無言で視線を交わし合い、互いにごくわずかに首を縦に振る様子が、ショット‐切り返しショットで三度反復され、今度は妻の手に黄色い油のような雨粒が落ちるところをクロースアップすると（図Ⅲ―28）、その背中に回り込んで、先ほど窓ガラスに映っていた威圧的な雲をフレームに収める（図Ⅲ―29）。妻の名前を呼ぶ夫に、彼女が「わかったわ」と応えると、雷鳴がとどろいてスクリーンが暗転。この妻のラストの数ショットは、最初の夫の数ショットと、ほぼシンメトリックに対応している。夫の視点からは妄想のようにも見えていたものが、最後の最後にな

III-28 『テイク・シェルター』より

III-29 『テイク・シェルター』より

ってはじめて、妻の視点から現実であることが暗示されるのである。

このラスト、「オオカミが来る」が本当に現実になりそうなのを見て、奇妙なことにもわたしたち観客は、どこかほっと安堵の胸をなでおろすようなところがある。彼は狂っていなかった、周り——つまりはわたしたち——が鈍感なだけだったのだ、と。つまるところ、この弱いメシアこそが真実を見抜いていたのだ、と。歴史の終わりのときではなくて、「今このとき」にこそ弱いメシアが求められているという、ヴァルター・ベンヤミンとそれを敷衍するジョルジョ・アガンベンの思想が本作に遠くこだましているように見えるとしたら、それは、わたしの深読みであろうか。

とはいえ、映画のラストが暗示するのは、この弱いメシアが心血を注いで完成させたシェルターが肝心なときには何の役にも立ちそうにない、という残酷なまでの皮肉である。そもそも、いかなる要因にせよ全地球規模で危険にさらされる可能性の高い現在にあって、自分（たち）——家族であれ、コミュニティであれ、階級であれ、宗派であれ、国家であれ、民族であれ——だけが生き残ろうとする黙示録的なシェルターの発想そのものが、根本的に問い直されなければならない。かつてドイツの現象学者エトムント・フッサールは、不動の「大地」を「原箱舟」と呼んだが、今やその原故郷としての世界そのものが絶滅の危機にさらされているのである。にもかかわらず、やや耳を疑いたくなるような話だが、今日でもたとえばアメリカでは、民間に払い下げられたかつての核ミサイルの地下収納庫を安全快適な住居に改造した超高級サバイバル・マンションが大富豪のあいだで人気だという。ブロックバスターの作品――『ディープインパクト』や『2012』など――が、相も変わらずそうしたシェルターの選民主義的イデオロギーをスペクタクル化してきたとするなら、インディペンデント系の作品――『テイク・シェルター』や『クライシス』など――はそれらの向こうを張るかのようにして、地味ではあるが修辞豊かに、そうしたイデオロギーに異議を唱えようとするのだ。

第Ⅳ章　9・11　ビフォー／アフター

かつて引用だけからなる本を構想していたのは有名なヴァルター・ベンヤミンで、残念ながら実現されることはなかったが、同じく引用だけでできた映画は実際に存在する。ポーランド出身の若い映像作家ミハウ・コサコフスキが二〇〇六年に製作した二十一分余りのショートフィルム、『さながら映画のように』がそれである。日本ではほとんど言及されることはないが、動画共有サイトVimeoにて公開されているので、未見の方はぜひご覧いただきたい（Michal Kosakowski, *Just Like the Movies*）。ミラノやボルツァーノなど複数の映画祭で賞を獲得したこの短編、実によくできていて、例の9・11のテロ、ツインタワーへの旅客機の激突という前代未聞の事件を、二〇〇一年より前のハリウッド映画——三十五年間で五十二本分——から借用してきた映像の断片のモンタージュだけで再現して見せているのである。セリフは一切なくて、イタリアの音楽家パオロ・マルゾッキの作曲と演奏になるオリジナルのピアノ曲が全編に流れている。

さながら映画のような9・11

かつて、9・11を偉大な芸術作品になぞらえたことで顰蹙を買ったのは、ドイツの作曲家カールハインツ・シュトックハウゼンであったが、コサコフスキはあえてタブーを犯すかのようにして、

「第七の芸術」たる既存の映像作品の数々から、モンタージュの手法を駆使することで、事件の当日を想像的に描きだそうとする。それはあたかも、そのテロの大惨事が「前代未聞」どころか、実のところハリウッド映画によって先取りされていたかのようでもある。あるいはまた、「さながらテロリストたちがハリウッド機械と競おうとしたかのよう」(Tomasovic) という言い方も可能だろう。「これは映画ではない」、事件当時よく耳にした言い回しだが、ということはすなわち、人々の潜在意識のなかにはすでに映画への連想があったということだ。「イメージがまず最初にあり、そしてそれに現実の戦慄が加わる」とは、フランスの哲学者ジャン・ボードリヤールの名言である(『ハイパーテロルとグローバリゼーション』)。スラヴォイ・ジジェクもまた、現実がイメージのなかにではなく、反対にイメージが現実のなかに侵入してきたのだ、と述べることになるだろう(『テロルと戦争』)。

一方、テロの翌年、十一ヶ国から十一人の監督によって、一人十一分九秒間のオムニバス映画『11'09"01/セプテンバー11』(プロデュースはフランスのジャック・ペランとアラン・ブリガン)が製作されたが、そのなかでもとりわけ異彩を放っているのは、メキシコの監督アレハンドロ・ゴンザレス・イニャリトゥが手掛けた短編で、テロ当日の世界各国の音声のサウンドトラックをバックに、ほとんど黒一色のスクリーンのまま全編が流れていく。それはあたかも、いかなるかたちであれ未曽有のテロを表象することでハリウッド的な文法に流れてしまうのを、最初から警戒しているかのようでもある。だが、二分ほど経った時点から何度か、超高層ビルから飛び降りる人たちの実際の映像が、まるでサブリミナル効果のようにほんの一瞬だけ差しはさまれるようになる。最初は何の映像なのかよくわからないのだが、徐々に、テロ当日の飛び降り自殺者たちのオリジナル・フッテージの断片であることが判明する。この映像は、テロ当初、合衆国政府によってできるだけ外部に漏れないように伏せられていたというから（Clemente）、イニャリトゥはあえてそれら抑圧されたトラウマのイメージを使ったことになる（図Ⅳ—1）。彼の手法は、ある意味でコサコフスキとは対照的である。メキシコの監督が、イメージに化けた現実をイメージにすることを極力避けようとするのにたいして、ポーランドの監督は、ハリウッドのスペクタクルを逆手にとるかのようにして、現実となったイメージの断片をあえて集めてこようとする。

さて、コサコフスキのこの短編は、事件当日の未明のマンハッタンのいつもと変わらない街の様子と人々の日常——起床、ジョギング、買い物、通勤など——のスケッチからはじまる。もちろん、朝日に映える世界貿易センタービル、エンパイアステートビル、自由の女神というニューヨーク——あるいはアメリカ合衆国そのもの——を象徴するモニュメントにしてアイコンのショットは欠かせない。どの作品から引用されているのか、難なく言い当てることのできる映画ファンも少なくないだろう（最後に五十二本のタイトルがクレジットされている）。

このシークエンスがおよそ八分つづいた後、にわかに雲行きが怪しくなってきて、行き交う人々が怪訝そうな表情で上空を仰ぎ見はじめる。するとその視線の先にあるのは、はるか上階が崩れて噴煙を上げるツインタワー。消防車、警察官、ヘリコプター、報道陣らがせわしなく動きだし、街はたちまち大混乱となる。乗っ取られた旅客機の内部の恐怖と、それが摩天楼に衝突する場面もちゃんと組み込まれている。かくて巨大なビルはすさまじい勢いで崩れだし、噴煙が上がり瓦礫が落下してきて、なかに取り残された人も近くにいた人もともに逃げ惑う。ダウンタウンの通りを突進する大煙塵、驚きと不安に襲われる市民たち、瓦礫の下敷きになる犠牲者の数々、駆けつける救護隊、対応に苦慮しているらしい様子のホワイトハウス、等々。超高層ビルから身を投げる人の場面も欠いてはいない。そしてラストの二つのショットは、倒れ落ちた自由の女神と、ツインタワーの頂だけが顔をのぞかせる大洪水のマンハッタン。これらは直接9・11とは関係ないから、現実的というより寓意的な映像である。同じ一日を描いた名匠オリバー・ストーンの『ワールド・トレード・センター』もまたやはり二〇〇六年に製作されているが、おなじみの家族愛と愛国心をやや感傷的に賛美するこの大作にくらべても、ポーランドの若手監督による超低予算の作品は、見劣りしないどころか、むしろ真実らしくさえ見えてくる。

Ⅳ-1 『11' 09"01/セプテンバー11』（イニャリトゥ）より

繰り返しになるが、これらはいずれも9・11のテロよりも前に製作された五十二本のハリウッド映画から借用されたもので、そのなかにはドキュメンタリー映像はいっさい含まれていない。もちろん、引用先のラインナップには、パニック映画やSF作品ばかりではなく、『フィッシャー・キング』（監督テリー・ギリアム、一九九一年）や『恋愛小説家』（監督ジェームズ・L・ブルックス、一九九七年）などのメロドラマも並ぶが、圧倒的に多いのは破滅するニューヨークを描いた終末ものである。なかでも、わたしたちの文脈において興味深いのは、一九八一年のジョン・カーペンター『ニューヨーク1997』（原題は「ニューヨークからの脱出」）、一九九六年のローランド・エメリッヒ『インディペンデンス・デイ』、同年のミミ・レダー『ディープインパクト』などである。「ハリウッドに嫌われた男」という異名をとるロバート・アルトマンも、事件直後のあるインタヴューに応えて、テロリストは「映画をコピーしたのだ」と語ったという（2003 Dixon 72）。ある意味で9・11はハリウッドの文法に倣ったのだ（Ford 40）。

それゆえ以下では、『さながら映画のように』をいったん離れて、9・11以前のハリウッド映画の幾つかに目を向けてみることにしよう。そのうえでさらに、9・11以後の作品とも比較しながら、テロを境にして、黙示録的な映画の何が変わったのか、あるいは変わっていないのかについて若干の考察を試みたい。

ディストピアとしてのツインタワー

まず『ニューヨーク1997』は、あろうことか今やマンハッタン島全体が刑務所と化した近未来の犯罪都市ニューヨークが舞台で、おまけに、自由解放戦線を名乗り人種差別と帝国主義の警察国家に抗議する白人のテロリスト集団が大統領専用機を乗っ取って、マンハッタン島に拉致する、という事件が絡んでいる。そこで大統領救出の白羽の矢が立ったのが、この刑務所に収監されるはずだった主人公スネーク（カート・ラッセル）で、二十四時間後に爆発する小型爆弾を頸動脈に埋め込まれた彼は、ひとりグライダーで世界貿易センタービルの屋上に辛くも降り立って救出に向かうことになる。その屋上に間一髪で着陸した真上からのショットには息を飲む（図Ⅳ—2）。映画はこの摩天楼を、かろうじて外観だけはとどめているものの、すでに内部は無人の廃墟となったディストピア的空間（図Ⅳ—3）として描いている。イスラームによるテロの攻撃を受けるよりも二十年も前に、ツインタワーはすでに、マンハッタンもろともポスト黙示録の世界へと、アメリカの想像力のなかで変えられていたのだ。ちなみに、世界貿易センタービルの地下駐車場で爆弾テロをしかけたアルカーイダの事件が一九九三年のことだから、カーペンターの映画はそれよりもさらに十年以上前にさかのぼる。また付け加えるなら、この事件を題材に一九九七年にアメリカで製作されたテレビ映画『天国への道 世界貿易センター爆破の知られざる物語』のラスト近く、テロリストが「次はぶっ潰してやるからな」と息巻く場面がある。アメリカはやはり何か予感していたのだろうか(2003 Dixon 2)。

一方、さらに早い例として、一九七九年の『メテオ』(監督ロナルド・ニーム)を外すことはできないだろう。巨大な隕石がツインタワーを直撃するのだ。資本主義の象徴としてのこの建築は、一九七三年の完成直後、批評家のアダ・ルイーズ・ハックステーブルによって、「今問題なのはヴァニティではなくてサバイバルである」と酷評されていたのだが(『ニューヨーク・タイムズ』一九七三年四月五日の記事)、それからわずか数年後に、映画のなかで、まさしく、その「ヴァニティ(虚栄)」の夢がついえるばかりか、「サバイバル」の望みもあえなく打ち砕かれていたのである。その二十年後、デヴィッド・フィンチャーは、快作『ファイト・クラブ』のラストで、(イスラームではなくて)同じアメリカ人のテロによって金融の中心ロウアー・マンハッタンの高層ビルが次々と崩壊していくさまを描きだす。名指されてはいないものの、最後に破壊される一対の建物は、世界貿易セ

Ⅳ-2 『ニューヨーク 1997』より

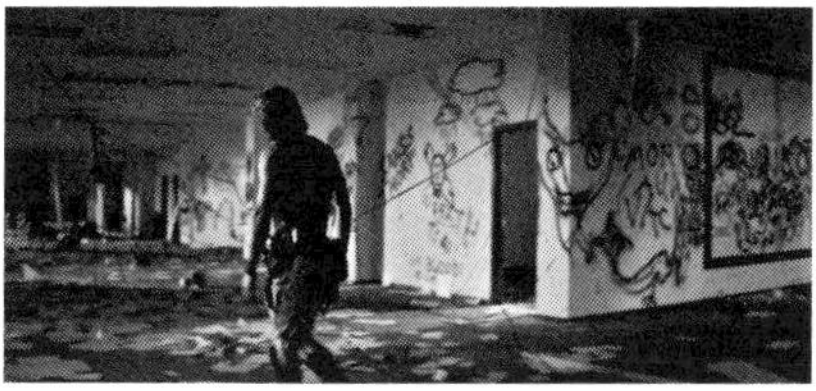

Ⅳ-3 『ニューヨーク 1997』より

ンタービルを暗示しているように見える(図Ⅳ—4)(ちなみに、このエンディングの最後に、サブリミナル効果をねらうようにして男性器のショットが一瞬さしはさまれるのは、アルター・エゴを主題にしたこの映画が、同様のショットを冒頭に配したイングマール・ベルイマンの一九六六年の名作『ペルソナ』にオマージュを捧げているからである)。

Ⅳ-4 『ファイト・クラブ』より

カーペンター作品に戻るなら、大統領は時間内に無事に救出され、間一髪、スネークの身体に埋め込まれた爆弾も残り数秒で解除されるが、「あなたを助けだすために多くの人の命が奪われたが、それをどう思うか」という彼の問いかけにたいして、大統領から返ってくるのは、「国の尊い犠牲だ」という、わたしたちもまた何度も聞いたことのあるような陳腐なセリフ。本作では、不恰好で鈍感なアメリカ大統領は意図的に戯画化して描かれていて、世界平和のために核兵器の必要性を説くその演説を録音したカセットテープを、スネークは最後に破壊してしまう。そこには、時の大統領ロナルド・レーガンへの皮肉が込められているのだろうか。次章で触れることになる『ゼイリブ』の主人公ナダと同様、監督カーペンターお好みの痛快なアンチヒーローの姿がここにもある。

現代の「聖戦」か?

これにたいして、宇宙からの侵略者による人類絶滅の危機を前に、大統領と米軍、そして科学技術者の奮闘振りをいささかの臆面もなく堂々と謳いあげるのは、『インディペンデンス・デイ』である。エイリアンたちは攻撃目標を正確にとらえていて、NATOと西側友好国の基地をことごとく破壊している。総指揮をとる大統領は、「核攻撃だ、核で皆殺しにしろ」と命令を下す。エメリッヒお得意の、CGによるカタストロフの場面――おためごかし――をふんだんに盛り込んだこの作品の最後、くしくも七月四日という日に最後の決戦（ハルマゲドン）を仕掛けるにあたって大統領は、この日は「人類の独立記念日」になると高らかに宣言する。イラクの砂漠に駐屯する米軍や多国籍軍はもとより、日本の自衛隊すらも一斉攻撃の命令を受け取り、作戦に参加する。言うまでもないことかもしれないが、湾岸戦争の記憶も生々しいこの映画で、エイリアンが象徴しているのは、アメリカにとってのイラクの脅威である。しかも、若き大統領は、エイリアンに休戦を呼びかけたにもかかわらず、相手側は無視して一方的に攻撃を仕掛けてくる、という筋書きである。ユダヤ人のエンジニア（ジェフ・ゴールドブラム）とアフロアメリカンの海兵隊員（ウィル・スミス）が、人類救済の最大の貢献者だというのもまた、いささか思わせぶりである。コンピュータのハッカーが敵の弱点をつくという仕掛けにも、当世風の薬味を効かせている。いずれにしても、「われわれは戦わずして滅びはしない」という大統領の演説が示しているのは、黙示録に由来するような「聖戦」の発想である。それが何の屈託もなくあまりにストレートに描かれているために、『ニューヨーク 1997』とはまた反対の意味で、ほとんどカリカチュアのようにも見えてしまうほどである（実際にそういう解釈もあるようだ［Feil : 54］）。

Ⅳ-5 『インディペンデンス・デイ』より

本作のほぼ中盤、巨大な宇宙船の下でもろくも横転した自由の女神像のカットがはさまれる。その向こうには、頂上の破壊されたツインタワーの姿も見える（図Ⅳ—5）。この彫像が象徴する「自由」を新たに取り戻すための「聖戦」というわけだが、その女神像の崩壊は、実のところ、アメリカ映画に繰り返し登場してきたおなじみのモチーフでもある。たとえば、一九八六年の『猿の惑星』（監督フランクリン・J・シャフナー）。はるか未来の地球で、人気のない砂浜から上半身だけをのぞかせる女神像を見て絶叫する主人公テイラー（チャールトン・ヘストン）のラストシーンはあまりにも有名である。『ディープインパクト』では、大津波のなかに女神像が呑み込まれていくのだが、似たようなショットは、すでに一九三三年の『世界大洪水』（監督フェリックス・E・フェイスト）で早くもお目見えしていた（図Ⅳ—6）。さらに、一九八七年の『スーパーマンⅣ』や一九九五年の『バットマン フォーエヴァー』なども加えると相当数に上るだろう（Maguire; Page）。しかも、9・11以後も相変わらずこの女神像は、スクリーンのなかで繰り返し破壊されることになるが、これについては後述しよう。

Ⅳ-6 『世界大洪水』より

それだけではない。たとえば文学では、千年後の大地震を想定したエドガー・アラン・ポーの短編「メロンタ・タウタ」（一八四八年）のように、ニューヨークそのものが早くから破壊の対象となってきたのであり、ドス・パソスの言い方を借りれば、「世界の首都」は同時に「滅びの都市」（一九二五年の『マンハッタン乗り換え駅』でもある。この種の映画を数え上げれば枚挙に暇がないほどだ（ハリウッドのあるロサンゼルスの壊滅もまた格好の題材となってきた）。つまるところこのメトロポリスは、聖書のなかの神に呪われた町、ソドムとゴモラ、そしてバビロンの現代版なのだ。そもそもアメリカ映画は、D・W・グリフィスの『イントレランス』（一九一六年）以来、バビロンとその崩壊のイメージに憑かれてきたが、これを称して「バビロン・コンプレックス」と呼ぶことがある（Runions）。アンダーグラウンド映画の作家ケネス・アンガーによる性と権力の暴露本は、文字通り『ハリウッド・バビロン』というタイトル。迫りくる危機、それはまたハリウッド映画お得意のレトリックでもある（Fevry 26）。こうした表象が暗示しているのは、アメリカの誇りと驕りが、実のところ、恐れと疚《やま》しさの裏返しに他ならないということだろう。ヒロイズムの内に潜んでいる言い知れない不安の影。あるいは、ナルシシズムとパラノイアとがそこで同居していると言ってもいいかもしれない。

テロ以前に崩壊していたツインタワー

テレビ映画として前後編の二部で一九九九年に製作された『アフターショック／ニューヨーク大地震』（監督ミカエル・サロモン）は、タイトルにもあるとおりニューヨークを巨大な地震が襲うという設定で、予想にたがわず、かの女神像がその土台もろとも一気に崩れ落ちていく場面がちゃんと用意されている。ロサンゼルスならいざ知らず、想定外にも東海岸の大都市を未曽有の地震が直撃したものだから、混乱した市民たちのあいだからは、「原発の事故か」それとも「爆弾テロか」という疑惑の声が上がっている。いち早く救助に駆けつけるのは、この町が誇る勇敢にして有能な消

Ⅳ-7 『アフターショック／ニューヨーク大地震』より

Ⅳ-8 『アルマゲドン』より

防隊員たち。マンハッタンの高層ビルの多くが犠牲となり、噴煙と炎を上げるなか、不幸中の幸いか、ツインタワーに異常のないことが、取材中のヘリコプターからのショットでとらえられる。現代美術の宝庫で、フランク・ロイド・ライトの設計で名高いグッゲンハイム美術館は、残念ながら大きな揺れに持ちこたえることができずにもろくも崩れていく。

　一方、当初は無事が報告されていたツインタワーだったが、残酷にも再び襲ってきた揺れのせいで、そのひとつから真っ黒い噴煙が空高く立ち上っている。その様子を、ハドソンリバーに浮かぶ船から二人の男が、信じられないといった表情で見つめている（図Ⅳ―7）。イスラーム過激派の攻撃を受けるよりも前に、後期資本主義経済のシンボルたる世界貿易センタービルは、人々の想像力のなかで、すでに幾度も崩壊していたのだ。アメリカは何かを予感していたのだろうか。何かにおびえていたのだろうか。「世界の警察」を自任してきたこの国は、第二次世界大戦中の日本軍によるアメリカ本土空襲以来、自国が戦闘の舞台となることを巧みに回避してきたのだが、そのことにどこか後ろめたさのようなものがあったのだろうか。「変わらない日常がつづくと思っていた、でもひっくり返ったわ」、辛くも命拾いした若い女が思わずもらすセリフである。

前の章でも見たように、一九九八年に製作された『アルマゲドン』でも、原因が地球に衝突してくる流星群という違いはあるものの、ツインタワーのひとつの壊れた頂から不気味な黒煙が上がっている（図Ⅳ—8）。名物のクライスラービルのアールデコ風の尖塔もまた、真っ逆さまに地上に落ちてくる。タクシーの運転手に「サダム・フセインだ」と叫ばせているところを見ると、この映画は、『インディペンデンス・デイ』と同じく政治的な意図を隠そうとしていないようだ。繰り返すが、これらはいずれも9・11よりも前に製作された映画なのだ。

9・11以後に何が変わったのか

では、9・11以後、なおも次々と量産されつづけているアメリカの終末映画はどう変わったのだろうか。実のところ、管見では、根本的なところは大きく変わったようには思われない。自己陶酔的なカタストロフの映像はますますスペクタクル化し、暴力シーンはいっそうエスカレートし、「聖戦」あるいは「正義のための戦い」が一段と顕揚され、大統領と米軍と科学技術者はたいてい相も変わらず英雄視され、家族の絆とともに父の力がふたたび呼びだされる、等々。たとえば、「リベンジ」、「思い知らせてやる」、「奴らの敵は我らの味方」、「立派な戦士」、「全滅させるまで戦いつづける」、「生き残りをかけた戦い」などといった扇動的なセリフが全編に飛び交う、エメリッヒの続編『インディペンデンス・デイ リサージェンス』（二〇一六年）はその代表であろう。同じ監督による『デイ・アフター・トゥモロー』（二〇〇四年）では、地球温暖化による気候の大変動のなか、自由の女神像は真っ白に凍てついている。人類滅亡の危機を予言し救うヒーローは、この映画では、勇敢な息子を諭し導くよき父親でもある気象学者（デニス・クエイド）。米国大統領は、殊勝にも、地球の資源に限りがあることを世界に訴えて、人類の反省を促すとともに、困難に打ち勝った国民を祝福する。ことほど然り、あの手この手を駆使して観客を楽しませようとしてはいるものの、デジャヴュ――「どこかですでに見たことがある」――の感は否めないのだ。

当時9・11のテロはパニック映画の波に終わりをもたらすとみなした批評家もいたようだが、反対に、スクリーン上でニューヨークを破壊するのを止めてしまうと、それこそテロリストの思うつぼで、彼らの勝利を認めたようなものだという見解もあったという（Feil 148-149）。だが、どちらの立場も、実のところ、同じ不安を共有しているのは明らかである。

とはいえ、無差別テロの以前と以後とで、あえて幾つか違いを挙げるとするなら、管見では、およそ次のような特徴を指摘できるように思われる。まず、ポスト黙示録的なディストピアの雰囲気がますます色濃く前景化してくる点、そして、キリスト教原理主義的な宗教色がそこはかとなく漂う作品が増えてくる点。しかも、この二つの流れはしばしばひとつの作品のなかで合流している。三つ目に、いわゆるループものの流行があげられるだろう。過去は変えうるのか、あるいはテロをあらかじめ阻止できるのか、という願望にも似た問いがそこで投げかけられる。遅延した体験としてのトラウマ（キャシー・カルース）を埋め合わせるのは、まさにその原因となった時点に立ち返ってみることなのだ。もちろん他方では、こうした主流とはやや趣を異にするか、意識的に距離をとろうとする作品も製作されていて、それらは概してインディペンデント系の作品に連なる。サバイバルものもますます活況を呈しているが、多くの場合、それはもはやストレートなヒーロー賛歌ではありえない。得体の知れない不安や恐怖が基調に流れているものも少なくない。以下では、これらの傾向の映画を、必要に応じて適宜9・11以前のものとも比較しながら見ていくことにしよう。

ポスト黙示録とキリスト教原理主義

まず、ポスト黙示録と原理主義的傾向について。両者の合体という意味で象徴的なのは、ハリウッドのトップスター、ウィル・スミスが主演したことで話題になったフランシス・ローレンスの『アイ・アム・レジェンド』（二〇〇七年）である。人間が開発したウィルスの突然変異によって、地球上の人口の九割が死滅した近未来の世界。残り一割の人間の大半もまた、凶暴化した人食い「ダーク・シーカー」に変貌している。荒廃した無人のニューヨークでただひとり生き残った主人公の科学者ネビル（ウィル・スミス）は、彼らの危険が迫るなか、人類を救うための血清の開発に余念がない。さらに、毎日ラジオ放送で、世界各地の生存者に呼びかけてもいる、「もし誰かこの放送を聴いていたら、応えてほしい」、と。

奇跡的にもそれが功を奏して、映画の中盤近く、若い女アナ（アリシー・ブラガ）とその子供がはるばる南米からネビルのもとにやってくる。彼女の最終目的地は、生存者たちが暮らしているという北部のコロニーで、ネビルにも一緒に行くように誘うのだが、彼の方は、やっと見つかった血清をアナに託した後、襲いくる「ダーク・シーカー」たちを自爆によって食い止めて息絶える。メシア的な自己犠牲の美談だが、いかに凶暴化しているとはいえ、相手はもともと同じ人間。残酷な印象が残らなくはない。このことはまた、ネビルの実験台となって死んでいった無数の「ダーク・シーカー」たちの無残な写真が一面に貼られた壁のショットについても当てはまる。彼らはあろうことかネビルの手で生体実験にさらされたのだ。さらに、自爆によって戦うという設定は、明らかにイスラームによるテロの戦術を逆手にとったものである。

IV-9 『アイ・アム・レジェンド』より

念願かなって、アナと子供がコロニーに到着するラストの場面（映画公開を前にして差し替えられたヴァージョン）は、わたしたちの観点から、とりわけ注目に価する。そのコロニーの厳重な鉄の門扉が開くと、両脇で、米軍の兵士と民間人の二人が機関銃を構えて母子を迎える。彼らの向こうにはっきりと見えているのは、白い教会の建物と、その前で遊んでいる子供たちの幸せそうな姿。もちろん、星条旗もしっかりと映り込んでいる。それまでのディストピアの光景と打って変わって、そこは緑あふれるユートピア――「新しいエルサレム」――の世界である（図IV―9）。最後にカメラは高く飛んで、壁に囲まれたこの小さなコロニーを俯瞰する。その真ん中で陽光を浴びて白く輝いているのがまさしく教会堂である。この共同体を守り、そこから人類を未来へとつなげていくのは他でもなく軍隊と教会なのだ、とでも云わんばかりのショットである。みずからの命を賭けてネビル博士が人類の復活に努めたという主旨のアナのヴォイスオーヴァーが、これらの映像に重なる。かくして「彼は伝説となった」、と。紛れもなく、アメリカのキリスト教原理主義がヒロイズムと結託する瞬間であり、これを見落としてはならない。このコロニーが、かつてイギリスの清教徒たちがはじめて入植した「アメリカ神話」の原点、ニューイングランドに位置するというのも意味深長である（2012 Hnatke 168）。この映画の最初、荒れ果てたマンハッタンのビルの壁に、「神はわれわれを見捨てない」という広告が張られているのがほんの一瞬だけ映るのだが、結果は確かにそのとおりになった、というわけだ。

「地球最後の男」

映画ファンなら周知のように、この作品の原作は、アメリカのSF作家リチャード・マシスンの同名の小説『アイ・アム・レジェンド』(一九五四年)で、9・11以前にも何度か映画化されてきたものである。たとえば、イタリアとアメリカの合作になる『地球最後の男』(監督ウバルド・ラゴーナとシドニー・サルコウ、一九六四年)や、チャールトン・ヘストンが主演した『地球最後の男オメガマン』(監督ボリス・セイガル、一九七一年)などがそれに相当するが、これらにおいて、救済の担い手として教会(と軍隊)の存在がことさら強調されることはなかった。

Ⅳ-10 『地球最後の男』より

いずれもその製作年代から、東西の冷戦構造を反映しているが、ポスト黙示録の寒々とした光景は、前者では、ファシズム時代に建設されたローマの新市街エウル地区で撮影され(図Ⅳ―10)、後者では、すっかり人気の絶えたロサンゼルスを舞台にしている。また同じく後者では、みずからの命を犠牲にして血清をつくった主人公ネビルの最後のショットに、明らかに十字架のキリストのイメージが重ねられているが、だからといって特に教条的というわけではない。

これら二作ほど知られてはいないが、ラナルド・マクドゥーガルが一九五九年に製作した『地球全滅』(原題は「世界、肉体、悪魔」)もまた、大筋でマシスンの原作に沿うもので、主役を黒人の歌手で俳優、人権運動家としても知られるハリー・ベラフォンテが演じていて、わたしは隠れた名作ではないかと思っている。冷戦、核の脅威といった背景に加えて、ここでは人種問題が深い影を落としている。三人の生存者——黒人の男、白人の男と女——のもつれた三角関係が伏線になっていて、反目しあう二人の男のあいだでいわば「第四次大戦」が勃発しようとする寸前、国連本部の「イザヤの壁」の前を通りかかった主人公は、そこでライフルを投げ捨てるのだ。周知のようにその壁には、『イザヤ書』に由来する文言、「国は国に向かって剣を上げず、もはや戦うことを学ばない」(2:4)が刻まれている。こうして彼は、みずから身を引いて二人のもとから立ち去ろうとするのだが、女に引き止められ、手をつないで歩く三人を背後上からのロングショットで追って幕——「始まり THE BEGINNING」のタイトルバックの大きな文字が画面に重なる——となる。たしかに、彼らから人類の未来は始まることになる。いささかロマンチックに流れるきらいはあるものの、たとえば、「武器も研究も同時に必要なんだ」とあえて主人公に語らせる『オメガマン』や、暴力シーンに満ち溢れる『アイ・アム・レジェンド』にくらべると、はるかに良質の作品に仕上がっている。無人の車で埋め尽くされたブルックリン橋(図Ⅳ—11)、女に頼まれてその美しい金髪に恐る恐るはさみを入れる主人公、さまざまなアングルからとらえられた人気のないマンハッタンの街並みなど、忘れがたいショットも数多くある。

Ⅳ-11 『地球全滅』より

ちなみに、早くは一九五一年にアーチ・オボラーによって撮られた独立系の自主映画『ファイブ』では、核爆発を生き延びた五人――そのなかには妊娠した女や黒人がいる――のサバイバルに借りて、人種差別に鋭いメスが入れられるばかりでなく、深刻な放射能の影響にもあえて踏み込んで言及されている（「ヒロシマの写真を見た」とひとりが語り、ケロイドがひとりに現われ、生まれたばかりの子はすぐに亡くなる）。これは、当時のアメリカ映画としてはきわめて異例のことで、あえてここで言い添えておきたい。

裏切られる「約束の地」

一方、二〇〇二年にダニー・ボイルがメガホンをとった『28日後…』はロンドンが舞台となっているが、基本的にポスト黙示録のサバイバルをめぐる物語という点で、これまでのものと共通している。人間を凶暴化して死に至らしめるウィルスの蔓延したロンドンを離れて、四人の非感染者が、安全だという北部の軍の基地を目指す逃走劇のかたちで話は進行するのだが、そしてここでもバイオレンスは極限に達しているのだが、面白いのは、そこで人民が保護され守られることが期待されている基地が、決して「約束の地」ではなかったという逆転である。それが『アイ・アム・レジェンド』のラストと決定的に異なる点である。感染していない軍人たちは、それにもかかわらずいがみ合い、逃れてきた女を奪い合い、暴力の限りを尽くす。これらの場面では、有名な古代ギリシアの彫刻《ラオコーン群像》の原寸大のコピーが、さまざまなアングルと大きさで何度も――ゆうに二十ショットは超える――フレームのなかに入ってくる（図Ⅳ―12）。基地の宿舎のなかに飾られているという設定なのだろうが、意味深長ではある。というのもこの彫像は、神罰によって懲らしめられるトロイアの神官と二人の息子の苦痛を表現したものだからである。破壊と暴力、罪と罰はこ

Ⅳ-12 『28日後…』より

こで、異教の悲劇的神話に重ねられているのだ。

実はこの映画にも下敷きとなったと思われる前例がある。一九七〇年の英米の合作『最後の脱出』（監督コーネル・ワイルド、原題「草も生えない」）がそれで、ポスト黙示録の世界のなか荒廃した戒厳令下のロンドンを離れて、一家が北の農場を目指すというストーリーである。途中の各地でさまざまな家族が合流していくが、仲たがいは絶えず、ならず者たちによる暴力やレイプ、さらには「当てにならない」英軍との衝突などの困難をくぐり抜けてやっとたどり着いた農場も、決して最後の楽園ではなかった、という落ちが待っている。この映画の売りは、地球温暖化による環境破壊をいち早く告発した点で、工場から出る噴煙と汚水、森林の伐採、車の排気ガス、空中散布される農薬、赤潮、動物たちの屍骸、アフリカの飢餓、そして核実験によるキノコ雲などのストック・フッテージが、ドキュメンタリー風にモンタージュされた後、「ある日、地球は限界に達した」というナレーションとともに本編が始まるという仕掛けである。類似のショットは本編でも何度も挿入され、北極の氷が溶け出している点にもいち早く言及されている。このように見てくると、一九五〇年代から七〇年代の映画には、エンターテインメント作品のなかにも鋭い批判精神が込められているものが少なくなかったようだが、一九九〇年代のハリウッド映画からは、残念ながらそれがますます希薄になっていくように思われる。

ちなみに、黙示録後の廃墟と化したロンドンは、H・G・ウェルズの原作をもとにウィリアム・キャメロン・メンジーズが一九三六年に映画化した『来るべき世界』に早くも登場しているが、ここでは、一九六〇年代の末という時代に生物兵器のために、人々はまるで中世に舞い戻ったかのような生活を余儀なくされている。ポスト黙示録の近未来が中世の暗黒時代と重なるイメージは、たとえば、『ウォーターワールド』(監督ケヴィン・レイノルズ、一九九五年)や、『ドゥームズデイ』(監督ニール・マーシャル、二〇〇八年)のような近年の作品でも前景化している。ポスト黙示録において、未来は過去に転倒していく。

キリスト教右派の黙示録

さて、9・11以後の原理主義的な傾向に話を戻すなら、アレン・ヒューズとアルバート・ヒューズの双子の兄弟による二〇一〇年の『ザ・ウォーカー』(原題は「イーライの書」)を外すことはできないだろう(Westwell 105–107)。舞台は、あらゆる文明を喪失した最終戦争後の灰色のアメリカで、生き残った人々は、文字を忘れ、愛を喪失し、カニバリズムに走り、暴力と欲望に生きている。二時間近い全編のほとんどが、くすんだ灰色と褐色のトーンのなかで進行する。そんな殺伐としたディストピアの世界を、主人公のイーライ(デンゼル・ワシントン)——西部劇のヒーローかサムライのような出で立ちだが、その名は旧約聖書のユダヤ祭司エリに由来する――がひとり、心の声に突き動かされるようにして、ある目的のために三十年ものあいだずっとひたすら西に向かって歩きつづけている。その目的とは、サンフランシスコ湾に浮かぶアルカトラズ島に聖書を届けることである。かつての監獄島は今や図書館になっていて、そこからふたたび文明を復活させるべく、忘れ去られた過去の遺産の数々が密かに集められているのだが、ただひとつ肝心の聖書だけが欠けている。ところが、目的地を間近にして、マフィアの親分のような男に大切な本を盗まれてしまう。それでも西を目指して、ついにアルカトラズ島に到着したイーライは、厳かに『創世記』の冒頭から暗唱しはじめ、それをスタッフに書き取らせる。実は彼は全文を諳んじていたのだ。

一方、盗まれた聖書は点字だったという落ちがついているから、イーライはおそらく盲目という設定であろうが、あらゆる武器を完璧に操って、襲いかかる敵たちをことごとく撃退するものだから、間違っても盲人のようには見えない。全文の口述が終わって静かに息を引き取る直前、彼は、啓示を授けて守り導いてくれた神に感謝し、保身と目的貫徹のために何人も殺めてきたことの赦しを請う。「わたしは立派に戦い、信仰を守り抜いた」、というのだ。そのヴォイスオーヴァーのセリフに、刷り上って製本されたばかりの「新欽定訳聖書　アルカトラズ出版」と刻まれた背表紙のクロースアップが重なる。厳粛な場面には違いないのだが、その底辺に流れているのは、やはり勧善懲悪的な「聖戦」の発想である。

この聖書を挟むようにして、すぐ左隣にユダヤの『トーラー』が、右隣にイスラームの『クルアーン』が等しく並んでいるショットを見過ごしてはならないとしても（図Ⅳ―13）、しかしながら、それはもはや詭弁か言い訳のようにしか見えない。映画の中盤でイーライは、「この本が戦争の原因とも言われた」と口が滑ってしまうのだが、たしかに、同じ旧約聖書を経典と仰いでいるにもかかわらず（あるいは、それゆえにこそ）、ユダヤ教とキリスト教とイスラーム教という三つの一神教は長らくいがみ合ってきたのだし、それは今日ますます激化している。リドリー・スコットの『キングダム・オブ・ヘブン』（二〇〇五年）やスコット・スチュワートの『レギオン』（二〇一〇年）においてもまた、「神の怒り」や「より大きな善のための小さな悪」といった口実のもと、「聖戦」の思想が改めて正当化され鼓舞されているように思われる。

Ⅳ-13 『ザ・ウォーカー』より

同じようにキリスト教右派の原理主義的な黙示録映画として、アレックス・プロヤスの『ノウイング』（二〇〇九年）や、ヴィク・アームストロングの『レフト・ビハインド』（二〇一四年）などが挙げられるだろう（Beavis; Walliss）。偶然の一致か、どちらもニコラス・ケイジが主演だが、この俳優がそうした信仰の持ち主かどうか、わたしは不案内だし、仮にそうだとしても、そのこと自体はさして重要ではないだろう。

前者は、巨大な太陽フレアによるオゾン層破壊が原因で人類滅亡の危機が迫るなか、はるばる警告にきた異星人——あるいは神の使いとしての天使——が、男女二人の子供を選んで宇宙船——あるいは『エゼキエル書』にある「天の車」——に乗せ、別の天体——あるいは天上の楽園——に送り届けるという話で、それというのも二人には彼らと交信できる特殊な能力が具わっているからである。『黙示録』の著者ヨハネと同じく。「人類の再出発のために選ばれた」二人が到着した星には、まる

Ⅳ-14 『ノウイング』より

でエデンの園さながらに、中心に大きな「生命の樹」が立っている（図Ⅳ―14）。次々と「天の車」が到着している様子も見える。二人がつがいのウサギを連れているのは、それが伝統的に多産や繁栄の象徴となってきたからである（実際にも、本作にはキリスト教美術の影響が少なからず認められる）。こうして、まさしく『創世記』さながら、新たなアダムとイヴたちが誕生していくのだ。終わり（オメガ）はまた始まり（アルファ）である、これは黙示録の教えでもある（ちなみに、少年の名ケイレブは、「約束の地」カナーンに入ることを許された旧約聖書のカレブに由来する）。

実は、これらすべてのことは、少女の祖母が五十年前に埋めたタイムカプセルのなかで、無数に書き連ねた暗号のような数字によって予言していたことでもあった。少年の父親の宇宙物理学者が、そのなかから911012996――つまりアメリカ同時多発テロの日付と犠牲者数――を読み解くと、別の数字もまた、過去に起きた事件や事故と一致することが判明する。しかも、予言のとおり、次々と人災や天災が降りかかってくる。『黙示録』には、「今後起ころうとしていることを書き留めよ」（1:19）とあるが、タイムカプセルのメッセージがまさしくそれなのだ。同僚の忠告も虚しく、オカルトじみた数字の謎にますますのめり込んでいく主人公は、テロを未然に防ごうとマンハッタンの地下鉄に急行する。首尾よくテロリストを追い詰めたと思いきや、実は相手は万引き犯で、とんだ勘違い。事故の原因も電線不良による脱線であった。ことほど然り、黙示録的な筋書きやイメージは、もはやひとつの強迫観念にすらなっているかのようだ。

ベストセラー小説の映画化『レフト・ビハインド』でもまた、世界の終わりが始まりと一致する。身に着けていた服や所持品を残したまま次々と人間——子供はひとり残らず——が消えていき、まるで「世界の終わりか」と思われたのだが、実は「まだ始まったばかりだ」、というのがこの映画の味噌である。旅客機のなかのパニックと地上のパニックとが、ちょうどクロスカッティングのように交互に描かれていくが、それというのも、9・11のテロで乗っ取られた旅客機がツインタワーに突っ込んだという恐怖の記憶が生きているからだろう。乗客のアラブ人にたいして、事実無根のテロの疑いがかけられる。

消えた同僚のパイロットの腕時計の文字盤に、「John 3:16」と刻まれている。つまり、『ヨハネによる福音書』の第三章第十六節のこと。そこには、「神は、その独り子をお与えになったほどに、世を愛された。独り子を信じる者がひとりも滅びないで、永遠の命を得るためである」、とある。それを見た主人公は、妻が言っていたとおりになったことを悟る。それによると、いつか突然大勢の人が姿を消すことになるが、それは悪魔の仕業なのではなくて、信じる者を神が救済するためなのだ、と。消えた者は救われたのであり、残された者は呪われている。実際にも主人公の妻は、息子とともに地上から消えている。客室乗務員と不倫関係にあるこの男は、かくして、妻が神の話をするたびに避けていたことを後悔し、悪いのは妻ではなくて自分の方だ、と不倫相手に告白する。文字どおり、改悛したのだ。

地上では、教会の牧師もまた同じことを説いている。その本人が地上に残っているのは、真の信仰心に欠けるから。一方、肝心の旅客機の方は、燃料が切れても空港が閉鎖されているため着陸がかなわないが、地上に残る娘の賢明にして果敢な誘導で、辛くも着陸に成功してハッピーエンドとなる。最後に『マルコによる福音書』から次の一節、「そのときがいつか誰も知らない」(13:33) が引かれる。つまり、終末と審判のときのことである。このように本作には、ほとんど教条主義的とすら受け取りうるメッセージが込められている。神との契約を奉じ、最後に「御国の時代」の来ることを信仰するキリスト教右派、ディスペンセーション主義との密接な関係も指摘されている (Walliss)。そのために一部でいかに酷評されているとしても、原作が全米でベストセラーとなり、映画もヒットして、続編も計画されているようだから、ある程度まで世相を反映してはいるのだろう。

ブラッド・アンダーソンの『リセット』(二〇一〇年、原題「七番街に消える」)も、突然ある夜に人間が消えていくという設定で、たまたま生き残った数人もまた、不気味な影に飲み込まれるようにして次々と闇のなかに消えていく。死者たちが黄泉の国へとさらっていくのだ。教会のなかで最後まで生き残った (黒人の) 少年と (白人の) 幼女が、新たなアダムとイヴになって人類を復活させることになるだろう。

とはいえ、こうした原理主義的な傾向はもちろん9・11以後にはじまったことではない。新しいミレニアムを前に多くの終末ものが製作されたが、なかでも、一九九九年にアーノルト・シュワルツネッガー主演で撮られた『エンド・オブ・デイズ』(監督ピーター・ハイアムズ) は、その典型であろう。妻子を亡くして信仰を捨てた元刑事が、今は民間ガードマンとして株屋の警護に当たっているが、実はこの株屋の正体はサタンで、人間の女に子を産ませようと狙っている。主人公が身を賭してこれを阻止するという設定は、『黙示録』のなかで、サタンの竜につけ狙われる「太陽を身にまとう女」を大天使ミカエルが守るというエピソードを踏まえたものだが、正当化される暴力や神聖視される「帝国」、さらに強いセクト主義や個人主義的性格において、やはり負の黙示録を背負っていると言わざるをえないだろう。

サバイバルの脱構築──『ミスト』と『ザ・ロード』

だが、もちろんこうした傾向の作品ばかりというわけではない。9・11以後にますます過熱するショービニズム（極端な愛国主義）や原理主義的傾向にむしろ抗おうとするような佳作も登場している。たとえば、フランク・ダラボンの『ミスト』（二〇〇七年）は、突然に舞い上がってあたりを覆いつくす霧のなかに隠れて巨大化した謎の生物たちが人間に襲いかかってくるという独立系のパニック映画で、深くて濃い「霧」という設定には、当然予想されるように、得体の知れないテロリズムへの漠然とした不安や恐怖が投影されていると考えられる。とはいえ、本作の仕掛けはそれほど単純ではない。黙示録映画のクリシェを次々と逆手に取っていくのである。深い霧のせいで田舎町の大型スーパーマーケットに閉じ込められた客たちのなかには、「神の預言者」を自称して、『黙示録』に書かれたことが現実となったと吹聴し、あげくの果てには、神の怒りを鎮めるために「子供を生贄に捧げよ」とまで暴言を吐き、他の客たちを煽り立てる女の原理主義者がいるのだが、たまりかねた店長によって射殺されてしまう。

店から出ようとした者は、ことごとく謎の生物のむごたらしい餌食となるが、たまたま幼い息子と買い物に来ていて大惨事に巻き込まれた主人公の父親（トーマス・ジェーン）は、そこに留まっているのももはや危険と判断して、一夜明けると、覚悟を決めて息子や別の老夫婦ら四人とともに車で逃走をはかる。自宅の前を通ると、犠牲になった妻の無残な姿が目に入る。意を決してふたたびアクセルを踏み、ガソリンが尽きるまで走っても、いっこうに深い霧の晴れる気配はない。道路には廃車のようになった車が何台も横転して散乱し、車内には死体が眠っている。巨大な怪物がなおも地面を揺るがせる。万事休すか……。デッド・カン・ダンスの重苦しいメロディー「ホスト・オブ・セラフィム」(一九八八年にリリースされたアルバム『蛇の卵』に所収、タイトルは智天使の名からとられている)が、まるで人類へのレクイエムのようにバックに響いている。四人の大人たちは押し黙ったままたがいに視線だけで言葉を交わしあう(これほどに緊迫した視線の交差がかつてあっただろうか)。主人公がリボルバーを取り出したとき、後部座席の老人は軽くうなずく。誰もが同じことを考えているのだ。長い沈黙がつづく。弾丸は四発、「五人なのよ」と女がおもむろに口を開くと、彼は独り言のように「僕は何とかする」とだけ応える。カメラがそれぞれの苦渋に満ちた表情をクロースアップで追っていくあいだ、弾丸をひとつひとつシリンダーに入れる音だけが鋭く響いている。それまで眠っていた五歳の息子が、軽く目を開ける。すると今度カメラは車の外に出て、霧にかすむ車中から四発の銃声とともに閃光が発する様子をとらえる。男の絶叫が空気をつんざく。返り血を浴びて叫びつづける男にもういちどカメラが向けられると、彼は、いたたまれなくなって自分に銃口を向けるが(図Ⅳ—15)、銃弾は使い切られているから、もちろん虚しい。車を降りて、怪物をおびき寄せようと、何度も「出て来い」と怒号する。「何とかする」とは、怪物に自分の命をゆだねることだったのだ。

ところが、しばらくして霧のなかから姿を現わしたのは、予想外にも、重装備した兵士たちと大型の戦車。それまで立ち込めていた濃い霧もにわかに晴れて、後ろから来たトラックのなかには、多くの生存者たち――そのなかには例のスーパーに閉じ込められていた客たちの姿もある――が乗っている。どうやら事は予想に反して、収束に向かっているようだ。呆気にとられる男だが、すぐに事情を察したのか、ふたたびけたたましい絶叫に泣き崩れる。カメラはその背中を上から狙うと、ゆっくりとティルトして残酷にも男を置き去りにし、兵士たちが汚染された林を焼き払っている様子と、何台もの軍用車が次々とこちらに向かってくるところをロングショットでとらえて、フェードアウトしていく。何とも痛々しくてもどかしい結末である。家族を救えなかった父親という点では、前の章で触れた『テイク・シェルター』に通じるところもある。

Ⅳ-15 『ミスト』より

だが、それだけではない。不気味な霧のなかに隠れていた巨大化した生物たちは、あろうことか、危険な軍事開発のもたらしたおぞましい副産物だったのだ。だからこそ、兵士たちは防毒マスクで重装備をして汚染の処理に当たっている。軍にすべての原因があることは、すでに映画の序盤、大型スーパーに入店していた三人の兵士によってそれとなく示唆されていた。休暇中だった三人は、不測の事態が生じたために、軍警察によってジープに戻ることが命じられていたのだ。得体の知れない「霧」の正体の原因は、実のところ、テロリストでもエイリアンでもなくて、米軍にあった。

かつて『ショーシャンクの空に』で冤罪に鋭いメスを入れた、政治難民の子ダラボン監督は、本作――原作は前回と同じくスティーヴン・キングだが、前作における希望への道はもはやことごとく絶たれている――において、この種の黙示録的パニック映画にありがちの紋切り型、すなわち、宗教的原理主義からも、家族を守る強い父親という家父長的イデオロギーからも、サバイバルを勝ち抜くヒロイズムからも、さらにはかたくななナショナリズムからも、周到に距離をとろうとしているように思われる。父親の行為にも象徴されるように、破滅は自分たちが招いているのだ。

ジョン・ヒルコートの『ザ・ロード』(二〇〇九年、原作はコーマック・マッカーシーの同名の小説)でも、話の進行とともに重心は、強い父親像から他者を思いやる息子の姿へと相対的に移っていく。文明の崩壊したポスト黙示録の近未来、寒冷化のなかでカニバリズムが横行する無法の世界を、父(ヴィゴ・モーテンセン)と十歳の息子(ゴディ・スミット＝マクフィー)が、南の海岸へとサバイバルの旅をつづけている(一時十七分で止まったままの時計の数字は、日本の観客には、阪神大震災の日付を想起させないではいない)。が、それは新たな「約束の地」を見つけるためというよりも、危険と記憶から逃れるための旅である。「火を運ぶ」、人間に火をもたらしたプロメテウスの神話を暗示するかのように、父親は息子に生き残った自分たちの使命をこう語って聞かせるが、それはもはや強がりのようにしか響かない。寒々として荒廃した灰色の光景(図Ⅳ—16)は、ドイツ・ロマン主義の画家、カスパー・ダーヴィド・フリードリヒの《氷の海》や《樫の森の修道院》(一八〇八—一八一〇年、ベルリン、旧国立美術館)(図Ⅳ—17)を思わせるところがある(おそらく参照は意図的であろう)。ひとりでも生きていけるようにと、父は息子にさまざまな知恵を授け、銃を握らせる。生まれたときからこの破壊した世界しか知らない息子は、最初は黙って父に従っているが、父が他の生存者たちを無視したり虐待したりするのを目にすると、次第に父に反発するようになる。そんな息子が父親を説得したおかげで缶詰にありつけた見知らぬ老人が、ふとこうもらす、「その子は天使かと思った」、と。

人気も商品もなくなって荒れ果てたスーパーマーケットで父親が見つけた、賞味期限をはるかに過ぎた古いコカコーラを一口飲むと、その「天使」は、軽いゲップをあげて「すごくおいしい」と微笑み、「パパも飲んで」と手渡す。その二人のクロースアップは、本作のなかでいちばん記憶に残るショットである（図Ⅳ―18）。二人がその場を後にする瞬間を、カメラはやや斜め上から俯瞰しているが、ATMの張り紙だけが虚しく画面に映りこんでいる。それはまるで、かつての大量消費社会の時代を懐かしむというよりも、呪っているかのように見える（図Ⅳ―19）。ちなみに、終末ものによく大型スーパーマーケットが登場するのは（『28日後…』でもそうだったし、『ミスト』ではそこがかりそめの危ういシェルターとなる）、それが大量消費社会のシンボルだからである。

Ⅳ-16 『ザ・ロード』より

Ⅳ-17 カスパー・ダーヴィド・フリードリヒ《樫の森の修道院》

父親がしばしば、幸せだった過去――少年時代や亡くなった妻の思い出――を回想するのとは反対に、生まれてからずっとそんな過去を持たない息子には、目の前の過酷な現実があるだけだ。最後には、負傷した父親を息子は必死に介護するが、その甲斐もなくついに息絶えてしまう。すると、海岸を向こうからひとりの男が近づいてきて、息子は父の生前の教えのとおり銃を構えるが、もちろん撃とうとはしない。その男から自分についてくるようにと諭される

IV-18 『ザ・ロード』より

IV-19 『ザ・ロード』より

も、相手はカニバリストかもしれないから、油断はできない。この男の後を追うようにしてやってきた、ひとりの女と同年代の少年と少女、そして犬の姿を見てはじめて、それまでこわばっていた息子の表情は和らぎ、「一緒に来てくれるわね」という女の勧めに、「いいよ」と答えて幕となる。彼らが家族なのか、それとも赤の他人同士なのかは定かではないし、どこかに「約束の地」が待っているようにも思われない。ここにおいて、通常の関係とは反対に、ユートピアがディストピアのネガになっているのだ。いずれにしても、父親から息子へと比重を移すことで、この映画は、個人主義的なサバイバルの発想を脱構築してみせるのである。

味方のなかにいる敵

見えない敵は実は味方のなかにいた、あるいは、敵対者を生みだしたのは実のところ味方の側だった、これはすなわち、もともとイスラームのテロリストを育成したのは西側だったという歴史的事情ともかかわってくるが、そのことをまた別のかたちで暗示するようなハリウッド映画もある。それゆえ、9・11以後のアメリカの黙示録的映画を一面的にのみとらえることは禁物だろう。前の章で見たジョン・カーペンターの『遊星からの物体X』やアベル・フェラーラの『ボディ・スナッチャーズ』とも通じるところがなくはない。

たとえば、ジョセフ・ヒル・ウェドンの『セレニティー』（二〇〇五年）がそれである。ここでも、バイオレンスがエンターテインメントと結託していること、さらに正義の名目のための聖なる戦争という発想が底に流れていることは、やはり否定できないのだが、実のところ話はそれほど単純でもない。というのも、必ずしも勧善懲悪的な二項対立に解消されえないからである（Flannery）。もはや地球が人間の棲家ではなくなった西暦二五〇〇年代、宇宙を舞台に、各惑星に散らばった人類の統一支配を掲げる「同盟」側と、食人族「リーヴァイス」とが敵対しあっているが、その「リーヴァイス」はもともと同じ人間であった。だが、かつて「同盟」が、自分たちに従おうとしない辺境の星の移住者たちの攻撃性を弱めるという目的で、「PAX」――つまり「平和」――と呼ばれる化学兵器を使ったことが原因で、何とも皮肉なことに、一部が反対に凶暴化してしまったのが、「リーヴァイス」なのだ。深読みかもしれないが、それはたとえば、現実に米軍がアフガニスタンを空爆するかたわらで、食料を投下していたという欺瞞（エスポジト）とどこか通じるところがなくはないように思われる。映画の製作側が、そのことをどれだけ意識していたかは別にして。

が、ここまでのところは、人間の開発したウィルスが同じ人間を殺人鬼にしてしまうという、多くのSFホラー映画の筋書きとさして変わるところはないかもしれない。ひるがえって、この映画の大きな特徴は、管見によれば、「同盟」と「リーヴァーズ」の二項に加えて、第三項が登場する点である。それこそ、タイトルにもなっている「セレニティー号」と呼ばれる、海賊まがいのことまでやってのける宇宙の運搬船の存在である。「同盟」はまた彼らをテロリストとしてマークしているが、その奔放不羈な多民族からなる乗組員たちのおかげで、「同盟」に拉致されていた食人族の若い女が解放され、彼女のおかげで、「同盟」が過去に犯してきた欺瞞の戦略と残忍な暴力の真相が暴きだされていくことになるのだ。「リーヴァイス」を生んだのは実は「同盟」だったという真相は、ホログラフィーの映像として記録されている。実際にも、ホログラフィーが記録媒体として注目されるようになる時期と、本作の製作年代とは重なっている。

一方、『28日後…』の監督ダニー・ボイルが製作総指揮にあたった『28週後…』（監督ファン・カルロス・フレスナディーリョ、二〇〇七年）では、ハリウッド的なパターンのあえて逆を突くかのように、夫にして二人の姉弟の父親でもある男がむしろ危険な存在となる。ウィルスの蔓延するなか、妻を見捨ててひとり逃げ出してしまい、子供たちに弁解や謝罪を繰り返すばかりか、ひとたび自分が感染するや今度は罪悪感の裏返しから妻を殺害し、さらに息子の命さえ狙おうとする。結局、この男は弟を守ろうとする姉の手によって撃たれることになる。それはさながら、父親のDVに悩む家族の物語を見ているようでもある。さらにここでは、米陸軍の司令官が、化学兵器の使用を許可して、感染者とそうでない者との区別なく一律に殲滅させる無差別攻撃の指令を発する。悲鳴を上げて逃げ惑う群集、猛烈な炎で焼き払われる地区全域、それらが複数のモニターに映しだされる様子を、兵士たちが複雑な表情で眺めている。おそらくここには、ブッシュ子の政権下、テロ壊滅の名目のもとでイラクに無差別攻撃を仕掛けて大量の民間人を巻き添えにしてきた米軍への批判の意味が込められているように思われる。『黙示録』においてはっきりと境界線が引かれ、カール・シュミットが政治的なものの原点にあるとみなした敵／友の区別は、今や大きく揺らいでいるのである。

テロを未然に防ぐ?——タイムループと黙示録

いわゆるタイムループと黙示録とのつながりについてはどうだろうか。これはSF映画の典型的なパターンのひとつで、その先駆的な作品に、クリス・マルケルの伝説的な短編フォトロマン『ラ・ジュテ』(一九六二年)——そしてこれに触発されたテリー・ギリアムの『12モンキーズ』(一九九五年)——があるが、これらについては最後の章で触れることになるだろう。さらに、たとえば『ターミネーター』(監督ジェームズ・キャメロン、一九八四年)なども含まれようが、たしかに9・11以降になるとその数はにわかに増えていくように思われる。テロのトラウマが、終末の予感とSF的タイムトラベルとを結びつけているのだ。そこには、ある研究者の言い方を借りるなら、単純未来形や現在進行形を仮定法未来形に変えたいという願望が投影されている(2017 Sobchak 16)。もちろん、SF映画とタイムループやタイムトラベルとの相性がいいのは、映画というメディウム自体が時空を自由に飛んで、しかも視覚的にそれを想像力豊かに再現できるからである。

9・11とほぼ同じ時期に公開されたという因縁のカルト映画、リチャード・ケリーの『ドニー・ダーコ』(二〇〇一年)は、パラノイアの徴候のある高校生ドニー(ジェイク・ジレンホール)が、まるで『不思議の国のアリス』さながらに、妄想のなかに現われる着ぐるみのウサギ——ドニーの分身——が執拗にくりかえす終末へのカウントダウンに促されるようにして、現在と未来(世界の終わりまで残り二十数日)、現実の「主世界(プライマリー・ワールド)」とヴァーチャルな「接世界(タンジエント・ワールド)」とを往復するという空想的な物語で、時空の亀裂を通って未来から落下してくる飛行機エンジン(図Ⅳ—20)の下敷きとなって自分を犠牲に捧げることで、愛する人たちを救うという結末が待っている。この間、教師の欺瞞やエセ自己啓発家の児童ポルノ趣味が暴かれたりする。

おりしも時は、共和党のブッシュ父と民主党のマイケル・デュカキスによる大統領選挙が世間をにぎわせた一九八八年で、テレビでも二人の論戦が流れていて、ドニーの姉が民主党候補に投票するというと、共和党支持者らしい父親がたちまち渋い顔をする。この時代設定もおそらく意図的である。「テロとの戦争」を唱えたのがブッシュ子であるとしたら、かつてソ連のアフガン侵攻の対抗策としてアメリカがテロリストたちを陰で育成したのはレーガンからブッシュ父の時代であり、さらにブッシュ家とビンラディン家はビジネス・パートナーであったとされるから、深読みかもしれないが、「もしもあのときデュカキスが選ばれていたら」という、仮定法過去完了の願望が託されているようにさえ思われる。つまり、主人公がタイムループすることで世界を救うこの映画は、まるまる全編がテロの原点の時代へとタイムスリップすることで、別の未来がことによると開けていたかもしれない、と言っているようにも見えてくるのである（基本的に9・11の直前に映画は撮られているわけだが、何か予感のようなものはあったのかもしれない）。

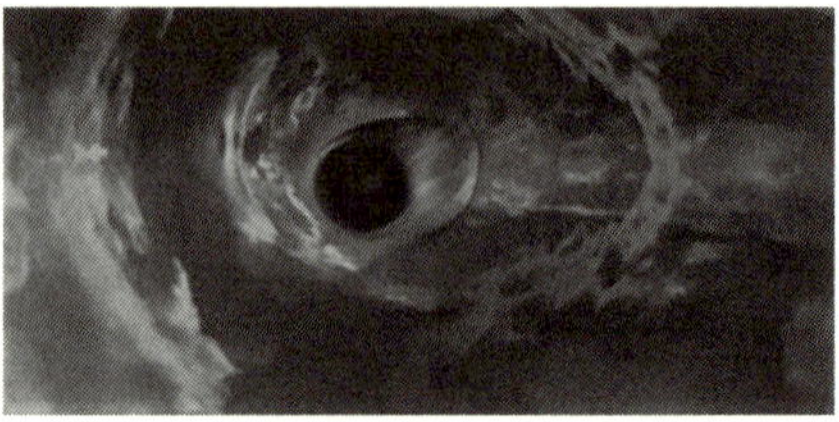

Ⅳ-20 『ドニー・ダーコ』より

一方、9・11以後になると、タイムループの目的は余りにもあからさまになる。なかでも、桜坂洋のライトノベルをダグ・リーマンが映画化した『オール・ユー・ニード・イズ・キル』（二〇一四年）は、良くも悪しくもその極め付けであろう。宇宙からの侵略者によって地球が危機にさらされるなか、最初は逃げ腰だった主人公ケイジ（トム・クルーズ）が、殺されてもまた同じ時間に生きて舞い戻るというループを何度も繰り返すうちに、次第に訓練と情報を積んで勇敢で有能な戦士にな

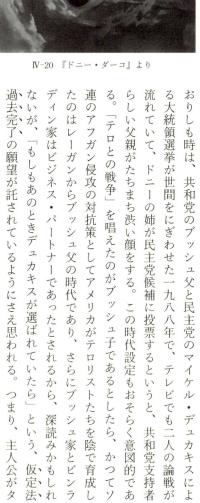

っていき、ついに敵を倒すというストーリーは、よく指摘されるように、映画というよりゲームの感覚に近いともいえるが、いかに理屈をつけるとしても、好戦的な愛国主義を煽るより他の何物でもないように、わたしには思われる。「殲滅」や「壊滅」という語が全編に踊るが、「壊滅作戦（ダウンホール作戦）はわれわれのではなくて敵の最終手段だ」というセリフまで飛びだす始末。つまり、悪のすべてが相手側に転嫁されるのである。敵は唯一「人間性」にたいして脆弱なのだともいう。いったいどこの誰のことを指しているのだろうか。終盤近く、ルーヴル美術館の中庭に建つ名物のガラスのピラミッドにケイジの操縦する戦闘機が激突していくのだが、それもやはり「奴ら」のせいだというのだろうか。

時間は前後するが、トニー・スコットの『デジャヴ』（二〇〇六年）もまた、すでにテロによるフェリー爆破は実行されて五百人以上もの犠牲者を出しているにもかかわらず、あるいはむしろそれゆえにこそ、数日前の現場にタイムスリップしてこれを未然に防ごうと奔走する捜査官ダグ（デンゼル・ワシントン）の活躍をヒロイックに描きだす。ダグにそれを思い立たせたのは、そして辛くも成功に導いたのは、複数の衛星を使って過去の出来事をあらゆる角度と距離から立体的に再現することのできる、「白雪姫」と名づけられた精巧な監視システムの映像のなかに不審な男が映りこんでいるためである。その映像の再現には数日を要し、ただ一回だけ見ることができるが二度と再生はできない。そのシステムを見せられて、最初ダグは怪訝そうな表情をしているが、持ち前の鋭い直感で不審人物を嗅ぎだしたのだ。しかも彼はこのシステムが、実は過去へのタイムスリップを目的とした政府の秘密の計画であることも見抜く。フェリー爆破当日の過去をリアルタイムで再生するこのシークエンスは、序盤のいちばんの見せ場には違いないが、それに尻込みしてしまう観客も少なくはないはずだ。なぜなら、わたしたちは知らないうちに、一挙一動にいたるまで監視され記録されているからだ。ここで描かれているのは、早くも一九六〇年代にミシェル・フーコーが「パノプティコン（一望監視塔）」として批判し、さらに後にジル・ドゥルーズが管理社会と呼ぶことになるものの究極の形態である。しかもそれは、疑問視されるどころか、テロ防止の対策としてさらに開発され奨励される。この黙示録的タイムループ映画が観客に訴えようとするのは、つまるところ、徹底した監視システムによってテロを未然に防ぐというメッセージであるように思われる。

タイムループ、分身、パラレル・ワールド

これらにたいして、ダンカン・ジョーンズの『ミッション 8ミニッツ』（二〇一一年、原題は「ソースコード」）は少し異なる印象を与える。ここでタイムループを体験するのは、アフガニスタンに派遣されて負傷し、植物状態に陥って生命維持装置にかけられている主人公コルター（かつてドニーを演じたジェイク・ジレンホール）である。シカゴへ向かう通勤列車爆発のテロ犯が、さらに六時間後に市街地で大規模の爆弾テロを計画しているため、これを事前に阻止するべく、コルターの脳内意識を利用して列車爆発直前の瞬間へと一回に八分間だけタイムスリップさせ犯人を捜しだす、という筋書きである。軍が極秘で開発し、コルターの脳を借りて試しているその装置は、チーム責任者の言によると「対テロ戦争のための強力な武器」となるものである。こうして何度も繰り返し数時間前の近過去へと送り込まれるコルターは、見事に犯人を特定し、第二のテロは無事に回避される。

だが、話はこれで終わりではない。このタイムループのあいだに彼は、公には自分がすでに戦死

したものとされていること、そしてその脳だけが密かにふたたび軍に利用されていることに気づく。一方、結果に満足したチーム側は、コルターの記憶をさらにリセットして来るべき次のテロに備えようとするが、彼は反対に、自分が送り込まれていた世界のなかで新たに生きる可能性に賭ける。そのため、次第にコルターに同情を寄せるようになっていたチームの女性スタッフ――ヴェラ・ファーミガが揺れる心情を好演している――に、もはや二度と現実に戻れないよう生命維持装置を停止してもらう。その瞬間、はじめて現実のコルターの身体が真上から映されるのだが、そのアフガン帰還兵は、下半身がちぎりとられた上半身だけの見るも惨たらしい姿をしている（ダルトン・トランボの一九七一年の名作『ジョニーは戦場に行った』のベトナム帰還兵の姿と重なった観客は、少なくないだろう）（図Ⅳ―21）。このときから、仮想の世界がにわかに現実味を帯びはじめ、コルターは改めて列車爆発さえも未然に防ぐことに成功する。彼がいうには、「国のために死ぬのは一度で十分だ」が、「世界は救う」。真の救済は、軍の計画から解放されたときにはじめて訪れているのだ。たとえそこにどんな運命が待ち受けているとしても。その意味で象徴的なのは、タイムループで知り合った若いクリスティーナ（ミシェル・モナハン）と、シカゴで列車を降りて、ミレニアム・パークを訪れるエピローグの場面である。そこにはアニッシュ・カプーアの巨大な抽象彫刻《クラウド・ゲート》（二〇〇四―〇六年）が設置されていて、その歪んだ鏡面に映り込んだ模糊とした自分たちの反射像を、二人は楽しそうに見つめている（図Ⅳ―22）。「運命を信じるか」、「偶然ならね」

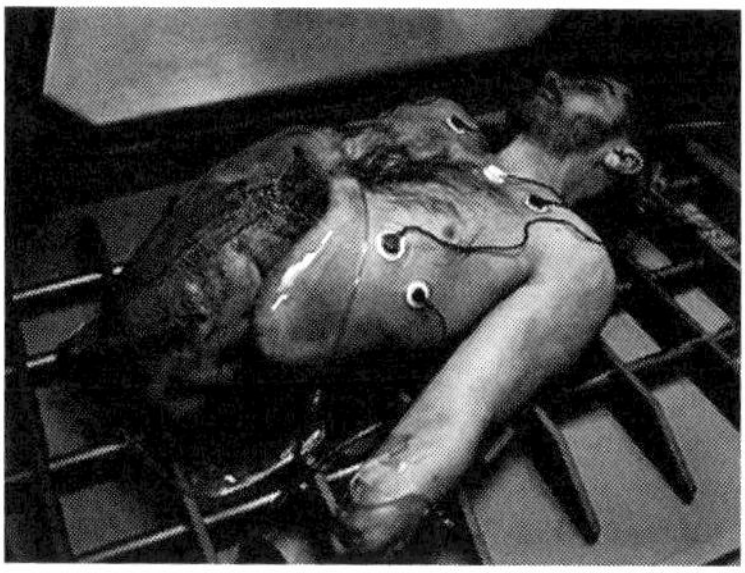

Ⅳ-21 『ミッション 8ミニッツ』より

Ⅳ-22 『ミッション 8ミニッツ』より

などと言葉を交わしあいながら。本作は、タイムループに分身（ドッペルゲンガー）と平行世界（パラレルワールド）とを組み合わせた構成で、その意味では一定の類型にのっとるものだが、アメリカの外交政策と軍事開発のいわば二重の犠牲となった若者が、これらを向こうに回して、もうひとつ別の生命を獲得するストーリーと読むこともできるだろう。そしてそこには、先述の『ドニー・ダーコ』の場合と同じく、哲学や物理学でいう多元宇宙論が大なり小なり共鳴しているが、加えて、インターネット上にあふれる仮想現実が如実に反映されているように思われる。

さらに、ロバート・ハインラインの有名な短編「輪廻の蛇」を踏まえて、一卵性双生児の二人組の監督マイケルとピーター・スピエリッグがメガホンをとった『プリデスティネーション』（二〇一四年）も、過去に飛んでテロを未然に防ぐという筋書きながら、やや複雑で屈折した構造を持っている。バーテンダーになりすまして爆弾テロを追いかけている時空警察官の男（イーサン・ホーク）、彼にかつて自分は女だったと身の上話を語る「男」ジョン（サラ・スヌーク）、そのジョンを愛している女ジェーン、そして追われる爆弾魔フィルズ、これら四人が、一九四五年の誕生から一九八五年の現在のあいだの時空を双方向に飛んで出会い絡み合い、最後には時空警察の男によって爆弾魔が撃たれるという話だが、実は四人は両性具有として生まれたひとりの人間で、すべてがウロボロスの輪のようにつながっていたという落ちが待っている。ここでタイムトラベルはまた、彼らのフラッシュバックのようにも見えるから両者はほとんど区別できない。過去への旅は、塗り替えられていく記憶――いわゆる「スクリーン・メモリー（隠蔽記憶）」――を辿る心の旅でもあるのだ。加えて、タイムループものはしばしば時代を映す衣装やセットで観客の目を楽しませてくれるが、ここでは、一九六〇年代のポップなファッション――フランス語で「宇宙服」を意味する「コスモコール・ルック」と呼ばれる――が、若いころに主人公が憧れた、女性を宇宙に送り込む訓練校の制服として登場して、ノスタルジックでかつ未来主義的でもある両義的な雰囲気を盛り上げている（図Ⅳ―23）。

Ⅳ-23 『プリデスティネーション』より

このドラマの展開は、ユング心理学におけるアニマとアニムスの葛藤のようにも、あるいはポストモダン的主体におけるアイデンティティの分裂やジェンダーの揺れのようにも、また現代のネット社会に蔓延する究極のナルシシズムのようにも見える。生まれたばかりのジェーンの子（実は自分）をジョンが誘拐する場面、ジョンが娘だった頃の自分と出会う場面、そして時空警察の男が、未来からジャンプしてきたフィルズと対面して、追っていたのは他でもなく自分自身だったことを悟り、相手に銃弾をぶち込む場面、それらがこの映画の見せ場でもある。中心的な役割を演じる時空警察の男だけがひとり固有名詞を持たないのは象徴的である。タイムトラベルを先導することでウロボロスの輪を操っているかに見えるこの男は、実のところ、自分自身の別の三つの顔（ペルソナ）の狂言回し（黒子）のような役目を担っているのだ。タイムループには基本的に二つのパラドクス、すなわち、過去の自分と出会うという経験的なものと、過去の自分を抹殺するという論理的なものがあるすると（Devlin 115）、本作はその両者を幾層にも絡み合わせている。

得体の知れない不安と恐怖

さらに、9・11以後に顕著になる特徴として、原因や理由が判然としないまま、社会全体にまさに空気のように広がっている不安や恐怖によって終末を喚起させるような作品があげられるだろう。そもそも「不安」は、精神分析のように「去勢」に原因を求めるにしても、妄想とも結びつくから、その対象を特定することは難しい。なかでも、ナイト・シャマランの『ハプニング』（二〇〇八年）は象徴的である。ある日突然ニューヨークでごく普通の市民たちが誰かれとなく自死行為に走り始める。ビルから飛び下りる人々の場面には（図Ⅳ―24）、この章の最初でイニャリトゥの短編に触れながら述べたように、おそらく9・11のトラウマが色濃く投影されている。化学兵器によるテロか、水質汚染か、大量のバクテリアか、植物から発散される毒素か、原子力発電所からの放射能漏れか、さまざまな憶測が飛び交い、テロの可能性は低いとテレビは報じているが、決定的な原因は謎に包まれたまま。ただ、一陣の風が吹いて木々が揺れ、草花がなびくと、まるでその動きに呼応するようにして、次々と人々がフリーズして突然衝動的にみずから命を絶っていくのである。都会から田舎に避難したとしても、風は広い草原を容赦なく吹きわたるから、それに追いつかれまいと誰もがわれ先に逃げ惑う。本来ならさわやかですがすがしく感じられるはずのものが、ここでは恐怖の対象である。実体のない空気あるいは風こそがこの映画の主役であるといってもおそらく過言ではないほどだ。それがまた人間関係の崩壊をもたらし、互いによそよそしくなっていく。「人間から離れていたほうが安心」というセリフまで飛びだす始末。アメリカでいったんは治まったかに見えたこの怪奇現象は、しかし、フランスに上陸したところで終わりとなる。最初にニューヨークのセントラルパークで起こっていたことが、三か月後、今度はパリのチュイルリー公園に場所を移して繰り返されているのである。

たしかに、得体の知れない不安、あるいは目に見えない恐怖は、この監督のいちばん得意とするところで、前作『ヴィレッジ』（二〇〇四年）では、煽られるリスクも、それに対処するセキュリティも、すべて一部の長老たちによる自作自演という設定の小さなコミュニティ――開拓時代の生活をそのまま受け継いでいる共同体アーミッシュのようにも、あるいは、カルト集団のようにも見える――が描かれる。時代は紛れもなく現代なのだが、まるで十九世紀末のジャン＝フランソワ・ミレーの絵さながらの一見信心深そうな農民たちと、アンドリュー・ワイエスの絵を偲ばせる簡素なコッテージからなるこの古風なコミュニティは、かつて凶悪犯罪の犠牲者たちが集まって、時代に逆行するようにして深い森に囲まれた真ん中に建設したもので、子供たちにはその事情を隠したまま、ひたすら周囲の森の恐怖を植え込んで、そこに足を踏み入れることがないよう厳重に監視している。つまりこの小さな村は、恐怖とその巧みな操作の上に築かれて遮断された「約束の地」である。この設定自体、ことさらにリスクを扇動することでセキュリティを強化しようとしてきたポスト9・11の政治的・社会的状況の寓意と見ることは可能だろう。

Ⅳ-24　『ハプニング』より

ところが、深い傷を負った瀕死の若者を救う抗生物質を手に入れるために、勇気と才気のある盲目の娘が、魔の森を抜けて難役を果たし無事に帰還したことで、幸い若者は一命をとりとめたものの、外部から閉ざされた村の秘密は暴かれてしまう（少なくとも観客の目には）。盲目ゆえに彼女が外の町に遣わされたにもかかわらず。とはいえ、結局のところ、この時代錯誤のささやかな「地上のエルサレム」は元の鞘に収まり、コミュニティはなおも存続していくだろうことが暗示される。たとえ虚偽と恐怖の上に築かれたことが暴露されたとしても、である。シャマランが用意したこの結末は、9・11のトラウマがそれほど大きいことを意味しているのだろうか、それとも、外の脅威を煽ることで内の結束を固めるという政治手法が黙認されているのだろうか。解釈はそのどちらにも開かれているように思われる。

一方、広大なサトウキビ畑に突如出現する謎のミステリー・サークルで幕を開ける『サイン』（二〇〇二年）は、地球外生命体の侵入をモチーフにしているが、ここでもシャマランは、その薄暗い影や手足の一部のみをごく一瞬だけ見せることで、正体不明の恐怖に振り回される家族——父グラハム（メル・ギブソン）と小さな息子モーガンと娘ボー、そして弟メリル（ホアキン・フェニックス）——の奮闘を、シリアスでかつユーモラスに描きだす。相手がはっきりその全貌を現わすのは、ラストで撃退される瞬間になってからである。さらに見応えのあるのは、宇宙人がつくったとおぼしきそのミステリー・サークルで、カメラが地面からゆっくりと上昇していって、まるでナスカの地上絵のようなその全貌をフレームに収める（図Ⅳ—25）。さながら天上にいる神の視点から捉えたかのように。テレビのニュースは、世界の各地でも同様のものが出現してパニックに巻き込まれていることを伝えている。いったい何が起ころうとしているのか。そもそもたとえばナスカに代表される巨大地上絵は、周知のように、宇宙人が残していった何らかのサインではないかという（根拠の薄い）風評もあるぐらいだから、シャマランの本作もまた、あえてこれにあやかっていると思われる。

　パニックのなかにもどこかナンセンスなユーモアが漂うというのは、総じてシャマラン作品の特徴だが、『サイン』でもたとえば、魔除けのためなのだろうか、叔父と幼い兄妹が銀紙でできた粗末な尖がり帽子をかぶって、真剣に宇宙人の地球侵略について語るところを真正面から捉えたショットは、思わず苦笑いを誘わないではいない（図Ⅳ―26）。観客にまっすぐ向けられた彼らの視線は、観客に感情移入させるというよりも、彼らが演技をしていることを観客に悟らせる、ブレヒト的な異化効果をもたらしているように思われる（二人の子役も素晴らしい）。また、扉の向こうでグラハムが謎の電話を受け取った瞬間、カメラが後ろに引いて手前の部屋を視界に収めるが、そのときフレームの左に出現する、縫製中のドレスを着たマネキンのある一瞬のショットは（図Ⅳ―27）、ジョルジョ・デ・キリコやカルロ・カルラの形而上絵画を連想させるだろう。たとえばカルラの《魔法にかけられた部屋》（一九一二年、ミラノ、パラッツォ・レアーレ）（図Ⅳ―28）のような作品は、シャマランの着想源だったに違いない。彼

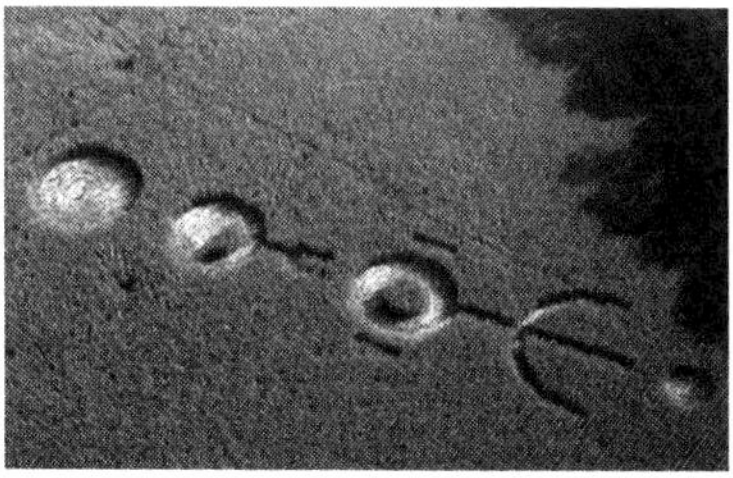

Ⅳ-25　『サイン』より

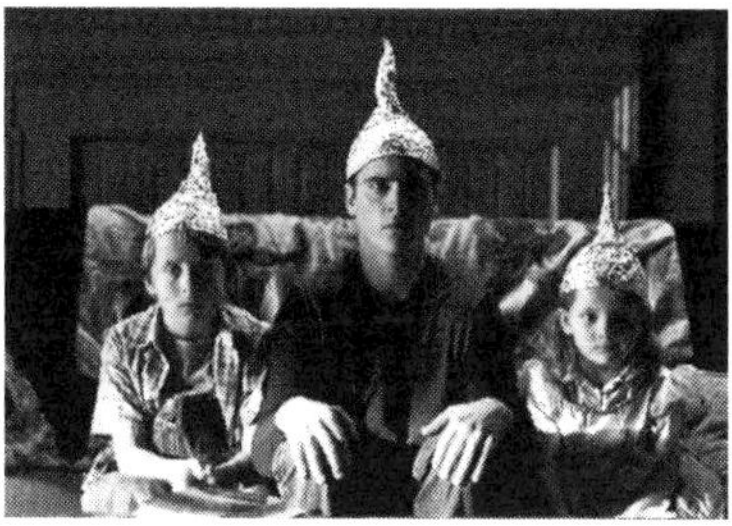

Ⅳ-26　『サイン』より

Ⅳ-27 『サイン』より

Ⅳ-28 カルロ・カルラ《魔法にかけられた部屋》

らの絵にはすでに、日常性のなかに潜む不気味なものを象徴するかのように、謎めいたマネキンたちが出没していたのだ。

先述した『ハプニング』においても、主人公エリオット（マーク・ウォールバーグ）が恋人アルマ（ズーイー・デシャネル）や赤の他人の子供たちと、命がけの逃避行をつづけるなか、途中で無人の住宅展示場に一時避難するというシークエンスがある。真顔で観葉植物にやさしくしてくれと語りかけるエリオットだが、すぐにそれが造花だとわかる。その住宅展示場にはまた、蠟の食品サンプルをはじめ、偽の電化製品やプレゼントの山などがところ狭しと並べられて豊かで幸せな家庭が演出されているのだが、それらは大量消費社会の空虚なアイコンでもある。父親（もしくはそれに代わる男性）が中心になって侵略者から家族（仲間）を守るというストーリーはオーソドックスなものだが、この監督の作品が類例と異なるのは、こうしたユーモアの感覚によるところが大きい。

『サイン』の主人公グラハムはもともと牧師だったが、不慮の交通事故で妻を亡くしてからは信仰を捨てていた。地域の人たちからは今でも「牧師さま」と慕われているが、その呼び方は止めてくれといつも断っている。ところが、子供たちを守り抜いたのらに、もういちど牧師の衣装を身に着けたグラハムを三六〇度回転するカメラが捉える、という結末が用意されている。世界が救われたことで彼は再び信仰の世界に帰ったというわけである。他方、救いへの約束が否定された『ハプニング』では、信仰への暗示はほとんど見られない。

いずれにしてもシャマランが描きだすポスト9・11の黙示録的世界は、一方でエメリッヒ調の大スペクタクルとも、他方で原理主義的なものとも異なる独特の射程をもっていて、それがその作品の人気につながっているように思われる。ホラーとユーモア、真面目とギャグ、意味と無意味、娯楽性と芸術性のあいだを軽やかに行き来するシャマランは、宗教性と世俗性のあいだもまた臨機応変にまたいでいくのである。

ポスト黙示録とポストシネマ

最後に、あたかも世界の終焉に映画の終焉――ポストシネマ――を重ねるかのような作品に登場願って本章を閉じることにしよう。それとは、デヴィッド・マッケンジーの『パーフェクト・センス』(二〇一〇年)である。ここで描かれるのは、謎の原因によって人間がひとつひとつ感覚を失っていくというストーリーである。最初に嗅覚が消え、つづいて味覚、聴覚、視覚という順番で失われていく。感覚の異変にはまた感情や欲望の起伏が対応していて、嗅覚が失われる瞬間に人は深い悲しみにとらわれ、味覚が消える直前には異常な食欲に襲われる。さらに、聴覚の喪失には激しい怒りや憎しみの感情がともなうが、最後に視覚が失われるときには、人は幸福感と愛に包まれる、という筋書きである。旧約聖書の『イザヤ書』には、救いのときには耳の聞こえない者が聞こえるように、盲人は見えるようになると説かれているのだが（29:18）、映画ではまったく逆のことが起こっているのである。

基本的に本作は、有名レストランのシェフのマイケル（ユアン・マクレガー）と女性の感染症学者スーザン（エヴァ・グリーン）の恋愛映画なのだが、五感を楽しませる料理が重要な要素となっているのも見所のひとつである。次々と感覚が消えていっても、レストランは残った感覚に訴えるメニューで対応する。濃い味付け、食感の楽しみ、盛り付けの美しさ、といった調子である。が、ついに視覚までなくしては、それも無駄な努力になる。嗅覚が奪われるとき、人は過去の思い出も失ってしまうという筋書きには、紅茶に浸されたマドレーヌの香りによって幼少期の記憶が呼び覚まされるという、名高いプルーストの話を想起させるところがある。

なぜこんな悲劇が世界中で起こっているのか。その原因と考えられる諸説が、感染症学者であるスーザンのヴォイスオーヴァーで列挙されるが、真相は謎に包まれたままである。環境汚染、遺伝子組み換え、自由世界への攻撃、宗教的原理主義者たちの仕業、神の制裁、資本主義国家が経済活性化のために撒いたウィルス、等々。この間、それぞれにゆるやかに対応するようなストック・フッテージがモンタージュされていく（四十秒間）。ここに並べられているのは、これまでの黙示録的な映画のなかで繰り返し取り上げられてきた終末のシナリオである。本作はそれらをあたかも皮肉るかのように、いずれにもコミットしないまま観客をあえて宙吊りにする。隠れた真の原因は、あらゆる感覚を過剰に刺激して麻痺させてしまう現代文明そのものにあるのではないか、映画はそう主張したいのかもしれない。諸感覚の喪失と麻痺とは、実のところ別物ではないのだ。そしてわたしたちは知らず知らずのうちに、この感覚麻痺に近づいていっているのではないか。

人が聴覚を奪われた瞬間から、この映画はまるでサイレントの時代に逆戻りしたかのような様相を呈してくる。全編九十分あまりのうち、ほぼ一時間を経過したころである。先述したように、このとき人は激しい怒りや憎しみの感情に襲われるという設定で、ここでも世界各地の暴動や紛争のアーカイヴ映像が使われている（およそ六十秒間）。音が消えた黙示録映画、この発想は最近でも、ジョン・クラシンスキーの『クワイエット・プレイス』（二〇一八年）に登場している。音や声を立てるといずこからともなくたちまち視覚を持たない謎のエイリアンが出現してきて人の命を奪ってしまうという話で、生き残りをかけた家族の格闘が、ほとんどサイレント映画のようなタッチで描かれていくのである（ちなみにここでも最後に家族を守るのは父親ではなくて母親である）。いずれにしても、現代の映画が、その重要な要素のうちのひとつ——声——をあえて拒絶しようとするのだ。

Ⅳ-29　ブリューゲル《盲人の寓話》

Ⅳ-30　『パーフェクト・センス』より

『パーフェクト・センス』に戻るなら、最後に視覚が失われるとき、映画にいったい何が起こるのだろうか。たとえば、盲人が盲人を手引きしているピーテル・ブリューゲルの有名な作品《盲人の寓話》（一五六八年、ナポリ、カポディモンテ美術館）（図Ⅳ—29）を踏まえたようなショットがほんの一瞬だけ挿入される（図Ⅳ—30）。ボッティチェッリの麗しい聖母マリア像を一目拝んで脳裏に焼き付けておこうとする人がいる。視覚を失うとき人は愛と幸福感に包まれるというから、主人公の二人も温かい笑みとともに抱き合おうとした瞬間、スクリーンは突然にも暗転する。数秒すると、真っ暗の画面のなか、スーザンのヴォイスオーヴァーが流れる。触れ合うことで互いを感じている、そうやって人は生きていく、といった内容の。触覚は、周知のように感覚のなかでもいちばん原初的とされるものだが、本作はそこにこそむしろ、ポスト黙示録を生きる人間の救いを見いだそうとする。この闇と声がおよそ一分間つづいた後、エンドロールが流れてくるという結末である。長いこの闇は、ラース・フォン・トリアーの『メランコリア』(二〇一一年)のラストシーンとも通底するところがあるが、これについては後ろの章で触れることにしよう。

よく知られているように、いち早く映画の触覚性について語ったのは、かのヴァルター・ベンヤミンで、アンドレ・バザンもまた鋳型や刻印のような痕跡性のうちに映像の存在論的な意味を見いだしていた。が、それはあくまでも目が見えているという大前提があってのことである。ところが、この映画『パーフェクト・センス』のラストは、まるで視覚芸術としての映画そのものを否定するかのような身振りを見せたうえで、触れ合うことのうちに人類の未来を託そうとする。世界の終わりを象徴するその闇は、この映画の結末を表わしているのだが、同時に、映画そのものの終焉を予告しているようにも思われてくるのだ。

第V章　終末を笑い飛ばせ——風刺とパロディ

一般に、言葉の語源に立ち返ることは物事の神髄をとらえるうえで有効で、この本でわたしたちも何度かそうしてきたが、パロディや風刺を売りにする映画を扱うこの章でも、まずはこれらキータームの由来から確認しておこう。日常的にもよく使う「パロディ」は、もともとギリシア語の「パラ（～のそばに）」と「オイデ（歌）」からなる語で、よく知られた詩の文体や内容をもじったものを意味する。俗にいう「パクリ」がそれに近いかもしれない。一方、「皮肉」つまり「アイロニー」の語源となったのは、ギリシア語の「エイロネイア」で、こちらは「無知をよそおうこと」という意味。それはまたソクラテスの知恵としてわたしたちに伝えられている。これに近いのは「風刺」や「当てこすり」であろう。いずれにしても皮肉や風刺やパロディは、何かをやや遠回しに批判したり笑い飛ばしたりするときに役に立つレトリックで、語源からもわかるように古くからあるものだ。とはいえ、一方的な誹謗中傷とはきっぱり区別されなければならないだろう。批判や笑いの裏に、深い理解や愛情が透かし見えることも少なくないからである。さらに、ナンセンスやギャグといったメタレベルの戦略とも踵を接している。それゆえ、意外に思われるかもしれないが、この種の映画には逸品が隠れている、というのがわたしの正直な印象である。

では、相手が黙示録や終末論だとどうなるか。前の各章でも見てきたように、ある場面やショットが何かしらのパロディや風刺になっているという作品は少なくないが、この章では、意図するとしないを問わず、ほぼ全編がそうした特徴をもつ映画の幾つかを取り上げてみたい。序で触れたキャサン・ケラーの分類では、「カウンター－アポカリプス」がこれに相当するだろう（2005 Keller）。もちろん、その対象も手法もさまざまである。黙示録にまとわりついてきた数々の理念や発想そのものが槍玉にあげられることもあれば、あるいは、映画が製作された時代の文化や社会や政治がまな板の上にのせられることもあるだろう。また、先述のようにもともとパロディが間テクスト的なものだとすると、過去の映画作品がその標的となることもある。さらに、はからずもパロディとなっている作品、つまり製作側にはおそらくそんな意図などなかったにもかかわらず、わたしたちにはそのように見えてしまう、というものもあるにちがいない。時代の変化や受け取り方の問題でもあるのだ。それゆえ、観客が変わればおのずと見方も異なることになる。まずはそんな映画から見てみることにしよう。

「史上最低の映画」――エド・ウッド

その代表ともいえるのが、アメリカで「最低の映画監督」エド・ウッドによる「史上最低の映画」、『プラン9 フロム・アウタースペース』（一九五九年）である。時はまさにSF映画の全盛期、低予算ながらこの監督はそのジャンルの極めつけを世にぶつけようとしたに違いない。ドラキュラやフランケンシュタインを演じて一世を風靡したスター、ベラ・ルゴシを起用していることが何よりその証拠である。にもかかわらず、ハリウッド郊外の墓地に襲来した異星人たち――人間とまったく同じ姿をしている――が死人をゾンビ化して操るという筋書きも出で立ちも、現代のわたしした

V-1 『プラン9 フロム・アウタースペース』より

ちには、SF映画とゾンビ映画のパロディのようにしか見えない（図V―1）。だがもちろん、真剣なエド・ウッドにはそんな下心などなかったと思われる。逆に監督の意図は、フランケンシュタインとゾンビをSFのなかに合体させるという真面目なものだったろう。異星人たちは、「われわれは友好的だ」、「警告にやって来た」と主張し、核爆弾を開発して地球ばかりか宇宙をも破壊しようとしている地球の人間を「愚か者」と吐き捨てる。情報を隠蔽しようとするアメリカ国防省まで登場する。これらはおそらくSF映画の嚆矢、ロバート・ワイズの『地球の静止する日』に範を取ったものだろうが、いかにもチープな演出と映像だから、やはりそのパロディのように見えてしまう。当時の観客にとって単なる失敗作に過ぎないものが、今日の観客には滑稽味のある珍品のように映るというわけである。この愛すべき「最低の映画監督」にオマージュを捧げる伝記映画、『エド・ウッド』（一九九四年）を撮ったのはティム・バートンだが、そこでも主人公（ジョニー・デップ）は本作を「生涯の作品」と自負し、格別の愛着を抱いているのだ。

このように、とりわけ一九五〇年代のSF映画のなかには、半世紀以上を経た今日、はからずもパロディのように見えてしまうものが少なくない。とりわけ、異星人たちの姿にそれは顕著で、キャメロン・メンジーズの『惑星アドベンチャー スペース・モンスター襲来！』（一九五三年）と、W・リー・ワイルダーの『宇宙からの暗殺者』（一九五四年）はその典型である。前者には、「究極の知性（マスター・マインド）」と呼ばれる、火星の偉大な頭脳にして指導者が登場するが、それは、透明な球体のなかに、大きな頭部をした銀粉塗りの男のトルソが入っていて、その両肩からは腕というよりもクラゲの触手のようなものが何本も出ているという代物である（図V―2）。頭でっかちのその「究極の知性」は、無言だが目だけはいつも動いていて、グロテスクだがどこか愛嬌がなくはない。彼はまた、人類の宇宙開発に危機感を抱いている様子だ。ちなみに本作には、火星人の襲来も地球の異変もすべては少年の悪夢のなかの出来事だったのか、それとも、それは現実にこれから起こることを予告する夢だったのかという、暗示的な含みのあるラストが用意されている。黙示録とは本来、幻想と現実との境界にあるものなのだ。

一方、名匠ビリー・ワイルダーの兄にあたるリー・ワイルダーが手掛けた失敗作『宇宙からの暗殺者』には、ピンポン玉のように大きくて飛び出た両目に黒のボディスーツ姿の宇宙からの侵略者たちがお目見えする（図V―3）。地球への移住を企て、核実験による爆発からエネルギーを吸収している彼らは、長らく闇のなかで生きてきたために眼球が異常に進化しているというのだが、その出で立ちは何とも滑稽で思わず笑いを誘わないではいない（おそらく当時の観客にとってもそ

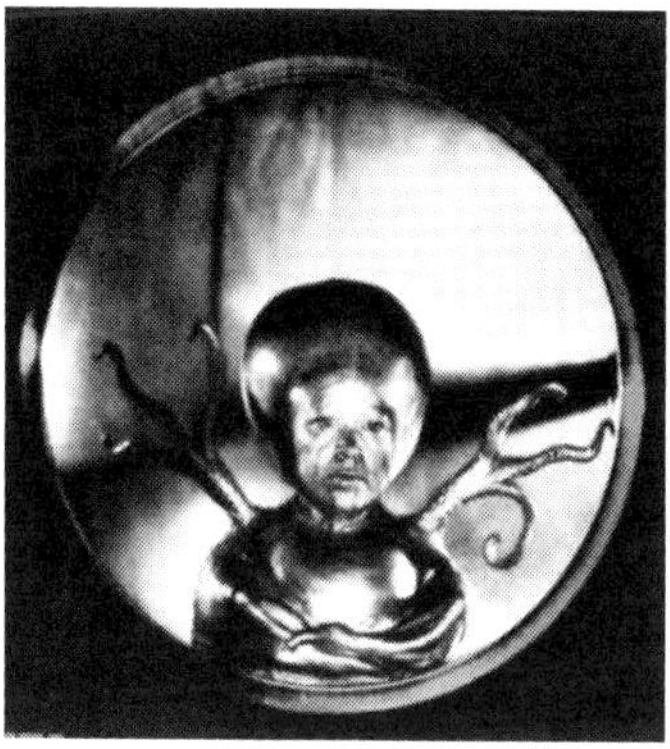

V-2 『惑星アドベンチャー スペース・モンスター襲来！』より

V-3 『宇宙からの暗殺者』より

うだったろう）。本当に人間的であるものを除いておかしさはない、という意味の名言を吐いたのは、名高いフランスの哲学者アンリ・ベルグソン（『笑い』）だが、一九五〇年代の異星人たちの多くには、まさしくそれが当てはまるように思われる。反対に、不気味でおどろおどろしくて生々しい――アブジェクトな――エイリアンたちの登場はもっと後のことである。

さて、こうした一九五〇年代の黙示録的なB級SF映画に深い愛着を込めて第一級のパロディを捧げているのが、先にも名前の出たティム・バートンの『マーズ・アタック!』（一九九六年）である。それは何より、この現代のギャグの達人が過去の映画をそのように見ていることの証拠でもある。「友好のために来た平和の使者」であることを吹聴しながらも、ことごとくそれを裏切って攻撃に打って出る火星人たちは、飛び出たピンポン玉の両目で、脳みそが剝き出しになったような頭部をしている。これはおそらく、『宇宙からの暗殺者』と『宇宙水爆戦』に登場する二種のエイリアンの特徴を合体させたものである。どんな強力な武器をもってしても太刀打ちできなかったにもかかわらず、意外にも彼らにも致命的な弱点があることが終盤にわかって、無事に地球が救われるという筋書きも、『宇宙戦争』や『世界終末の序曲』などを下敷きにしている。その意外な弱点とは一定の周波数をもつ楽曲なのだが、監督ティム・バートンの鋭いアイロニーが冴えるのは、その曲が『インディアン・ラブ・コール』だという点である。このアメリカ先住民族の愛の歌――映画ではスリム・ウィットマンのカントリー風の歌声が使われている――が聞こえてくると、火星人たちは自爆していくのだ。つまり、ここで火星人たちは、インディアンとその土地を侵略してきたアメリカ人に緩やかになぞらえられているのである。

それだけではない。本作はあらゆる意味において、同年に公開されたローランド・エメリッヒの

『インディペンデンス・デイ』の対極にあるといっても誇張ではない。米国大統領（ジャック・ニコルソン）は、風格と親しみ、つまり「リンカーンとビーバーちゃん（アメリカの国民的ホームドラマ）」の両方が必要だといって何度もテレビ演説に臨み、最後には心臓を一突きされて息絶える。軍隊はやはり核ミサイルによる攻撃に固執していて、許可なく強引に発射してしまうが（それを指揮する鬼将軍デッカーは、フランシス・コッポラの『地獄の黙示録』に登場するキルゴア中佐のパロディ）、『宇宙からの暗殺者』がそうだったように、火星人たちはそれを飲み込んでエネルギーに変えてしまう。

V-4 『マーズ・アタック！』より

極めつけは、合衆国を代表するシンボルのひとつ、四人の名高い大統領の巨大な胸像が、宇宙船から発射されるレーザー光線によって一瞬のうちにエイリアンの肖像に彫り直されてしまうという場面である（図V―4）。その胸像が刻まれているラシュモア山は、きわめて硬質の花崗岩でできていて、実際には何千年ものあいだ風化することはないというから、何とも皮肉な話である。しかも、その山はもともとインディアンの聖地だから、彼らにとってはこのモニュメントは白人による侵略の象徴でもある。ここでも映画はさりげなく、しかし機知にあふれる痛快さで、火星人の襲来にアメリカの侵略の歴史を重ねているのである。

イギリス式ブラック・ユーモア

さて、いったんここでアメリカを離れて、ヨーロッパに目を向けてみよう。たとえばモンティ・パイソンに代表されるように、イギリスには独特のパロディ映画の伝統があるが、黙示録をモチーフに撮られているのが、邦題に監督の名前を冠した『リチャード・レスターの不思議な世界』（一九六九年、原題はベッドに腰かけるしかないほど狭い安アパートを意味する「ベッド・シッティング・ルーム」）である。そこに、ボードビルや笑劇風の掛け合いも加わる。誤解から勃発し、わずか三分足らずで終了した核戦争後の荒廃したロンドンが舞台だから、ポスト黙示録のディストピアという今やおなじみの設定である（そこには当時「英国病」と呼ばれた長期の経済停滞が影を落としているかもしれない）。円天井だけを残したセント・ポール大聖堂がいみじくもそれを象徴している（図V―5）。残されたエネルギー源は、ひとりの男がこぎつづけているおんぼろ自転車のみ。そのおかげで、なぜか一本の地下鉄だけは動いていて、家族がそこに住みついている。ロンドン名物の濃い霧に代わるのは、汚染された大気である。

二十人弱の登場人物が繰り広げるこのブラック・コメディのテーマは、月並みなサバイバルゲームというよりも、放射能による突然変異にある。それも犬やオウムや食器棚など、およそありえないものに人間が変わっていくという、まったくナンセンスな筋書きである。何人かがそのオウムを焼いて食べるから、間接的にカニバリズムにも言及される。なかでも、原題の安アパートに変身するのは、かつて豪華な宮殿に住んでいたフォートナム卿（ラルフ・リチャードソン）で、その転倒に強烈な皮肉が込められている。それでも過去のプライドを捨てきれない貴族は、「子供と有色人種はお断り」と虚勢を張る。「貴族（Lord）の名において言う、止めなさい」などと、長年身についた命令口調もなお健在である。この語にはまた「神」の意味もあるから、うっかりそれと誤解する者もいるほど。無神論者を自認しながらも、神にすがろうとするのだ。

王族、貴族、中産階級、労働者、さらに司祭や役人や警察官、そして有色人種（中国の赤軍兵士）

などからなる生存者たちは、まさに社会の縮図であり、世界が滅亡してもまだ誰もが過去の階級に縛られている。ここにも根強いイギリス階級社会への風刺が込められている。何事にも動じないで平静を保とうとする英国人の気質を、やや皮肉（あるいは自嘲）を込めて「スティッフ・アッパー・リップ（固くしまった上唇）」という言い回しがあるが、まさにそれである（Prash 37）。かろうじて外見を保つパトカーのなか、警察官はいつも上空から監視と警告をつづけ（図V—6）、官僚主義に侵された役人は、何食わぬ顔で生きている当人に死亡証明書を届ける。保守党支持者と労働党支持者の対立もなくなってはいない。たとえ歴史が終焉したとしても、古い権力構造と階級意識は生きつづけている、というわけである。最後に人類の救いが予告されるのだが、それというのも、どこかの病院で人の全身移植が成功したからである。ありえないことにかこつけて、ここでは臓器移植が槍玉にあがるのだ。この映画にたいして、放射能汚染という深刻な問題をブラック・ユーモアの種にしていいのかという批判は可能かもしれないが、核の存在そのものがナンセンスにして不条理であることを笑いに包んで訴えようとしているように、わたしには思われる。

V-5 『リチャード・レスターの不思議な世界』より

　イギリスにはまた、もうひとつ見過ごすことのできない名作が生まれている。ジョン・ブアマンの『未来惑星ザルドス』（一九七四年）がそれで、高名な哲学者フレドリック・ジェイムソンが当時ひじょうに高く評価した作品でもある（Jameson）。007シリーズのマッチョなスター、ショーン・コネリーが赤フンドシのような出で立ちで——女装

V-6 『リチャード・レスターの不思議な世界』より

までさせられる——大活躍する、このいささかキッチュでもある本作で風刺の対象となるのは、著しい格差のもたらされた未来社会であり、不老不死の飽くなき欲望である。時は二二九三年、人類は、透明な壁で囲われた不老不死の桃源郷「ボルテックス」に住むグループと、彼らのために奴隷のように働かされている「獣人」と呼ばれるグループに完全に二分している。中盤で明かされるその由来によると、世界が死にかけていたときに、少数の金持ちと権力者と学者たちが、文明を守り未来に遺産を伝えていくために、外界から遮断されたこのユートピアを建設したのだという。「獣人」に属する大胆不敵な主人公ゼッドが、こっそりとボルテックスへ侵入するところから物語は始まり、最終的に彼の手でその世界は破壊されることになる。その意味では、Ⅲ章で取り上げた『2300年未来への旅』（一九七七年）とも重なるところがあるが、何より異なるのは、ブアマン作品のほうがはるかに高度な風刺やギャグに富む点である。「ボルテックス」にはまた過去の絵画の傑作の数々も避難しているのだが、そんなことはお構いなしのゼットは、ゴッホのカンヴァスにそれと知らず穴を開けてしまう。

まず、映画はその未来の桃源郷をきわめて両義的に描きだす。住人たちは誰もが、二十三世紀末にはおよそ似つかわしくない古代ギリシア風の衣装と、エジプト風の被り物を身に着けていて、手工芸や手仕事に余念がない。それはまるで、ウィリアム・モリスが理想と仰ぐ中世的な職人のユートピアを映像化したかのようでもある。想像するに、この同じイギリスの詩人でデザイナーの思想のことがブアマンの念頭にあったのだろう。さらに、平和と安定、そして永遠の命の保証されているその世界の若い住人たちは、もはや子孫を増やす必要もないから、性欲を失った生殖能力のない人間と化していて、無気力の病におちいる者も少なくない。反逆者たちもいるにはいるが、その罰則は加齢である。たしかに、死に向かう存在として人間を再定義したハイデガーを俟つまでもなく、死という結末があるからこそ人間は今という時間を大切に生きていける（それにもかかわらず今日、世界の大富豪たちのなかには不老不死の研究と実現に向けて投資する輩がいるというから、映画の設定がやおら現実味を帯びてきているのも事実である。半世紀近くも前にブアマンは、こうした流れを見越して警鐘を鳴らしていたのだろうか）。

V-7 『未来惑星ザルドス』より

さて、性欲の塊のようなゼッドの姿に、ボルテックスの若い住人たちは次第に永遠の命からの解放を望むようになる。その不老不死を操っているのは、住人すべての遺伝子を記憶している「タバルナクル」——モーセがしつらえた神の「幕屋」が原義——と呼ばれる装置で、ゼッドはそこに侵入して破壊することになる。その装置はまた「クリスタル（結晶）」とも呼ばれていて、全面鏡張りの部屋として映像化されている（図V—7）。その鏡には、現実とも幻想ともつかない住人たちの姿が幾重にも反復して映り込む。そこにはどこかジル・ドゥルーズのいう「結晶イメージ」としての映画を先取りするところがある。この哲学者によれば、「結晶イメージ」において、現在と過去、現実と想像、アクチュアルなものとヴァーチャルなものとが「識別不可能」になる。さらにこのシークエンスが、オーソン・ウェルズの『上海から来た女』（一九四七年）の有名な鏡の部屋のラストを踏まえていることは言うまでもない。そこにおいて砕け散る鏡が犯罪の真相を暴きだしたように、「タバルナクル」の鏡の炸裂は、実存の真理——死に向かう存在——を人間に取り戻させるのだ。

イタリア式コメディ

一方、同じく一九六〇—七〇年代前半にいわゆる「イタリア式コメディ」が隆盛をきわめた国でも黙示録や終末論を踏まえたパロディの秀作が撮られている。例えば、異星人をモチーフにしたウーゴ・グレゴレッティの『オミクロン』（一九六三年）、サバイバルゲームにひねりを加えるエリオ・ペトリの『華麗なる殺人』（一九六五年、原題「十番目のいけにえ」）、そしてポスト黙示録の生き残りカップルのナンセンス劇を描くマルコ・フェレーリの『男の種』（一九六九年）などがそれである。

地球征服をもくろむウルトラ星のエイリアンが人間の体内に侵入するも、その相手がアンジェロ——「天使」の意——という名の貧しい自動車工場の労働者（レナート・サルヴァトーリ）であったために、労使紛争に巻き込まれていくという筋書きの『オミクロン』には、明らかに、一九六〇年代初めの高度経済成長期にあって、イタリア最大の自動車会社フィアットに代表される過酷な労働条件にたいする辛辣な風刺が込められている（Ienna and Lancialonga）。この異星人オミクロンはきわめて高度な知的生命体なのだが、最初は人間の言葉を理解できないから、見たものと同じ動作やセリフを反復するだけ。学習は物まねから、というわけである。ウサギを見たら四足で跳ね（図V—8）、跪いて祈る女を見たらそれに倣う、といった具合に。同時にそれは、搾取される単純作業の疎外された身体を象徴するかのようでもある。映画の身振りはここで、純粋なギャグへと昇華する。

まずは感嘆詞からはじめて言葉を習得するようになると、お色気雑誌からダンテまで、ありとあらゆる書物をたちどころに読破してしまう。意識と知恵に目覚めていく労働者、というわけだ。が、オミクロン自身は、この「愚かな被造物」の地球から一日も早く脱出して故郷のウルトラ惑星に帰還したいと願っている。ところが、自分が入り込んだ肉体を抹殺しないかぎりそこから抜け出せないことが判明すると、複雑な気持ちになる。というのも、一方で美しい人間の女ルチア（ローズマリー・デクスター）に恋をしたからであり、他方で労働者たちのストが組織されているからである。

V-8 『オミクロン』より

日本と同じ、高度経済成長期にある一九六〇年代のイタリアは、いわゆるオペライズモ（労働者主義）の動きが活発化する時期だが（高名な哲学者アントニオ・ネグリの出発点でもある）、なかでもフィアットの労使闘争はその象徴的存在で、映画はこれを反映してもいるのだ。終盤にさしかかるころ、オミクロンが地球の現状を故郷のウルトラ星に報告するシークエンス（約六分半）において、彼のヴォイスオーヴァーのもと、生産と消費、分配と交換の循環過程で一部の支配階級だけが潤っていく経済のメカニズムが、クイックモーションを交えてコミカルに描かれる。

同じく社会派の監督エルオ・ペトリが『華麗なる殺人』で妖艶にしてポップに描くのは、資本主義とテクノロジーが高度に発達したなか、人間の闘争本能を満たすことで戦争を回避するという大義名分のもと、世界各国で「人間狩り」が合法化されているディストピアの近未来社会である。逆説的にも、殺し合いのサバイバルゲームが平和のための安全弁になる、というわけである。生き残りを賭けた殺人ゲームが、ジュネーヴにある巨大コンピュータによって任意に選びだされた「狩人」と「標的」のあいだで繰り広げられ、世界中にテレビ中継されてスペクタクルとして楽しまれている。一見すると突飛な話のように聞こえるかもしれないが、二十一世紀になると実際にいわゆる「サバイバル」をかけたリアリティ番組がテレビの画面をにぎわすことになるから、この映画はそれをはるかに先んじている。ニューヨークでそのゲームに勝利したグラマー美人のキャロリン（ウルスラ・アンドレス）が、今度は「狩人」としてローマに降り立ち、離婚問題を抱えた「標的」の中年男マルチェロ（マルチェロ・マストロヤンニ）と一戦を交えるというのが、話の筋書きである（ヒロインを演じた女優は、007シリーズの初代のボンドガールとして知られるから、本作は英国のヒット作のパロディとして見ることもできる）。「人工授精センター」で生まれたために両親のいないキャロリンと、金儲けのためにいかがわしい自己啓発の新興宗教「日没教」の教祖もしているマルチェロという設定も、一九六〇年代のカウンター・カルチャーの潮流にいち早く反応している。

主人公の二人のあいだの駆け引きと、テレビ中継のスタッフやスポンサーの策略を絡めながら話は進んでいくのだが、それよりもむしろ本作最大の魅力となっているのは、古代とバロックの町ローマを舞台に、モダンな未来主義とミニマリズムのセットや衣装（図V—9）が軽やかに交錯しあう視覚的な効果であろう（美術監督にクレジットされているのは、アントニオーニと数々の作品を手掛けたピエロ・ポレット）。そしてラスト、彼女の色仕掛けに乗せられてしまったマルチェロは、危うく殺されそうになるが、実はそれは、彼を愛するようになっていた彼女が、グローバル企業のスポンサーの目を欺くために仕組んだ大芝居で、めでたくハッピーエンドで幕を引く。このやや強引なラストに、マスメディアとコマーシャリズムにたいする皮肉を読み取ることは容易だろう。

とはいえ、この映画自体が文化産業の商品として観客（消費者）に提供されているという逆説を免れているわけではない（Minuz 101）。監督のエリオ・ペトリもその点については自覚していたようで、かつて次のように語ったことがある。自分もギー・ドゥボールのスペクタクル社会批判のことを知ってはいるが、その主張を徹底させると自分たちの周りのすべてを破壊しなければならなくなるだろう、と（Minuz 116）。芸術性と商業主義のあいだで、本作にどこか煮え切らなさが残るとすれば、それは、監督自身がそうした板挟みの状況を実感していたからかもしれない（ちなみにプロデューサーは、当時数多くのヒット作や名作を手掛けた大物カルロ・ポンティであり、彼との確執や妥協も伝えられている）。

V-9 『華麗なる殺人』より

一方、日本でも公開当時に話題を呼んだ『最後の晩餐』（一九七三年）にも見られるように、破滅へと向かう人間の寓意をアイロニックに描かせたら右に出る者がいないマルコ・フェレーリは、『男の種』（残念ながらこちらは本邦未公開）において、ポスト黙示録のアダムとイヴの不条理な顚末をシュールな映像によって表現する。原因不明のカタストロフが勃発して、若い男女のカップル、ドーラ（アンヌ・ヴィアゼムスキー）とチーノ（マルツィオ・マルジネ）が海辺にぽつんと建つ廃屋に逃げ込む。テレビのニュースからは、もろくも崩れ落ちるサン・ピエトロ大聖堂の大円蓋と、無惨にも聖母マリアの首の欠けたミケランジェロの《ピエタ像》の映像が

V-10 『男の種』より

V-11 『男の種』より

V-12 『男の種』より

流れてくる（図V—10）。ヴァチカンの廃墟のなかから教皇の遺体らしきものも運ばれている。

さて、二人のたどり着いた海岸には巨大なクジラの遺体が打ち上げられ、鳥たちにたかられながらゆっくりと腐敗していき、ついに白骨だけとなる（図V—11）。デペイズマンを喚起しないではいないこのクジラの美しくもシュールなショットは、ピーテル・ブリューゲルの版画を想起させるところもあるが、タル・ベーラの『ヴェルクマイスター・ハーモニー』（二〇〇〇年）やアンドレイ・ズギャビンツェフの『裁かれるは善人のみ』（二〇一四年、原題「リヴァイアサン」）における同様のショットを先取りしているように、わたしには思われる。

見知らぬ中年女（アニー・ジラルド）に命を狙われたドーラは、逆にこの女を殺め、その肉を焼いてそっとチーノに食べさせる。彼の方はというと、廃屋をミュージアムに見立てて、文明の形見——食品や日用品、電化製品の数々や名画の複製など——を壁に小ぎれいに並べてフェティッシュな趣味に興じている。そのチーノは、「子供が欲しい」といってドーラに迫るのだが拒絶されるため、浜辺にこしらえた砂のダッチ人形で欲望を紛らわしたりしているが（図V—12）、ついに彼女を睡眠薬で眠らせてレイプしてしまう。女は意に反して妊娠するが、男は「おれは種を植えた」と叫びながら裸で小躍りしていると、突然、どこからともなく爆弾が轟音とともに海岸に落ちてきて、二人の姿が画面から消えて幕となる。究極のシチュエーションのなかで焼尽していく不条理の世界は、この監督お得意のテーマで、終末的な死（の欲動）と隣り合わせにあるのは、『最後の審判』ではグルマンとセックスだが、『男の種』ではカトリシズム、カニバリズム、フェティシズム、そしてセックスである。

フランス的エスプリ

エスプリの国フランスにもまた黙示録パロディの珍品がそろっている。ここでは、ロジェ・ヴァディムの『バーバレラ』（一九六八年）、リュック・ベッソンの処女作『最後の戦い』（一九八三年）、そしてジャン＝ピエール・ジュネとマルク・キャロの合作『デリカテッセン』（一九九一年）に登場願おう。イタリアの三作がいずれも政治的で社会的な性格が濃かったのにたいして、これらフランスの三作は、どちらかというと軽妙洒脱でスタイリッシュな味わいがある。

ヴァディムの作品は、若いパートナーのジェーン・フォンダを起用して、宇宙戦争の危機を食い止めようとする女宇宙飛行士バーバレラの奮闘をキッチュでキャンプに描くもので、何よりそのソフトコア風のエロティシズムに特徴がある。悪の兵器を開発して行方をくらましたデュラン・デュラン博士（有名なイギリスのロックバンドの名前はここに由来する）を追跡して、その陰謀を阻止するという使命を帯びた彼女は、数々の困難に遭遇するも、幸運にもそのたびに窮地を救ってくれる頼もしい白馬の騎士たちが現われる。すると彼女はセックスで彼らにお返しをするのだが、なかでも見せ場は、特殊なピルを飲んで相手と片手を合わせるだけで次第にオーガズムに達するという未来のセックスで、それはどこか現代のサイバーセックスを先駆けるところがある。性的快楽が絶頂に達したところで往生するという拷問マシーンにかけられても、彼女は息絶えるどころか、その機械の方がエンストを起こして炎を噴き上げてしまう。それほどに彼女は精力絶倫というわけだ。終末とお色気という意外な取り合わせこそ本作の妙である。一九七〇年代には反戦運動で知られことになる女優ジェーン・フォンダの出発点がここにあるのだが、後に当時を回想して彼女は（『わが半生』）、セックスシンボル的な女優につくりあげられていくことへの戸惑いを語っている。

本作のもうひとつの見どころは、ピエール・カルダンやアンドレ・クレージュらとともに一九六〇年代のファッション界をその未来派的なデザイン――「宇宙服」を意味するいわゆる「コスモコール・ルック」――で牽引したひとり、パコ・ラバンヌが衣装を担当していることである。無重力のなかで宙を舞いながらジェーン・フォンダが宇宙服をひとつひとつ脱ぎ捨てていく最初のクレジットタイトルの場面は（図V―13）、フェミニズムからの批判も含めて、余りにも有名である。また、一見したところ愛らしいが鋭い牙をもつ無数の吸血人形や、外見だけはかわいい色とりどりの小鳥の大群に襲われる場面にも、（ゾンビ映画やヒッチコックの『鳥』への）パロディ精神が活きている。そしてラスト、狂気の科学者がついに暴走しはじめて宇宙を破滅に導こうとするまさにそのとき、バーバレラに救いの手を差し伸べるのは、たくましい天使のパイガー（ジョン・フィリップ・ロー）で、彼は『黙示録』の大天使ミカエルの化身でもある（図V―14）。たとえパロディであるとしても、黙示録に天使は不可欠なのだ。

一方、監督リュック・ベッソンにとっても、また「乱暴な男」を演じたジャン・レノにとっても出世作となった『最後の戦い』は、ディストピアの生き残りゲームというお決まりの筋書きを低予算で撮った作品で、数人の登場人物の誰もなぜか口を利くことができないという設定のうえに、全編が白黒だから、まるでサイレント映画を見ているかのような不思議な味わいがある。なぜしゃべることができないのか、その理由は本編で明かされることはないが、主人公の名無しの男（ピエール・ジョリベ）が本を朗読しようとして口ごもっているところを見ると、世界を荒廃へと導いた何らかの原因が災いして、生存者たちも声帯を痛めてしまったのだろう。

ハイライトはこの男と凶暴な男との対決にあるが、それよりもずっと面白いのは、突然に大量の魚の雨が空から降り注いだり（図V―15）、主人公がブリューゲルの農民の絵の複製に見とれたり、ポスト黙示録のなか人は太古に返るといわんばかりに、別の生存者の医者（ジャン・ブイーズ）がラスコー洞窟さながらの動物絵を病院の壁に描いていたりと（図V―16）、根拠も脈絡もほとんどないナンセンスな場面（ギャグ）がふんだんに盛り込まれていることである。「乱暴な男」に傷を負わされた主人公が医者のもとを訪ねると、彼は無言で手当てを施してくれて、天から降ってきた例の魚を調理して主人公に振舞ってくれる。酸素ボン

V-13 『バーバレラ』より

V-14 『バーバレラ』より

V-15 『最後の戦い』より

V-16 『最後の戦い』より

べのようなものを吸い込んだ医者が、息を吐きだす勢いでかろうじて「ボンジュール」と聞き取れる声を発すると、今度は相手の主人公にも同じボンベを吸わせる。すると、彼もまた「ボンジュール」と言おうとする。これは本作でただ一度、セリフともつかないセリフが聞こえてくる忘れられない場面である。危機的な状況にあって、人と人の絆となるのは、実のところほんの些細な言葉のやりとりなのだ。登場人物の誰もが固有名をもたないことで、本作はむしろ、寓意的な普遍性を獲得してもいる。守護天使の墜落をユーモアとペーソスを込めて描いた同じ監督の白黒の秀作『アンジェラ』（二〇〇五年）には及ばないかもしれないが、神話と現実とをアイロニカルに交差させる点で、両作には共通するところがある。

一方、『アメリ』（二〇〇一年）で一躍有名になったジャン＝ピエール・ジュネが、漫画家でもあるマルク・キャロと組んだ長編第一作目の『デリカテッセン』は、荒廃した近未来のパリが舞台で、食料が窮乏を極めるなか精肉店を営むアパートに雑役係として住み込むことになった元サーカスのピエロ、ルイゾン（ドミニク・ピノン）を中心に話が展開する。この精肉店の亭主というのが曲者で、配給の肉が底をつくと、アパートの新参者を密かに殺めて商品にしているという不届きな輩だから、お人好しのルイゾンもまた恰好のカモになっている。ところが、そんなこととはつゆ知らない彼は、持ち前の曲芸やギャグで辛くも危険をかわすばかりか、周囲を和ませ、亭主の娘ジュリ

（マリー＝ロール・ドゥーニャ）の恋心をもつかんでしまうのである。もしも、ポスト黙示録の殺伐としたディストピアの世界に道化師がひとりいたとしたら、人は救われるかもしれない、映画はそんな奇想天外だがありえなくはない物語を、セピア色の色調のなか諧謔と郷愁を込めて描きだす。これに見事に応えているのが、ジュネ作品の常連でもある名優ドミニク・ピノンの熟練の演技である。自分（たち）だけが生き残るという発想を、骨肉相食むカニバリズムもろとも、ブラックでシュールなユーモアで笑い飛ばしてみせるのだ。

なかでも卓抜なのは、序盤に置かれた二分間の巧みなモンタージュ、つまり、アパートの各階の住人たちの単純な作業や動作のリズムが見事に共振して響き合う場面で、ルイゾンが天井のペンキを塗り直していると、ベッドのきしみ、チェロの練習、絨毯の埃たたき、自転車の空気入れ、メトロノーム、老婆の編み物、ミシン掛けなどの動きや音が次々と重なってきて同期し加速していく。このシークエンスは、赤の他人同士でもひとつにつながりうることのメタファーとして読むこともできるだろうが、それ以上に重要なのは、これが映像（視覚）と音（聴覚）による正真正銘のギャグに他ならないということである。

アルフレッド・ジャリの戯曲『ユビュ王』的な不条理にも通じる本作にはまた、ジャック・タチの軽妙洒脱さ、ルネ・クレールの滑稽さやマルセル・カルネの詩情といった、フランス映画の良き伝統への参照にも事欠かない。そのあたりもまた、この作品が本国で人気を集めた大きな理由であろう。ディストピアのパリの街、そしてとりわけ何度も登場するアパートの屋上は、近未来というよりも、むしろ二十世紀前半の映画に登場していたものを偲ばせるし（図V―17）、こだわりぬかれた家具や電気製品、小道具類もまるで一九五〇年代にとんぼ返りしたかのようだ（プロダクション・

デザインには『アメリ』と同じアリーヌ・ボネットがクレジットされている）。本作の製作と同じころ、ポストモダンの風潮のなかで日本でもレトロブームが起こったことは、まだわたしたちの記憶に新しい。

V-17 『デリカテッセン』より

ニュージーランドの「地球最後の男」

ここでヨーロッパを離れると、ニュージーランドでもまた見逃せない逸品が生まれている。ジェフ・マーフィーの『クワイエット・アース』（一九八五年）がそれで、一九五〇年代からハリウッドで繰り返し製作されてきた「地球最後の男」の第一級のパロディである。国際共同による新しいエネルギー開発の事故で、そのメンバーの一員だった男ザク（ブルーノ・ローレンス）がある朝目覚めてみると、自分ひとりになっていたという悲喜劇である。何よりこれが類作と異なるのは、極限状態にあって主人公が無意味で滑稽な行動に走ることである。無人のなか、大豪邸を選んで朝からシャンペンをあおり、鏡の前で女の下着を試着してみたり、マネキン人形と戯れたり、ビリヤードで一人二役を演じたり、まるで子供のようにパトカーや路面電車の運転に興じたり、などと。生き残りのために戦うのではなく、孤独を紛らわすためにこれでもかとばかりに羽目を外しているのだ。この演出は明らかに、ハリウッド映画のなかの不撓不屈の主人公たちを意識したものである。

なかでも特筆すべきは、大豪邸のバルコニーから女性下着のままで主人公が打つ大演説の場面（三分弱）である。もちろん聴衆などいようはずもないから、ザクは、世界的有名人たちの等身大の紙人形を何体も集めてきて庭に並べる。そのなかには、ナポレオン、ヒトラー、エリザベス女王、ニクソン大統領、ムッソリーニ、教皇ヨハネ・パウロ二世、ヒッチコック、チャップリンらの姿も見える（図V―18）。また用意周到にも、聴衆たちの歓声の効果音を大音量のテープレコーダーで流している。とはいえ、演説の内容はきわめて深刻なものなので、ナンセンスな設定や衣装とのギャップがいっそう際立つ。すなわち、自分は自分の持っている科学技術の知識を、何年ものあいだ共通の利益という名目のもとで、悪の目的のために捧げてきたのだ、と。身分や富や権力によって償われるとすれば、共通の利益を奉じることはたやすい、と。ザクがいったいどんなエネルギー開発に携わっていたのか、核がかかわっているのか、映画では明言されないのだが、そのことで観客の想像力はいっそう刺激される。

V-18 『クワイエット・アース』より

V-19 『クワイエット・アース』より

この場面にすぐにつづいて、大きな教会堂に足を踏み入れた主人公は、「彼はどこだ」、「お前が出てこなければ、俺が撃ち殺すぞ」と息巻いて、目の前に木彫のキリスト十字架像を見つけるや（図V―19、真上からのショット）、いきなりライフル銃を発射する。「彼」とはキリスト、「お前」とは神のことである。だが、「今や俺が神だ」と居直るところにもまた強烈なアイロニーが利いている。

映画が中盤にさしかかるころ、どこからともなく若い女ジョアンヌ（アリソン・ルートレッジ）が姿を現わしてきて、二人の仲がうまくいきかけたと思ったのもつかのま、そのあいだに割り込むようにして、もうひとりの生存者、先住民マオリの血を引く青年アビ（ピート・スミス）が登場してくる。実は三人とも、件の大事故の直前に死にかけていたのが幸い――あるいは災い――して、逆に命拾いしたのだ。これもまた運命の皮肉である。生き残ったのが女一人に男二人、しかも男の一人が有色人種という設定は、前の章で触れた一九五九年のハリウッド映画『地球全滅』から想を得たものだろうが、メロドラマ的な前作からは明確に距離をとっている。若くてたくましいマオリの男にザクは何事につけても及ばないから、元の研究所に行ってもういちど故意に爆発を起こす。すると、画面は一面真っ赤に染まったかと思うと、はるか水平線を見渡す海辺のようなところに主人公は飛んでいて、大きな輪に囲まれた土星らしき惑星が上ってくるのが見える（図V―20）。彼はいったいどこに来てしまったのか、未知の惑星かそれとも天国か、他の二人はどうなってしまったのか、何も説明されないこのラストは、三人が仲良く手を取り合って無人のマンハッタンを歩く『地球全滅』のラストとは、きわめて対照的である。

V-20 『クワイエット・アース』より

一九八〇年代の政治的風刺――『ゼイリブ』

もちろん、ティム・バートンがそうであるように、アメリカもパロディ作品に欠くわけではない。

たとえば、一部でカルト的な人気を得ているジョン・カーペンターの『ゼイリブ』（一九八八年）は、なかでも出色の出来であろう。そもそもこの監督の作品には、前の幾つかの章でも見てきたように、どこかに時代や社会にたいする反骨の風刺が込められるものが少なくないが、『ゼイリブ』はまさしく全編が、規制緩和によって弱肉強食の自由競争をあおるロナルド・レーガンの経済政策――レーガノミクスという社会ダーウィン主義――にたいする痛烈な批判に貫かれているといっても過言ではない（Meehan 185）。

日本でも話題のバンクシーに象徴されるような壁一面のストリートアートで幕を開けてカメラがゆっくりパンすると、通り過ぎる貨物列車の向こうに、寝袋とリュックを担いだバックパッカー然とした出で立ちの主人公ナダ（ロディ・パイパー）が、線路を横切ってこちらに向かって歩いてくる（ちなみに「ナダ」はスペイン語で「無」を意味するのだが、これは偶然なのだろうか）。バックに流れている気だるいテーマ音楽とともに、忘れがたい出だしのショットである（音楽もカーペンターが担当している。脚本にクレジットされているフランク・アーミテイジも彼のペンネームに他ならない）。

失業者のナダが、日雇い労働者たちの住む場末の共同キャンプで、偶然にも謎のサングラスを手に入れたことから物語は急展開する。何気なくそれをかけてみると、唐突にも周りの世界は一面のモノクロームへと転換し、街ゆく人々の多くの顔が、皮膚を剝がれて眼球の飛び出たおぞましくも不気味な様相に見えてくる。しかも、ダウンタウンにあふれる広告や看板の文字の数々も、一転して、「服従せよ」、「考えるな」、「消費せよ」、「眠っていろ」、「お上に逆らうな」など、単純な命令のメッセージに読める（図V―21）。最初は目を疑ったナダだが、徐々にそのからくりが解けてくる。わたしたちの周りはすでに宇宙人に侵略されていて（テレビ界や警察すら巻き込んでいる）、それに気づかないまま、サブリミナルにも似た効果によって洗脳され飼いならされている、というわけである。彼らは、あからさまに暴力に訴えるというより、社会に内在する問題を秘かに加速させることで、人類の破滅をもくろんでいる。タイトルにあるとおり「彼らは生きている」、一見わたしたちと同じような姿をして、だからその本性がなかなか見抜けないのである。

人口に膾炙した言い方では、わたしたちは、（イデオロギーの）色眼鏡によって真実を見誤ってしまうのだが、本作では、色眼鏡こそがイデオロギーのヴェールをはぎとり、真実を垣間見させてくれる。この皮肉な逆説も機知に富んでいる。しかもその隠れた真実は、白黒の映像として暴かれるから、普通にカラーで見えているものは逆にヴァーチャルな世界でしかないことになる。カラーの虚構世界と白黒の現実という演出は、カーペンター自身が語るところによると、ヴィクター・フレミングの古典的ミュージカル『オズの魔法使い』（一九三九年）からヒントを得ているという（Neyrat 12）。

V-21 『ゼイリブ』より

かくして、ナダとその仲間たちの決死の戦いがはじまることになり、まずは黒人の友人フランク（キース・デヴィッド）を味方につけようとする。ところが、ナダがいくら勧めても、フランクはそのサングラスを試そうとしない。それというのも、すでに身をもって社会の不正を体験している彼は、真実を見てきたからである。無理やりサングラスをかけさせようとするナダと、あくまでもそれを拒もうとするフランクとの格闘の場面が、延々と六分間余りもつづき、軍配はナダに上がるが、それは、プロレス出身のマッチョな俳優パイパーの腕の見せ所であると同時に、一九五〇年代の西部劇のなかの名格闘シーン——たとえばジョン・フォードの『静かなる男』（一九五二年）など——へのオマージュでもある（そもそも本作自体、流れ者が悪事を暴くという典型的なウェスタンの筋書きに沿っている）。

もちろん、全編に通底するマッチョイズム、B級映画的なチープさ、テーマのわかりやすさなどは、おそらく容易に批判の対象になりうるものだろうが、実のところそれこそが、この映画の魅力と表裏一体のものでもある。カーペンターも承知のうえでその両義性に戯れているのかもしれない。おぞましい本性を隠したエイリアンたちには、当時「ヤッピー」と呼ばれてもてはやされたエリートたちのイメージが投影されていると思われるが、あろうことか近年のネオナチは、侵略者をユダヤ人として曲解しているようだ（Patterson）。こうした身勝手な読みを誘発してしまうのも、本作のもつある種のあいまいさのゆえであろうか。

V-22 『ゼイリブ』より

二〇二五年までに支配の貫徹を目指すという彼らの地下アジトを突き止めたナダは、フランクとともにそこに潜入して破壊しようとするが、惜しくも敵の銃弾の犠牲になってしまう。倒れた彼がクローズアップでカメラを見つめ、「ファック・ユー（くたばれ）」とつぶやいて右手の中指だけを立てる卑猥な仕草をして息絶える（図V—22）。それは、物語内的にはナダからエイリアンに向けられたものに違いないが、彼の視線が第四の壁を突き破ってくるため、ナダ＝パイパーからヤッピーたちに、さらにはカーペンターから観客に向けられていると見ることもできる。かくして、エイリアンたちは地上にはびこったままである。

同じくレーガノミクスにたいする強烈な政治的風刺が効いていると思われるのは、ジャック・ショルダーの『ヒドゥン』（一九八七年）である。金でも女でも車でも、ほしいものなら何でも手段を択ばず手に入れようとする所有欲と支配欲のひときわ強いエイリアンが、次々と別の人間や動物に寄生して地球を大混乱に陥れるという話。これを食い止めようと、同じ星から派遣された主人公ロイド（カイル・マクラクラン）が奮闘する。悪魔の異星人は、まずストリッパーや犬に、つづいてFBI捜査官やロス警察に、最後には大統領候補にまで乗り移って、利己的で暴力的な行動の限りをつくす。極めつけは、大統領への意欲満々の候補の黒焦げの身体からエイリアンが抜け出るラスト（図V―23）。ロイド役の俳優は、この種の映画に定番の筋骨隆々の肉体派というわけではなくて、むしろ華奢で繊細な雰囲気だから、その点でも類作のパロディとみなすことができるだろう。動物が鏡像を自分だと意識することは――学習したチンパンジーを除いて――ありえないにもかかわらず、飼い犬に乗り移ったエイリアンが鏡の前で自分を確認しているショットにも機転が利いている。

V-23 『ヒドゥン』より

ギャグとしての黙示録

ギャグ満載の黙示録パロディとしてもうひとつ忘れられないB級インディペンデント作品は、これが長編劇映画デビューとなったランス・マンギアの『シックス・ストリング・サムライ』（一九九八年）である。冷戦時代に勃発した核戦争の四十年後という設定で、ポスト黙示録のディストピアのなか、自由の最後の砦であるロックの楽園「ロスト・ベガス」のキング、エルヴィスが亡くなったために、新しいキング候補に名乗りを上げるべく、ミュージシャンたちが競ってその地を目指すという、なさそうでありそうなロードムービーである。主人公のバディ（ジェフリー・ファルコン）もそのひとりで、途中で孤児の少年キッドに付きまとわれていささか疎ましく感じながらも、行く手を阻む敵を次々と振り切りつつ、殺伐とした荒野を横切って「ロスト・ベガス」に向かっている。途中、「エリア51」の標識が一瞬だけ映しだされるから、そこが秘密のアメリカ空軍基地に近い一帯であることがわかるという仕掛け。が、もはや基地が機能しているようには見えない。

バディはカンフーの達人で、肌身離さず持ち歩いているギターの柄には鋭利な日本刀を隠し、「ガキは嫌いだ」、「家に帰れ」と突き放しつつも――『子連れ狼』よろしく――キッドを気遣っていつも助けに走る。生き残りをかけたバディの武器は、もちろんギターなのだが、それは同時に――『座頭市』の杖よろしく――刀でもある。セリフはほとんどなく、血みどろさもあえて避けられているから、見物は何といっても主人公の軽やかなアクションそれ自体――純粋な身振りとしてのギャグ――である（図V―24）。

かくのごとく本作は、地理的には西部劇風の舞台とはいえ、カンフーとチャンバラ、マカロニ・ウェスタンやロードムービーなど多様なジャンルが重なり合って、ポストモダンのハイブリッドな雰囲気で観客を楽しませてくれる。しかも、核戦争後もなぜかロック・ミュージシャンたちはめでたく生き残っていて、それぞれが自己の存在をアピールしている。最大の敵であるロシアのミュージシャンたちはヘビーメタルを得意としているが（実際にもロシアのバンドでアメリカでも活躍したレッド・エルヴィシーズが作中に登場して演奏している）、主人公バディの売りはロックンロールである。が、

V-24 『シックス・ストリング・サムライ』より

V-25 『シックス・ストリング・サムライ』より

不運にも目的地を目前にして敗れたバディの遺志を継いで、その大きな衣装とギターを身にまとった小さなキッドが、城壁に囲まれて黄金に輝く未来都市「ロスト・ベガス」――「新しいエルサレム」――を目の当たりにするところで、映画は幕となる（図V―25）。ディストピアのサバイバルゲームをロックとサムライでもじりつつ、勧善懲悪やユートピアへの郷愁といった黙示録のクリシェを、アクションとギャグによってパロディに変えた異色作である。

もうひとつ、黙示録の発想そのものをユーモラスに風刺していると思われる独立映画の佳作は、スティーヴ・デ・ジャーナットの『ミラクル・マイル』（一九八八年）である。偶然にも間違い電話でおよそ一時間後に核戦争が勃発することを知ってしまった主人公ハリー（アンソニー・エドワーズ）が、生まれてから三十年間探しつづけてやっと出合ったという運命の女性ジュリー（メア・ウィニンガム）を守り抜こうと孤軍奮闘する話である。ハリーは不確かな情報を真に受けてしまったが、そして町の一部でもパニックが始まっている様子だが、そんなことはまったくお構いなしにスポーツジムで汗を流したり、喧騒をよそにジョギングしたりする人たちもいる。すべては、あわてふためいて右往左往するハリーの視点から捉えられていて（図V―26）、ジュリーも思わず彼に「誰が言ったの」と尋ねたりする。観客はどちらかというとジュリーに自己同一化して話を追っている。『黙示録』がヨハネの見た幻視だったように、そしてこれまでの黙示録的な映画がしばしば現実と妄想のあいだを往復していたように、本作では、あえて観客に「本当なのか」という疑問を抱かせたままストーリーが進行していくのである。その意味では、ひとつの流言飛語によっていかに社会が混乱するか、人々がパニックに走るかを想像的に描いた作品であるということもできる。ここでは、軍も政府も警察も何ら活躍の場がない。それどころか、ロス市警の警官は自分たちの不注意でガソリンにまみれて焼死してしまい、ハリーはそのパトカーを使って一時はぐれたジュリーを捜しだすほど。

V-26 『ミラクル・マイル』より

そしてラスト、無事ヘリコプターで脱出に成功したかに見えた二人だが、その瞬間に突然、スクリーン一面に閃光が走り轟音が響いて、ヘリコプターは、二人がつい数時間前にはじめて出合ったロサンゼルスのラ・ブレア・タールピッツ&ペイジ博物館にあるタールの湧く池に墜落してしまう。ヘリもろとも水没しながら二人は、いずれ自分たちはダイヤモンドになってこの博物館に展示されることになるだろうと、すすり泣くような最期の冗談を交わし合う。するとここでもういちど爆音が響いて、タールの池の黒い画面が真っ白い閃光に一転して幕となる。かくして世界は、T・S・エリオットが「うつろな人間」（一九二五年）に歌うような「ズドンではなくて、すすり泣きで」終わるのではなくて、「ズドンとすすり泣き」の両方で終わりを迎えるのである。このどんでん返しにもまた機転が利いている。

一方、ハル・ハートリーの『ブック・オブ・ライフ』（一九九八年）は、世紀の転換を目前にしてフランスのテレビ局が十人の独立系の監督に依頼した作品（六十三分）のひとつで、ここでも黙示録そのものの発想がパロディの対象になっている。新たなミレニアムを迎えようとしている一九九九年の大みそか、グレーのスーツに身を固めたイエス（マーティン・ドノヴァン）が、黙示録の預言「最後の審き」を実行するべく、全身黒づくめのマグダラのマリア（P・J・ハーヴェイ）とともにニューヨークの空港に降り立ち（つまりは再臨して）、マンハッタンのホテルにD・H・グリフィスの名前でチェックインするところから話が始まる。タイトルの「ブック・オブ・ライフ」とは、最後の審判のときに救済されるべき人々の名前が刻まれている書物のことである。映画では、預言の情報——『黙示録』の七つの封印——は今やノートパソコンに収められていて、最初の四つの封印はすでに解かれている。つまり、戦争と飢饉と疫病と死はすでに人類の歴史に組み込まれている。イエスは、デスクトップを開いて、第五の封印を開くべきかどうかやや躊躇している。思い切ってOKをクリックすると（図V—27）、預言のとおり、復活を待ち望んでいた殉教者たちの魂が現われる。これに喜ぶどころか、反対に恐れているように見えるイエスは、思わずパソコンをゴミ箱に捨てるが、マグダラのマリアがそっとそれを拾う。

そもそも彼は、最初から父つまり神から与えられた使命に重荷を感じている。やはり黒いスーツ

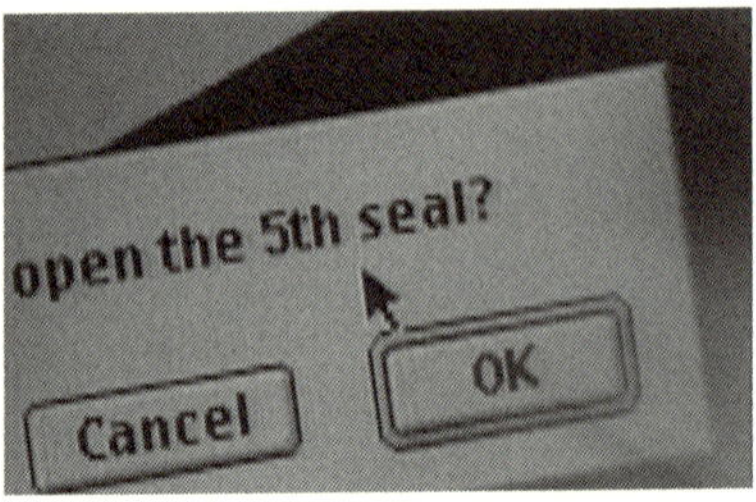

V–27 『ブック・オブ・ライフ』より

を着たサタン（トーマス・ジェイ・ライアン）との口論で、イエスが、最後の審判の暴力性やキリスト教の排他性のことを批判すると、相手から「あんたの考えは異端どころか反逆的だ」と逆に叱責されたりする。つまるところこのメシアは懐疑主義者にして背信者なのだ。サタンの方があの手この手で、残された二つの封印を開けて預言を全うさせようとするが、パソコンには鍵がかかっていて開けることができない。全編ソフトフォーカスの不安定な映像で展開するこの作品の最後にイエスが発するセリフ、「許しを受けるに値しない者はひとりもいない」が、すべてを言い表わしている。一夜明けて晴れて二〇〇〇年を迎えた朝、「命の書」がデータ化されたパソコンをハドソン川に投げ捨てたイエス、そしてマグダラのマリアやサタンたちがその後どうなったかは、観客の想像に任されている。

デジタルカメラのなかの黙示録——『クローバーフィールド』

これらはいずれも9・11以前の作品だが、もちろんそれ以後も黙示録のパロディがアメリカから消滅したわけではない。そのなかからここでは、時間は前後するが、マット・リーヴスの『クローバーフィールド』（二〇〇八年）とリチャード・ケリーの『サウスランド・テイルズ』（二〇〇六年）に登場願って本章を閉じることにしたい。

まず『クローバーフィールド』は、突然ある夜マンハッタンの街に出没した得体のしれない巨大な怪物のパニックを、素人がリアルタイムでビデオに撮影したという設定の作品で、これを一種のパロディとみなすことには反論もあるかもしれないが、そもそもこの映画の主眼は、パニック云々——よしそこに同時多発テロがなにがしかの影を落としているとしても——よりも、手持ちカメラによる撮影行為それ自体にある。その意味で、「トラウマの観念そのものをゲームとして表現している」(Frost 29) という言い方も可能である。同様の「ゲーム」は、すでに一九九九年に『ブレア・ウィッチ・プロジェクト』(監督はダニエル・マイリックとエドゥアルド・サンチェス) によって試みられていた。映画ファンにはおなじみのように、この作品はビデオカメラを携えた映画学校の学生三人が、魔女の跳梁するという森に分け入り、フィルムに記録していくところを捉えた擬似ドキュメンタリーで、三人ともそのまま消息を絶ち、一年後にフィルムだけが見つかるという落ちがついている。

『クローバーフィールド』もまた、「かつてセントラルパークと呼ばれた地区」で国防総省によって回収されたデジタル映像のフッテージという触れ込みで始まる。予想外の大惨事が突発するのは、栄転で日本に発つロブを友人たちが祝うパーティのさなかのこと。録画役を無理やり押しつけられた友人ハッドの回すハンディカムのカメラは、激しくぶれたりピントを外したり対象を逃したりして素人臭さが満載だが、若者たちのにぎやかな宴席から一変、パニックに包まれる閉所恐怖症的なマンハッタンへと差し向けられることになる。

だが、怪物の正体や原因について知る者は誰もいない。「またテロ攻撃かしら」、「巨人みたい」、「人間を食べていた」、「海底から突然に姿を現わした」、「地球外生物かも」、など憶測が憶測を呼ぶセリフが飛び交うものの、最後まで真相が明かされることはない。破壊されるマンハッタンの摩天楼群、崩落するブルックリン橋、首の転がる《自由の女神像》、愛する人を探しだして助けようとする主人公、暴徒化して略奪に走る市民たち、ほとんど功を奏さない軍の対応、マンハッタン島もろとも爆破させるという究極の選択など、これまでの黙示録映画のなかで何度も繰り返されてきたようなステレオタイプの筋書きが次々と展開され、それ自体すでにパロディのように見えるのだが、主眼はそれらのカタストロフそのものにあるわけではない。

では、いったい何が問題なのか。そもそもハッドの撮った映像は上書きされたもので、およそ一ヶ月前のロブと恋人ベスの幸せそうな日常の光景のあいだにはさまれている。それゆえ、映画の最初と最後に置かれているのは、一ヶ月前のその映像であり、途中でも何度か瞬間的に過去の画面が映しだされる。たとえば、謎の化け物が映っていないかビデオを巻き戻してみると、そこに出てくるのは、ベスの一ヶ月前の元気な笑顔である、といった具合に。フラッシュバックはここで、人の頭のなかではなくて、デジタルカメラのなかで起こっているのだ。ハッドの映像のなかにはまた、未曽有の事態を前にケータイをかざす市民たちの姿がしばしば映り込むが、それはまさしく入れ子の構造——パニックを撮る市民を撮るハッド——をなしている（図V—28）。

V-28 『クローバーフィールド』より

これにさらにテレビが加わる。摩天楼の頂にも届きそうな爬虫類とも昆虫ともつかないその巨大怪獣の全貌を、わたしたち観客がはじめて目にするのは、ハッドのフレームのなかに入ってきた、TVモニターのニュース映像を通してなのである。

「まだ撮っているのか」、逃げ惑うロブが後ろを振り返ってハッドに尋ねると、今や使命感に燃えはじめているらしいハッドが、生きた映像を「記録して」おきたいとスクリーンの外から応じる。「映像がここで切れたら俺は死んでいる」、クロースアップで自撮りしながら、ハッドがそうつぶやくこともある。実際にも、しばらく後で本当に彼は命を落としてしまうのだが、映

V-29 『クローバーフィールド』より

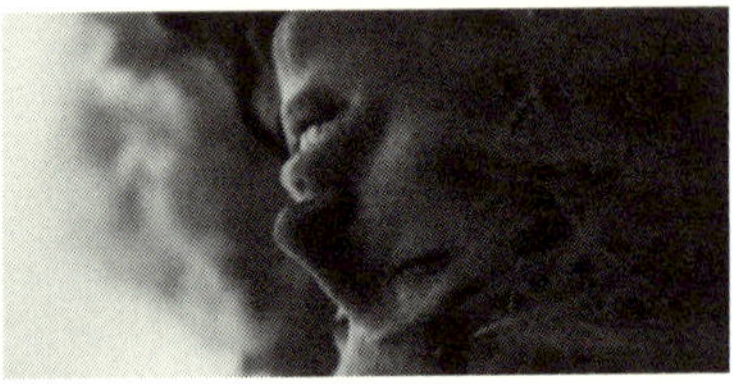

V-30 『クローバーフィールド』より

V-31 『クローバーフィールド』より

像は途切れることはない。どういうことか。その顚末を見ておこう。

終盤、傷ついたロブを運びながらカメラを回すハッドの両足がフレーム内に収まる（図V―29）。その直後、ハッドはカメラを地面に置いて、ベスとともにロブを介護するが、その様子――作中で数少ない不動の画面のひとつ――もちゃんとカメラは捉えている。そのカメラを拾おうとしたまさにその瞬間、今度はハッドに怪物が真上から襲いかかってきたため、これまでの奮闘もむなしく、彼は息絶えてしまう。とはいえ、カメラはピントを自動調整するようにして、その死顔のクロースアップを映しだす（図V―30）。さながら撮影者の手を離れてもひとりでに動いているかのごとく、カメラはこれらのすべてを至近距離でフレームに収めているのだ。残されたロブとベスは辛くもセントラルパークの橋の下に逃げ込む。スクリーンに映るその目まぐるしい動画は、おそらく二人のうちのどちらかが例のハンディカムを拾って回した結果なのだろうが、とても彼らにそんな余裕などありそうにないから、ここでもまた、まるでカメラが独り歩きして自分の意志で撮っているかのように見えてくる（図V―31）。それはたとえば、ジガ・ヴェルトフの歴史的ドキュメンター『カメラを持った男』（一九二九年）で、しばしばカメラが自律的に回っているように見えるのと似ていなくはない。最後に二人は、けたたましいサイレンと銃声が響くなか、自分たちの生きた証を残そうと、そのカメラに向かって語りはじめると、どうやら予定のマンハッタン全滅計画が実行に移されたらしく、轟音と閃光とともに映像が途切れて、この上書きの下にあった一ヶ月前の二人の明るい表情へと一転する。あたかも、もはやそれを見る人が誰もいなくなっても、映像だけは勝手に流れているかのように。

今や流行にすらなった感のある擬似ドキュメンタリー形式の『クローバーフィールド』が、類似の作例を一歩先んじているとするなら、それは、ラストのこのシークエンスを筆頭に、メタレベル的な仕掛けが方々にちりばめられているからである。終末を記録することを記録すること。たとえそれを見る人が誰もいなくなったとしても。さまざまなデジタル映像の洪水のなかにある今日の世界を、この映画は、肯定するでも否定するでもなく、黙示録のテーマに託しつつ、ほぼゲーム感覚で、一定の距離を置きながらやや冷めた目でわたしたちに突き付けてくるのである。

「ポストシネマ」の黙示録──『サウスランド・テイルズ』

リチャード・ケリーの『サウスランド・テイルズ』もまた、インターネットやビデオ、ケーブルテレビ、監視装置や認証システムなど、公私の境なくいたるところで映像の氾濫する今日のハイブリッドなメディア環境を、これ見よがしなまでに作中で強調しつつ、最後にそれらをことごとく粉砕してみせる。その「ポストシネマ的」（2010 Shaviro）な身振りは、どこか両義的でもある。それに加えて本作では、9・11以後にブッシュ子が宣言した「テロとの戦い」や「米国愛国者法」が強烈に皮肉られる。

V-32 『サウスランド・テイルズ』より

イラク戦争で負傷した帰還兵アビリーン（ジャスティン・ティンバーレイク）を語り手に――しばしば彼は『黙示録』の言葉を引用する――映画は進行していくのだが、その負傷の原因というのが、実は味方の米兵の誤爆によるもの。この設定からしてすでに逆説的である。その彼が最初に口にするのは、先にも引用したT・S・エリオットの有名な詩「うつろな人間たち」の最後の詩句をもじった、「こんな風に世界は終わる／こんな風に世界は終わる／こんな風に世界は終わる／クシュン（すすり泣き）ではなくドカンとね」というセリフ。「ドカン bang」と「クシュン whimper」が原典とは逆になっている。そしてまさしくその言葉どおり、メルトダウンのアメリカは最後に自爆していくのだが、結論を先走りしないで、もう少し作品に付き合ってみよう。

テキサスが核攻撃を受けた第三次世界大戦勃発から三年後の二〇〇八年というポスト黙示録的な設定のこの映画には、SFはもちろん、グラフィックノベル、ビデオゲームやミュージックビデオなど、ポピュラーカルチャーの諸要素がハイブリッドに詰め込まれている。その意味で、本書の序でも言及したような、メディア間の文化コンテンツの流れをさして呼ばれる「収斂文化 Convergent Culture」（Jenkins）に連なる作品とみなすこともできる。さらに、フィルムノワール（『キッスで殺せ！』）、ポルノ（『デュイープ・スロート』）やパニック映画（『タワーリング・インフェルノ』）、果てはカンフーやヤクザ映画（指詰め）までもが、パロディの対象になっている（あくまでもわたしが気づいたものだけだが）。

マルチスクリーンによる徹底した監視カメラと認証システムによって実現されたオーウェル的世界（『１９８４年』）（図Ｖ―32）のなか、そのシステムでテロの疑いありと見るや直ちに出動して射殺する警察の特殊部隊ＳＷＡＴ、それに対抗する極左組織のゲリラ活動、石油に代わる永久エネルギー「流体カルマ」なるもので世界制覇をもくろむ狂気の天才科学者、「今を表現したい」とばかりに「世界の終わり」の映画を撮ろうとする記憶喪失の元ボクサーとポルノ女優、平気で黒人を殺める人種差別の警察官、状況に翻弄されつつも最後にはメシアとなるかに見える双子――実は互いの分身――のイラク帰還兵（アビリーンとは別のキャラクター）など、二時間半にも及ぶ全編において、およそ脈絡のありそうにない不連続の各エピソードの断片を目まぐるしく交代させながら、独立記念日（七月四日）と重なる終末へのカウントダウンを刻んでいく。監視社会とマスメディアの横行、根強いレイシズムと暴力、大量消費とセックス産業、そして内なるテロリズム、メルトダウンの現代の縮図がそこにある。

Ｖ-33 『サウスランド・テイルズ』より

Ｖ-34 『サウスランド・テイルズ』より

とはいえ、核攻撃を受けて三年後という設定にもかかわらず、街にも人にもそんな形跡はほとんどないばかりか、太陽のさんさんと輝くベニスビーチにも行楽客があふれているから、映像そのものはおよそリアリティに欠けている。共和党のシンボルである象が交尾するフッテージがいきなりはさまれたり、それに呼応して、まるで交尾するように二台の新車がエネルギーを交換するＣＭが流れたりする

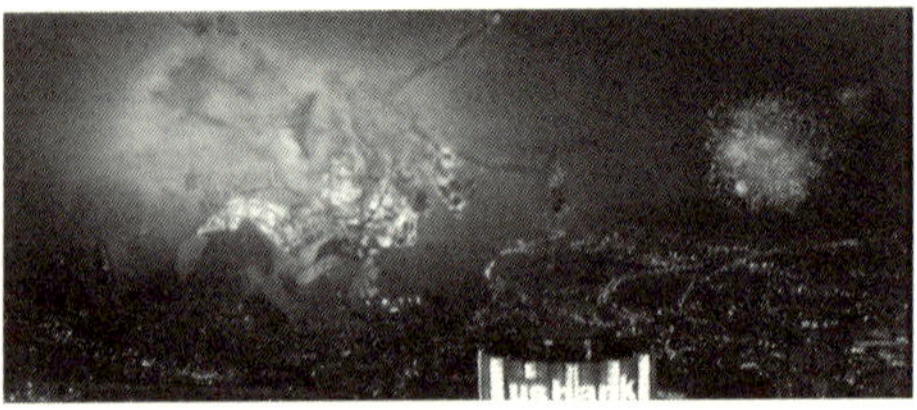

V-35 『サウスランド・テイルズ』より

（図V―33）。映画の中盤、血に染まるTシャツを着たアビリーンが、「流体カルマ」――ドラッグでもある――のせいで半分朦朧となって、バドワイザーの缶ビール片手にカメラ目線で、「俺には魂はあるが、兵士じゃないI got soul but I'm not a soldier」と歌い踊る場面では、観客は、ほとんどミュージックビデオを視聴しているような錯覚に誘われる（図V―34）。

全編がこんな具合で、あたかもテレビのザッピングのような様相――反弁証法的なモンタージュ――を呈しているため、批評界からは酷評され興行的にも大失敗を喫したという。とはいえ、反対に「未来派的映画」（2010 Shaviro）などといった好意的な評価も聞かれないわけではない。これ見よがしなまでに分裂したそのスタイル、故意にわざとらしい役者たちの演技、そして色彩の飽和した映像の過剰さと放縦さにおいて、わたしはむしろネオ・バロック的と形容しておきたい。

そしてラスト。独立記念日と次期大統領候補を盛大に祝うパーティの催されているメガ飛行船がロサンゼルスの上空で大爆発を起こすとともに（アメリカ最大規模の地方銀行、usバンクのネオンサインがほんの一瞬だけ画面をかすめるのも皮肉だ）（図V―35）、政府の一大監視システムも破壊される。「こんな風に世界は終わる／クシュンとではなくドカンと」。かつて好評を博した『ドニー・ダーコ』で、精神を病む少年に終末を救う愛を託した監督のリチャード・ケリーは、今度は破天荒なまでに黙示録的な想像力によって、スクリーン上で、9・11以後のアメリカのメルトダウンに、ひとつのピリオドを打とうとするのだ。

第Ⅵ章　名監督たちのアポカリプス

巨匠とか名監督とかと呼ばれる作家たちもまた、しばしば黙示録的なテーマやイメージをスクリーンで描いてきた。というのもこのテーマは、想像力の可能性と限界に挑戦するものでもあるからだ。この最後の章では、そうした忘れがたい作品に登場してもらおう（もとより網羅できているわけではないが）。イングマール・ベルイマン、クリス・マルケル、ジャン＝リュック・ゴダール、ピエル・パオロ・パゾリーニ、アンドレイ・タルコフスキー、タル・ベーラ、ヴィム・ヴェンダース、ミヒャエル・ハネケ、ラース・フォン・トリアーなど、彼らは古くもあれば新しくもある黙示録のテーマをどのように映像化しているのだろうか。まずは、スウェーデンのベルイマンから始めよう。初期から晩年にいたるまで、その作品の多くが何らかのかたちで黙示録的なものを刻印しているように思われるから。

イングマール・ベルイマン——実存の黙示

十字軍から帰還する騎士と「死神」とのあいだで繰り広げられるチェスの果し合い、この意表を突く場面——中世スウェーデンの壁画に先例がある——で名高い作品『第七の封印』（一九五七年）は、そのタイトルが文字どおり新約聖書の『黙示録』に由来している。神の怒りを閉じ込めた封印が順に解かれると、疫病や戦争や天変地異となって次々と地上に降りかかるが、「裁きの時」を記す最後の封印がまだ残っている。本作において、ペストの大流行や異端審問や魔女狩りに象徴される中世末期が、ホロコーストとヒロシマ・ナガサキを経験した現代と緩やかに重ねられる。審判の時を前に神の存在すら疑う騎士（マックス・フォン・シドー）は、あろうことか、「死神」を神父と勘違いして、神を呪いながらも捨てきれないみずからの不信を告解してしまう。このとき、騎士の顔に十字架状の影が映りこみ、教会の鐘の音が空虚に響いている。デューラーが版画《騎士と死と悪魔》（一五一三―一四年）（図Ⅵ―１）に描いた騎士がそうであるように、彼もまた死と悪魔に憑かれているのだ。唯一の救いは、帰途の道で出会う無垢な旅芸人の一家――聖家族、つまりマリアとヨセフと幼児イエスをなぞっている――のみ。

だが、それだけではない。ベルイマンの映画の登場人物たちは、いつもたいてい何ものかに怯えていたり、ダイモンに取り憑かれていたりする。それを実存的不安といってしまえばそれまでだが、そこにはつねに神の問題が深くかかわっている。初期の『牢獄』（一九四九年）では、映画中の監督のもとに「地獄と悪魔」の企画の話がもちかけられ、結局お蔵入りとなるのだが、中盤に、「死と悪魔」の古い無声フィルムが屋根裏から見つかったという設定で、これが手巻き映写機で映されるという場面がある。その二分ほどのフッテージ――映画中映画――は、スラップスティック・コメディで、骸骨の衣装を着けた「死」と角の生えた悪魔

Ⅵ-1　デューラー《騎士と死と悪魔》

とのあいだで右往左往する男を、ジョルジュ・メリエス風に描いたものである（図Ⅵ—2）。この状況を打破するにはスクリーンから飛び出すよりほかに手はないとでも云わんばかりに、男は最後に遮蔽幕を突き破っていく。ベルイマン自身、この着想がことのほかお気に入りだったらしく、その場面の一部や「死」の擬人像は、『仮面／ペルソナ』（一九六六年）の最初の有名な目まぐるしいモンタージュや、『ファニーとアレクサンデル』（一九八二年）の「プロローグ」にもさりげなく挿入されている。

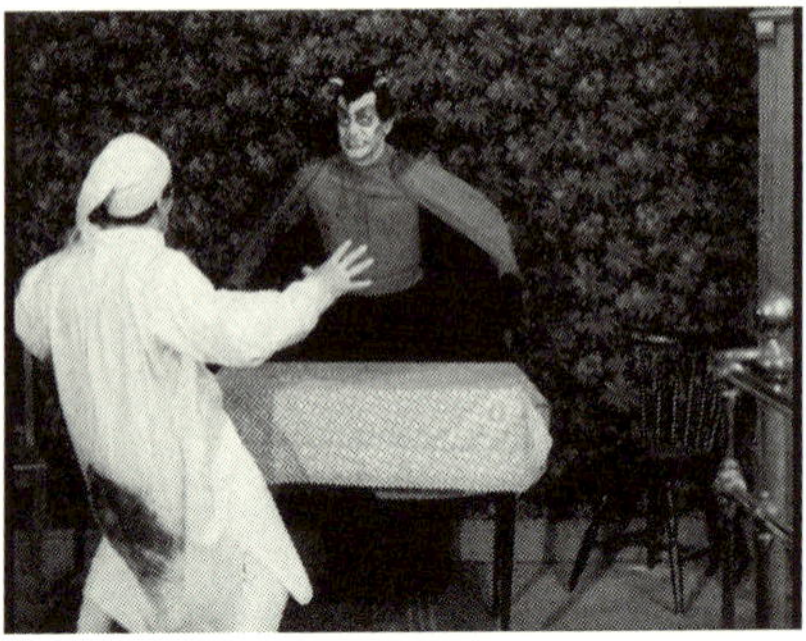

Ⅵ-2　『牢獄』より

登場人物たちの言い知れない不安は、しばしば強迫観念や「狂気」の閾をもかすめるが、そこに同時に黙示録的な暗示が込められることが少なくない。『第七の封印』はもちろんその典型である。裁きの時が近づいている、この世に終わりが来るかもしれない、というわけである。あたかも「夜に盗人が来るように」思いがけない瞬間にそれは訪れる、早くも一世紀半ばにこう説いていたのは、先述したように使徒パウロであった。映画の終盤、疫病や迫害や拷問に苦しむ現実を目の当たりにしてきた長旅の末に、嵐のなか、主人公の騎士は仲間とともにやっと故郷の古城にたどり着いて妻と久々の再会を果たす。だが、まさしくその夜、またも「死神」が彼らの前に現われて、今度は本当に全員の命を奪ってしまう。誰もが穏やかにその運命を正面から受け入れようとするなか、ひとり神を疑っているはずの騎士だけは、天を仰いで「どうかお恵みを」と神にすがって祈っている。「死神」を眼前にした双方の対照的な表情が、不動のカメラによって厳粛かつ冷酷に映しだされていく（図Ⅵ—3）。神の存在を疑う者が、それにもかかわらず神に祈らずにいられない。この逆接こそ、本作の見所のひとつでもある。

一方、心を病んで言葉を発することのできない『ペルソナ』の主人公の舞台女優エリーザベット（リヴ・ウルマン）は、焼身自殺でベトナム戦争に抗議する僧侶のテレビニュースや、銃を突きつけられるゲットーの少年の写真——ホロコーストのイコンともされる通称《ワルシャワのゲットーの少年》（一九四三年）——に思わず目を奪われないではいられない。女優という仕事のために幼いわが子をないがしろにしてきたという、抑圧されたうしろめたさがあるからだ。カメラは執拗に、うろたえる彼女の表情とともに、これら「現代の黙示録」の映像の細部を幾つもの短いカットをつないでクロースアップする（図Ⅵ—4）。

Ⅵ-3 『第七の封印』より

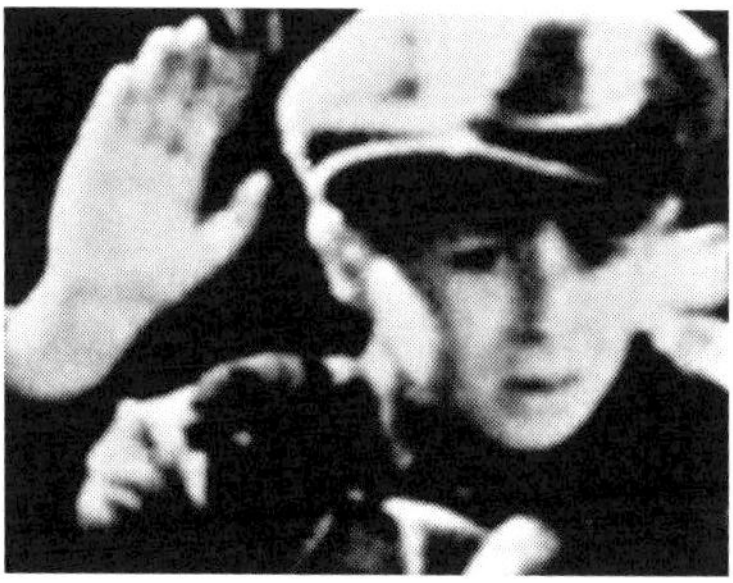

Ⅵ-4 『仮面／ペルソナ』より

片や看護師のアルマ（ビビ・アンデション）の方は、ある本の一節——死の不安や苦悩はこの世の定めで、神の救済の希望はそれゆえ打ち砕かれている——をエリーザベットに読んで聞かせて感想を求める。相手の女優は軽くうなずくが、看護師本人は反対にこれをきっぱりと否定しようとする。だが、その当人にも刻々と苦い試

VI-5　『野いちご』より

練の時が訪れようとしているのだ。というのも、治療を手助けするはずのアルマが、無言の患者の「ペルソナ（仮面＝人格）」に完全に呑み込まれてしまい、自己との見境を失ってしまうからである。

　製作年は前後するが、死へと向かう旅という点で『第七の封印』と似たような構造をもつ『野いちご』（一九五七年）の、やはり名高い冒頭の悪夢のシークエンスも忘れられない。長年の功績が認められて名誉学位の授与式に出発しようという日の朝方、老教授イサク（ヴィクトル・シェストレム）を襲うのは、ポスト黙示録的なディストピアの幻想——時間の止まった（時計から針が消えた）無人の街——である。かろうじて人影を見つけるも、それは頭から大量の血を流す死人。しばらくすると、御者のいない馬車がどこからともなく現われ、荷台から棺が街路に転がり落ちて黒い蓋がおもむろに開き（図VI—5）、その中から手を伸ばしてくる不気味な分身がイサクの腕をつかんで離そうとしない。このとき、うなされるようにして彼は目を覚ます。これからはじまる主人公の長旅は、彼にとって、無意識への心の旅であるとともに、償いと救いの旅ともなるだろう。贖罪と救済は言うまでもなく、黙示録の思想を貫く二つの鍵概念でもある。

　黙示録的な危機の影は、『沈黙』（一九六三年）にもまた深く刻印されている。列車での旅行中に突然、姉エステル（イングリット・チューリン）の持病が悪化したことで、妹アナ（グルネン・リンドブロム）とその子ヨハンの三人は、見知らぬ異郷の町——作中では「ティモカ」と呼ばれている——でやむなく下車してホテルに部屋を取ることになる。そこは、言葉もまったく通じない架空の国と

VI-6 『沈黙』より

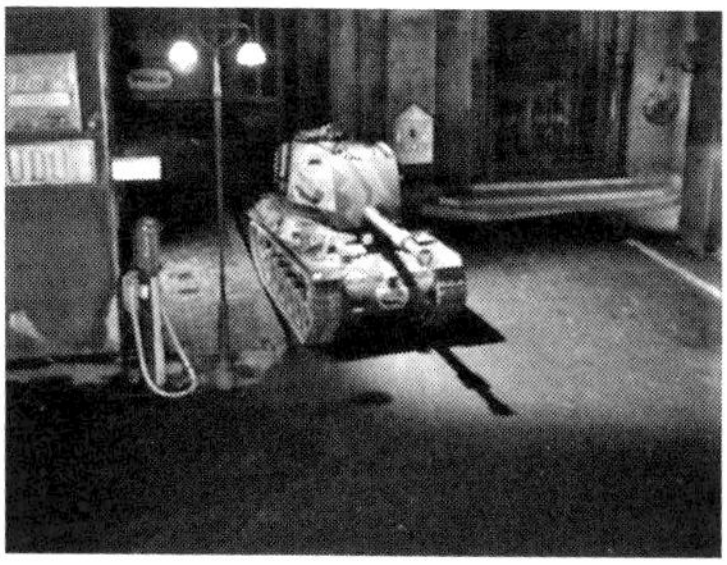

VI-7 『沈黙』より

いう設定で、どうやら戦争（あるいは内乱）が迫っているらしいことが、映画の随所で暗示される。列車がこの町に到着する直前、車窓を見つめる少年の視線の先には、戦車らしきものが何台も並んでいる（図VI―6）。

ホテルの閉ざされた空間のなか、性格も趣味もきわめて対照的な二人の姉妹は、お互いにそれまで抑えていた葛藤と確執をあらわにしていくことになり、両者のあいだで少年の幼い心は揺れ動く。その張り詰めた心理劇の進行にあたかも呼応するかのように、窓の外の架空の町の情勢も次第に緊張の度を高めていくように見える。人々は家具類をまとめて馬車で町から逃れている。二人の亀裂が決定的となるのは、母親アナがゆきずりの男をホテルの一室に連れ込むのを目撃した少年が、伯母に抱きつく場面である。するとその瞬間、けたたましい轟音が響いてきて、細い通りに止まっていた大きな戦車が動きはじめるショットへと切り替わる（図VI―7）。これもまた、列車のときと同じく少年の視点である。さらに、後ろめたさを引きずりつつも男とのアヴァンチュールを楽しんだアナもまた、部屋の窓から、ただならぬ町の様子を呆然と見下ろしている。このとき、時計の針の音がせわしく響いているのだが、それはまるで差し迫る終末の時を刻んでいるかのようにも聞こえる。アポカリプスの名において、内面と外界とが響き合う。

言葉が通じない、それはまた、旧約聖書『創世記』（11:1-9）によれば、傲慢なバベルの塔に下された神罰の結果に他ならない。「お互い理解できないって、なんて素敵なの」、アナがゆきずりの男にささやくセリフである（もちろん男には何のことかわからない）。が、たとえ同じ言葉をしゃべっているとしても、姉と妹は理解しあうことができない。まさしくわたしたちの周りでもよく起こっているように。神が混乱に陥れたバベルの町、すなわちバビロンは、『黙示録』において、同じ神の手で滅亡させられる運命にある。『沈黙』の三人が迷い込んだ架空の町ティモカにもまた、似たような結末が待っているのだろうか。この映画が製作された当時は、ちょうど米ソ冷戦の真っ只中で、その時代の状況も本作に深い影を落としているように思われる。前の章でも触れたように、核兵器開発の危機的な状況を背景に、スタンリー・クレイマーの『渚にて』やシドニー・ルメットの『未知への飛行』といった、黙示録的な映画の秀作が生まれた時代でもあった。

同じ一九六八年に製作された『恥』と『狼の時刻』、そして一九七七年の『蛇の卵』にも黙示録的な雰囲気が漂っている。とりわけ『恥』は、内戦状態にある架空の国が舞台で、一九五九年物のワインが登場するところから、やはり冷戦時代が背景にあることが推察される。町の楽団が解散して郊外の農場に移り住んだ演奏家夫婦が、「解放軍」と政府軍との不条理な戦闘に巻き込まれていく顚末が、皮肉と風刺たっぷりに描かれていく。ベルイマン作品には珍しく、爆撃や銃撃のシーンも盛り込まれている。最後に、偶然転がり込んだ大金をはたいて、小舟――「ノアの箱舟」のパロディ――に乗って避難するのだが、その舟はどこに辿り着くともなく、無数の死体の浮かぶ大海に漂ったままスクリーンが暗転していく（図Ⅵ―8）。一方、一九二〇年代半ばのベルリンを舞台にして、ナチスによる極秘の生体実験という重いテーマを扱った『蛇の卵』では、「地獄」とも「世界の終わり」とも形容される現実のなか、「いつも何かに怯えている」登場人物たちは運命的な破滅へと否応なく巻き込まれていく。両作において、もはや救いは残されているようには見えない。

さらに『叫びとささやき』（一九七二年）でもまた、真っ赤な血の色の屋敷のなかで、三人の姉妹たちの葛藤と破局のドラマが描かれていくが、ここでは使用人のアンナに聖母マリアのイメージを重ね合わせることで、救いの可能性を残している（ショットの幾つかは、観客がアンナに自己同一化するように組み立てられている）。ちょうど『黙示録』のなかの「太陽を身にまとう女」が、伝統的に聖母マリアとみなされてきたように。瀕死のアグネスをやさしく包み込むアンナのショットは、よく指摘されることだが、ヴァチカンにあるミケランジェロの《ピエタ》、すなわち受難のイエスを抱くマリアの彫刻から借用されたものである。

VI-8 『恥』より

くわえて大作『ファニーとアレクサンデル』では、とりわけその後半部、自分が「真実と正義の側にいる」ことを信じて疑わない冷徹な主教に焦点を当てることで、黙示録的な裁く神をむしろ痛烈に皮肉っているように思われる。その裁きから人は「逃げられない」と周りに豪語する主教のほうが、結局のところ神罰を食らって焼死してしまうのだ。二人の幼い兄妹をその義父の虐待の手から救うのは、裁く神ではなくて、二人を楽しませ和ませるマリオネット（に宿る神）の方である（図VI―9）。それはまた、人間というより神（とその無限の恩寵）に近い存在としてマリオネットが登場する劇作家ハインリヒ・フォン・クライストの世界を

VI-9 『ファニーとアレクサンデル』より

連想させないではいない。

ベルイマン作品の大きな特徴のひとつにまた、島というトポスがある。そこにはもちろん、多島海を擁するスウェーデンの風土や、監督自身の経歴が関係しているが、それだけではないようにわたしには思われる。というのも、『黙示録』はパトモス島という小アジアの島に流刑されたヨハネによって体験された幻視をつづったものとされるが、映画の主人公たちもまた、好んで島に渡り（あるいは夏の休暇を過ごし）、そこで幻想や悪夢にも似た出来事を体験することになるからである。

『鏡の中にある如く』（一九六一年）——ちなみにその原題は、使徒パウロの『コリントの信徒への手紙一』（13:12）に基づいている——で、心を病むヒロインのカリン（ハリエット・アンデルセン）は、島の別荘の屋根裏部屋がいたくお気に入りで、夜中に起きだしてはそこに上がっていき、壁紙の裂け目にそっと耳を当てる。そこから神のささやく声が聞こえてくるからである。『ペルソナ』で、看護師アルマが、自分と患者の女優との区別がつかなくなってしまうのも、療養のために訪れた島においてであった。

すでに初期作品の『夏の遊び』（一九五一年）や『不良少女モニカ』（一九五三年）において、島は、若い男女のカップルの幻想と破局のトポスとなっている。夏の島で芽生えた初恋の相手を、同じその島であっけなく亡くしてしまうというトラウマに十数年ものあいだ悩まされている『夏の遊び』のヒロイン、マリー（マイ＝ブリット・ニルソン）。『不良少女モニカ』において、貧しくて未熟なカップルが親や世間から逃げるようにして島から島をさまよう救いのない旅は、次第に水や食料をあさるサバイバル・ゲームのような様相を呈してくる（図Ⅵ—10）。いずれの場合にも、天国が地獄へと、快楽が苦痛へと、欲望が破滅へと一気に転倒するのは、まさしく島というトポスにおいてなのである。

一方、ゴシック・ホラーのような味わいのある後年の『狼の時刻』（一九六八年）では、主人公の画家ユーハン（マックス・フォン・シドー）はみずからの内なるダイモンに取り憑かれていて、この映画そのものが、まるでヨハネの幻視さながら、妄想と現実の境界を漂う主人公の破壊的で悪魔的なイメージとして描かれている。忌まわしい少年殺しであれ、不気味でシュールな饗宴であれ（図Ⅵ—11）、屍姦の真似事であれ。『恥』や『蛇の卵』の重苦しい黙示がどちらかというと外部からのもので、さらに『沈黙』では外部と内部とが呼応していたとするなら、『狼の時刻』は完全に主人公の内部で起こっている。幽霊屋敷のような中世風の城のなか、島の所有者メルケンス男爵のもとで上演される小さな箱のなかのマリオネット芝居は、実のところ人間の役者が演じているように見える（Kalin 124）。場面は、モーツァルトの『魔笛』から、パミーナを慕う王子タミーノのアリアである。小さな人形であるはずのものが生身の不吉な人間に化け

Ⅵ-10　『不良少女モニカ』より

Ⅵ-11　『狼の時刻』より

るのも、ユーハンの悪夢のなかのことだからである。マリオネットは、『ファニーとアレクサンデル』の場合のように神の代理でもあれば、逆に悪魔の化身でもありうる。このシーンには前振りがあって、映画の序盤、島の不思議な人間たちをスケッチした絵を妻のアルマ（リヴ・ウルマン）に見せながらユーハンは、そのひとりを『魔笛』の鳥刺しパパゲーノになぞらえていたのだった。そして最後、その「パパゲーノ」に主人公は止めを刺されることになるのである。

かくのごとく黙示録的な世界観は、明示的であれ暗示的であれ、外的であれ内的であれ、肯定的であれ否定的であれ、「魔術師にして預言者」（Gervais）という異名をもつベルイマン作品のひとつの基調をなしているように、わたしには思われる。

クリス・マルケルとテリー・ギリアム——ディストピア×タームループ

ところで、このスウェーデンの監督を早くから高く評価していたフランスのヌーヴェル・ヴァーグの作家たちにとって、一見したところ黙示録的なテーマ系は、それほど重要な位置を占めているようには思われないかもしれない。しかしながら、とりわけ一九六〇年代の何本かの作品のことを念頭に置くなら、必ずしもそうとは言い切れないことが明らかとなるだろう。アポカリプスはいわゆる作家主義とも無縁ではない。たとえば、クリス・マルケルの異色の短編『ラ・ジュテ』（一九六二年）、ゴダールの『アルファヴィル』（一九六五年）や『ウィークエンド』（一九六七年）、そしてフランソワ・トリュフォーの『華氏451』（一九六六年）などがそれである。そこにはやはり冷戦構造が何がしかの影を落としていると考えられるが、ハリウッド的な黙示録映画とはもちろん一線を画するものだ。

VI-12 『ラ・ジュテ』より

「フォト・ロマン」とも「シネ・ロマン」とも呼ばれ、一部でカルト的な人気を博している『ラ・ジュテ』は、ほぼ全体が写真のモンタージュによって構成されている二十八分弱の短編だが、ポスト黙示録とタイムループとを組み合わせた点で、その後の多くの作品の先駆けとなるものでもある。舞台は、第三次世界大戦後、核爆弾によって荒廃した近未来のパリ。十五枚もの廃墟の写真をディゾルヴでつなぎながら、変わり果てた花の都の姿を観客の目に焼き付ける（図VI―12）。それを悼むかのようにレクイエム風の合唱が流れている。放射能に侵された地上を逃れて地下にもぐった生存者は、戦争の勝利者と敗北者とにはっきり分断され、前者は後者を捕虜として生体実験にさらしている。そこにはもちろん、ナチスによるパリ占領や人体実験ばかりではなく、アルジェリア独立戦争（一九五四―六二年）におけるフランス軍による拷問の記憶も重なっているだろう。生体実験場と化しているのは、シャイヨー宮――一九三七年のパリ万博で展示会場となり、一九四〇年にはヒトラーがその広場の前で凱旋のポーズをとったところ――の地下。背後からは不気味にも、ドイツ語でささやくような意味不明の声が聞こえている（そもそも本作にはセリフに当たるものは一切なく、効果音と音楽と三人称によるナレーションのみである）。

だが、実はこれはこの映画の最初の場面ではない。パリ＝オルリー空港の展望デッキ（jetée）――これが映画のタイトルの由来――を斜め上から見下ろすショットではじまるのだ。「これは少年期の

Ⅵ-13 『ラ・ジュテ』より

イメージに取り憑かれた男の物語である」、ナレーションがそう告げると、第三次世界大戦が勃発するよりも前、日曜日に家族と空港見学に来た少年の目に焼きついたという光景が映される。何よりもそれはデッキにたたずむ見知らぬ女の顔であり、その軽く微笑むような表情がクロースアップで二十七秒ものあいだとらえられる（本作でもっとも長いショット）。すると突然、飛行機の轟音が響き、驚いて動揺する女の顔、その手前で倒れ落ちる男の背中（図Ⅵ—13）、そして他の見物人たちの静止画がめまぐるしくモンタージュされていく。この未知の女の顔と男の死のイメージが、このときから少年の心の奥底に棲みついている。「傷跡のようにそれに気づくのはずっと後のことである」、ナレーションが語っている。精神分析によれば、トラウマの意味はたしかに事後的につくられるものである。それからしばらくして第三次大戦が勃発する。

さて、シャイヨー宮の地下でおこなわれている人体実験とは、過去と未来に人間を送り込んで現状を打破し人類を救うための情報やエネルギーを持ち帰る、というものである。この危険な実験——フランケンシュタイン博士の名前もナレーションで召還されている——のために、すでに多くの被験者が命を落としたり狂気に陥ったりしている。新たにモルモット役に選ばれたのは、成長したかつてのデッキの少年。というのも、彼は過去のイメージに執着しているため、タイムトラベルに適していると判断されたからである。電極につながれたアイマスクの男（ダヴォス・ハニッヒ）のうめくような苦渋の表情が、あらゆる角度から何度もクロースアップでとらえられる。男が必死で捜し求めているのは、もちろんずっと脳裏に焼きついているデッキの女（エレーヌ・シャトラン）の姿である。その女の顔のイメージと、そこへ回帰したいという不可能な望みだけが、ポスト黙示録の時代に捕虜として実験台にさらされる匿名の男の唯一の心の支えとなっているのだ。それはあたかも、冥府に落とされたエウリュディケーを地上に連れ戻そうとする現代のオルペウスのようでもある（ジャン・コクトーが一九五〇年に翻案し監督した『オルフェ』のことが想起されるが、マルケルはその映画評を書いてもいる）。

そしてついに男は戦争前の過去にたどり着き、女と出会うこと——彼にとっては再会——に成功する。しばしば男の顔と女の顔がディゾルヴで重なる（図Ⅵ—14）。本作ではこのディゾルヴの手法が多用されているのだが、それというのも、静止画に動きの感覚が与えられるからでもある。とりわけ女の顔は物語の核心にあるが、フロイトによれば、欲望の対象は発見されるというよりも、むしろ再発見されるというべきものである。ルクサンブール公園を散歩するとき、さらに自然史博物館を訪れるとき、はじめて二人はくつろいで幸せそうな表情を見せる。公園でセコイアの切り株の年輪を男が指差すと（図Ⅵ—15）、「そこから来た」というナレーションが重なるが、これはよく知られているように、ヒッチコックの『めまい』（一九五八年）の名場面を踏まえたものである。それはまた、人間が時間から逃れられないこと、過去は変えられないことを暗示してもいる。さらに、自然史博物館に陳列された数々の動物の剥製を前にして二人は、自分たちもまるで剥製になったかのようなポーズをとってみせるが（図Ⅵ—16）、このショ

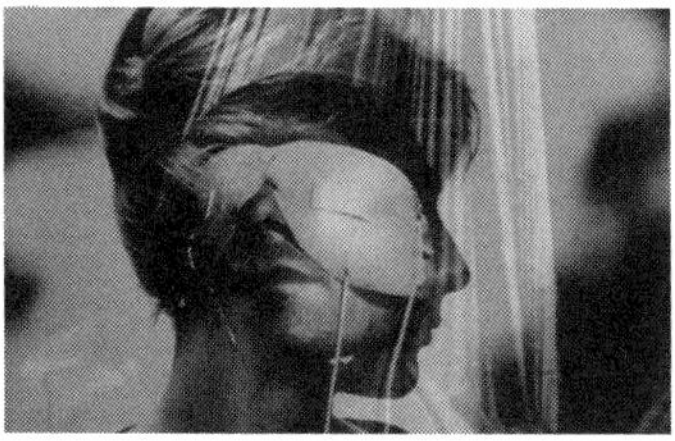
Ⅵ-14　『ラ・ジュテ』より

VI-15 『ラ・ジュテ』より

VI-16 『ラ・ジュテ』より

ットは、写真のイメージを石膏の鋳型やエジプトのミイラにもなぞらえるアンドレ・バザンの映像論を髣髴させないではいない。あるいは、ある研究者がロラン・バルトの写真論を念頭において指摘するように、映画の表題「ラ・ジュテ La Jetée」には、文字どおりの「送迎デッキ」の意味ばかりか、「かつてわたしがそうであったもの La j'étais」や、「かつてわたしはそこにいた là j'étais」という語呂合わせが「投影されて projeté」いると解釈することもできるだろう（Witt-Jauch）。一方、映像作家のティエリー・クンツェルはかつて、本作の写真を並べ替えて「ラ・ルジュテ（再ジュテ）」というデビュー作（一九七四年）を発表したが、これは残念ながら現存していない（Burgin 31-33）。

さて、過去への時間旅行に成功した男は、今度は未来に送り込まれ、復興のためのエネルギーをそこから持ち帰るという大役を無事に果たし終えると、今やお払い箱となって抹殺される運命にある。そこに未来人たちが救いの手を差し伸べて男を仲間として迎え入れようとするが、彼は反対に、かの思い出の少年時代に戻してほしいのだという。すると画面は一転、もういちど最初のオルリー空港へと帰ってくる。デッキの向こうに小さく女の姿を見つけた男は急いで走りだす（このとき画面左に追っ手の地下実験の男が写りこんでいる）。離陸する飛行機の轟音をバックに、勇んで駆け寄る男と振り返る女のショットとが、加速するように何度も

VI-17 『ラ・ジュテ』より

VI-18 『ラ・ジュテ』より

小刻みでモンタージュされる場面は、それらが静止画であることを忘れさせるほどの躍動感にあふれている。すると突然、一転して画面は、追っ手の暗殺者の男のバストアップに切り替わり、バックにも最初と同じ鎮魂歌のような荘重なコーラスが流れてくる。駆け寄る男（手前）と暗殺者（左）と女（奥）の遠近のスリーショット（図VI—17）、サングラスの暗殺者の表情、風に長い髪をなびかせる女（まだ軽く微笑んでいるように見える）、ピストルを向ける暗殺者の正面の上半身、女の目前で倒れる男の背中の連続する二枚の逆光ショット（ロバート・キャパの一九三六年の有名な写真《崩れ落ちる兵士》を連想させないではいない）（図VI—18）、驚く女のクロースアップ、暗殺者の背中をいちばん手前にして男と女の三人をフレームに収めるロングショット、再び悲しげな女のバストアップ、そしてデッキにうつぶせに横たわる男の遺体とそれを向こうから見つめる女、これら十枚の写真が映画の最後の二十五秒間を飾る。この間ナレーションは、かつて少年時代に目撃した男の正体が、実は彼自身であったことを淡々と告げている（ナレーターは終始三人称で語っているから、主人公の男と同一ではない）。

　こうして始まりと終わりとがループ状に重なるという、今やおなじみとなった構造が描きだされるのだが、ここで興味深いのは、実験台の男が体験しているのが、正真正銘のタイムトラベルというよりも、幻想か夢のなかの出来事のようにも見えるという点である。フロイトの分析する小説のなかの主人公が、まるで幻の女に引き寄せられるようにしてポンペイへの旅を重ね、幼いころの愛の対象と巡りあうのと似て（「W・イェンゼン著『グラディーヴァ』における妄想と夢」）、ハンモックに寝かされ、アイマスクをかけられ、注射を打たれる主人公は、ウェールズ的なタイムマシンに乗せられているというより、むしろ記憶や夢を操作されているように見える。その意味では、前の章でも触れた、脳内イメージのなかで直前の過去を何度も擬似体験させられる『ミッション 8ミニッツ』の主人公の早い先祖でもある。女は男を「わたしの亡霊」と呼ぶ、とナレーションが語るのも象徴的であり、逆の言い方もできる。つまり、女は本当に存在していたのか、それとも男の夢のなかだけに出てくる幻影なのか、映画はそれをあえて未決定のままに残しているように思われる。いずれにしてもはっきりしているのは、ずっと主人公に取り憑いてきたイメージの意味を彼が理解するのは、まさしくその死の瞬間であったということだ。よく知られているように、本作にはほんの一瞬だけ動画が組み込まれていて、それが、女が目を覚ます瞬間だというのは象徴的である。たとえばドイツ語で「瞬間」を意味するAugenblickは、目や眼差しをさすAuge（の複数形）と、見ることをさすBlickからできている。つまり「瞬間」とは「眼差すこと」の別名である。アイマスクをされた実験台の男は眼差しを奪われていて、しかも死が彼を待っているのだが、女は眼差しとともにその男の記憶のなかで生きつづける。

『ラ・ジュテ』を大きな着想源としつつ、それを良質のエンターテインメントに変身させたのは、イギリスのコメディ集団「モンティ・パイソン」のテリー・ギリアムがメガホンをとった『12モンキーズ』（一九九五年）である。ヌーヴェル・ヴァーグの黙示録からやや話は逸れるが、ここで一瞥しておこう。前作とのあいだにはいくつかの興味深い変更点が見られる。まず、パリに替わってディストピアの舞台となるのは、四十年前のテロによって撒かれた死のウィルスのために人類の九九パーセントが死に絶え、残りの一パーセントが地下で生活するという二〇三五年のアメリカ（ちなみに、製作された一九九五年はザイールでエボラ出血熱が大流行した年でもあった）。そこは科学者たちが絶対的な権力を握るテクノクラートの世界――この点は『ラ・ジュテ』とよく似ている――で、囚人の主人公ジェームズ・コール（ブルース・ウィリス）が実験台にされて、ワクチン用にウィルスのサンプルを採取するという目的で繰り返しテロ前後の過去へと送り込まれる。ここでは過去への旅は、最初から厳重な防護服に身を固めた主人公の垂直方向への移動によって表現されていて、たしかにタイムマシンらしきものが示される（図Ⅵ―19）。

Ⅵ-19 『12モンキーズ』より

　その一方で彼は、空港のロビーで何者かに銃で撃たれて倒れる男に女が駆け寄っていく光景をひとりの少年がじっと眺めているという謎の悪夢に悩まされていて、本作の最初と最後に、その少年の両目の超クロースアップのショットが置かれている。さらにその悪夢は、全編を通じて何度も繰り返され（少なくともさらに三度）、主人公を悩ませるトラウマになっていることが強調される。つまりここでは、『ラ・ジュテ』においてあえてあいまいなままに残されていたタイムトラベルと夢想（あるいは記憶）とのあいだに、あらかじめ境界線が引かれて区別されているのである。

　ところが、その時間旅行のなかで、偶然にも――というのも一九九九六年に送られるべきところを、機械の故障で一九九〇年に行ってしまったため——自分の夢のなかに何度も登場する女に瓜二つの精神科医キャサリン（マデリン・ストウ）と出会ってしまうのだ。こうして、彼の内なる妄想とタイムトラベルの「現実」とが重なり合うことになるのだが、そのことで彼は狂人扱いされ、みずからも精神を病んでいるのではないかと思い悩む。ウィルスを撒くことになる張本人は、実は自分なのではないかと疑ってさえいる。彼が舞い降りたのは、まさに「狂気と黙示」というタイトルで彼女が講演しているその現場であった。終末の予言者が世間から狂人扱いされるという、黙示録映画におなじみのコードはここにも生きている。誰からも信じてもらえない破局の予言は、本作では、ギリシア神話のトロイアの王女の名にちなんで「カッサンドラ・コンプレックス」と呼ばれている。

さらに、ポストモダンの間テクスト的な遊び心に満ちた本作において、ヒッチコックの『めまい』への参照は、『ラ・ジュテ』よりもはるかに顕著になっている。例のセコイアの大木の年輪にまつわる名シーンは（図VI—20）、深夜にジェームズとキャサリンが入った名画座で上映されている場面としてそっくりそのまま引用される。彼は彼女に、たしかに子供のころにテレビで見た映画なのだが何だったかはっきり思い出せない、とつぶやく。『めまい』のなかの男（ジェームズ・スチュアート）もまた、女（キム・ノヴァク）の正体をつかみかけては頓挫しているのだ。いずれにおいても、死者と生者、過去と現在、記憶と現実、虚と実とのあいだの境界が揺らいでいる。妄想でないことを確かめるために、主人公はあえて自分の歯を抜いて血を流したりもするのだが、その演出はもちろん、現実を担保するためというよりも、彼が混乱していることを示すためである。ジジェク風の言い方を借りるなら、幾度となく目標の対象を見失いつづける無限のループ空間から抜け出そうとする主人公たちは、それにもかかわらず、その連環運動そのものにある種の享楽を覚えているのだ(『厄介なる主体』)。

今やウィルスによるテロを未然に防ごうとしているジェームズだが、過去は変えられないとキャサリンは考えている。彼の混乱はまた、同じ名画座にかかっているヒッチコックの『鳥』でヒロインがカラスに襲われる一瞬のショットの引用によっても暗示される。映画館を出るとき、黒髪のはずのキャサリンが金髪に化けているのは、『めまい』でマデリンとジュディとを見事に演じ分けた往年の大女優キム・ノヴァクへのオマージュであろう。

Ⅵ-20 『めまい』より

いよいよ映画の終盤、テロの正体を突き止めて、これを阻止しようと主人公はキャサリンと急いで空港に駆けつける。だが、ウィルスを盗んで世界的なテロをもくろむ細菌学者の助手にジェームズが銃を向けたとたん、彼のほうが逆に空港警察から銃弾を浴びることになるのだ。床に倒れる主人公、彼に駆け寄って抱きつくキャサリン、そしてそれをじっと見つめている少年、この三人がスローモーションでモンタージュされる。つまり、『ラ・ジュテ』と同じく、観客はラストでもういちど最初の場面へと引き戻されることになる。悪夢のなかに登場していた男が実は自分自身であったことをジェームズが悟るのは、まさしく死の瞬間においてである。キャサリンと少年とが視線を合わせたらしいことが、両者のショット‐切り替えしショットで示される。彼女の表情は軽く微笑んだように見えるが、それというのも、その少年こそがジェームズに他ならないことに気づいたから

VI-21 『12モンキーズ』より

であろう。

かくして危険なウィルスを隠しもった助手は首尾よく機内に乗り込むことに成功するが、その座席の隣には、序盤に登場した二〇三五年の女科学者が待ち構えていて、「わたしは救済保険屋」と自己紹介する。だとすると、彼女がジェームズに代わってテロを未然に防ぐことになるのだろうか。だが、すでにウィルスは撒かれていて世界は壊滅状態にある、というのが映画の筋書きだから、歴史を変えることは彼女にもできなかったのだろう。

本作にはさらに重要なサブプロットがある。主人公は当初、タイトルにもなっている動物愛護団体「12モンキーズ」をテロ犯と疑っているのだが、やはり狂人扱いされているそのリーダー（ブラッド・ピット）を中心に、彼らが敢行したのは、よりにもよって動物園の獣たちを檻から解放するという破天荒な「テロ」であった。フィラデルフィアの街を何頭ものキリンが闊歩するさまは実に爽快である（図VI—21）。主人公が最初に送り込まれた精神病院でそのリーダーは、動物実験や大量消費の現実を痛烈に揶揄する。そんな人類は絶滅するしかないかもしれないが、ウィルス散布後も、動物たちは汚染と極寒のなかをたくましく生き延びている。人類は地球環境を大きく変えてしまったが、長い目で見れば、地球は人類誕生以前の状態に逆戻りするだけのことだ、かくしてふたたび動物の時代が到来する、映画は強烈な皮肉と諧謔を込めてそう主張したいのかもしれない。

ジャン＝リュック・ゴダールとテリー・ギリアム――モダンとポストモダンのディストピア

『ラ・ジュテ』の舞台がポスト黙示録のパリだったとするなら、同じくパリを架空の惑星の首都に見立てているのがゴダールの『アルファヴィル』である。SFやフィルム・ノワールやハードボイルドといった複数のジャンルをまたぐこのパスティーシュ作品には、遊び心にあふれるさまざまなパロディ調の仕掛けが盛り込まれている。主人公の秘密諜報員レミー・コーション（エディ・コンスタンティーヌ）の名前は、当時フランスで大衆的な人気を博していたという探偵小説のキャラクターと同じで、一九五〇年代には同俳優によって何本かの映画も撮られていたから、ゴダールはあえてその人気にあやかったことになる。ポピュラー・カルチャーとハイ・アート――本作の場合にはたとえばポール・エリュアールの詩――とをやや唐突に突き合わせるという手法もまた、この監督お得意のものである。別のタイトル案として「ターザン対IBM」が候補に挙がっていたというのも象徴的だ（Darke 8）。

さて、そのレミー・コーションが、この町アルファヴィルを支配する人工頭脳「アルファ60」を破壊するという使命を帯びて、「ギャラクシー（銀河）」（フォード社のベストセラー車）に乗って到着するところから、映画は幕を開ける。九百万キロの宇宙を旅してきたのだと主人公は真顔で言う。町の入り口には「沈黙・安全・論理・慎重」の標識がかかっている。その名のとおり、人工頭脳によって徹底的に管理され操られたこの宇宙都市の住人は、「感情」や「意識」の何たるかを知らない機械のような「ミュータント」たちで、その点では、ジョージ・オーウェルの有名なディストピア小説『1984年』（一九四九年）を髣髴させるところもある。あるいはアルファヴィルという名前自体、オルダス・ハクスリーの同じくディストピア小説『すばらしい新世界』（一九三二年）に登

VI-22 『アルファヴィル』より

VI-23 『アルファヴィル』より

場する最上層階級「アルファ」に由来するとも考えられる。「論理的でない振る舞い」——たとえば妻の死に涙したなどといった——のために処刑されることになるその星の男たちが、屋内プールの周囲で長い列をつくって順番を待っている場面の不条理は印象的だ（図VI—22）。死刑囚が銃で撃たれてプールに落ちると、そのたびに五人の女が飛び込んでシンクロの泳ぎを披露しながら遺体を拾い上げる。誰もがそろって盲目的に命令に従っている、というわけだろう。ゴダールは、その滑稽なまでのナンセンスさに遊んでいるかのようだ。

「アルファ60」はまた、キューブリックの名作『2001年宇宙の旅』に登場することになる「人工頭脳HAL」の先輩でもある。そのコンピュータが君臨し支配する規律的で統制的な技術官僚主義のディストピアの雰囲気を盛り上げているのは、ロケ先に選ばれた、ラ・デファンスの再開発地区に当時新たに建設されたばかりのラジオ局の幾何学的な空間と寒々しい機器の数々である（図VI—23）。光はここで、あろうことか、悪と恐怖のイメージに転倒している。エンリコ・フェルミ街やハイゼンベルグ大通りといった名称には、もちろん、先の大戦で原爆開発に協力した有名な物理学者たちの名前が反映されている。主人公は「フィガロ＝プラウダ紙」の記者を装っているが、これもまた思わせぶりだ。というのも周知のように、「フィガロ」はフランス右派の新聞、「プラウダ」はソビエト共産党の機関紙で、冷戦時代にその二つが合体することなどありえない話だからである。怪物コンピュータの生みの親、フォン・ブラウン教授（ハワード・ヴェルノン）――当初ゴダールは配役にロラン・バルトを望んでいたようだが、滑稽に見えてしまうことをバルトが懸念したため、実現はしなかったという（Darke 72）――が言うには、科学技術は今や「三十年前の米ソによる核支配などもはや子供だまし」に思えるほどに進化している。もちろん、フォン・ブラウンという名前も、ナチスの時代にミサイル開発を指揮し、その後アメリカに亡命して米ソの宇宙開発競争を牽引したヴェルナー・フォン・ブラウンを踏まえていることは、言うまでもない。

その教授の誘いを振り切って、レミー・コーションは無事に使命を果たすことに成功する。そして、教授の娘で「アルファ60」のプログラマーでもある女ナターシャ（アンナ・カリーナ）に愛の何たるかを伝授して、彼女とともに再び車「ギャラクシー」に乗って破壊されたディストピアを後にする。クロースアップの彼女が最初はたどたどしく、二度目にははっきりと口にする「愛しているJe vous aime」という言葉とともに。人工頭脳によるコントロールを失って麻痺してしまった惑星のアンドロイドたちを残して。ナターシャが救われたのは、愛の感情と言葉を知ることができたからである。このいささかロマンチックなハッピーエンドは、ほぼ同じ時期の『軽蔑』（一九六三年）や『気狂いピエロ』（一九六五年）などとくらべて異例に思われるが（この二作については『映画は絵画のように』で比較的詳しく論じたことがある）、そこにもまたパロディの精神が生きているように思われる。

実はゴダールは、この作品より三年前の一九六二年――ちょうどキューバ危機の年で映画にもそれが反映している――に、ロッセリーニやパゾリーニとの競作になるオムニバス映画『ロゴパグ』において、「新世界」と題する二十分の短編を発表しているが、そこですでにパリが黙示録の舞台になっていたことは、忘れずに言い添えておくべきであろう。くしくも『ラ・ジュテ』と同じ年であり、さらにはミケランジェロ・アントニオーニが『太陽はひとりぼっち』(原題は「日食」)で、ローマの新興住宅地エウルを舞台に、不気味なまでに静寂なラストの黙示録的シークエンスを描きだしたのと同じ年でもある(これについても『映画は絵画のように』を参照願いたい)。

さて、その「新世界」は、パリのはるか上空で核爆発が起こったという設定で、これと軌を一にするかのように、男女のカップルの愛のすれ違いがはじまるという話。とはいえ、パリの破壊や爆発のスペクタクルがこれ見よがしに描かれるわけではないという点で、アントニオーニと同じく、反ハリウッド的な「黙示録」に徹している。ただ、事件を伝える新聞のキノコ雲の写真に、爆発音と人々の怒号が効果音で重なるのみ。男(ジャン゠マルク・ボリ)が何日もつづけて新聞に目を通す場面によって、事態の深刻さが暗示されている。ただ一瞬だけ、カメラがパンをすると突然、トロカデロ広場から見たエッフェル塔の大半が濃い霧に包まれて、下層部だけが顔をのぞかせる光景が現われて、わたしたちはハッとさせられる(図Ⅵ―24)。パリのシンボルが破壊されてしまったのか、と。「以前は愛していたのよ」、女(アレクサンドラ・スチュワルト)がそうつぶやく。人々はヒステリー症状に陥り、倫理観や自由の意識が消えたようだ、主人公の男がヴォイスオーヴァーでこう語っている。「世界の終わり」とは「愛の終わり」のことである、この短編はそう主張しているのだろう。とすると、三年後の『アルファヴィル』は、失われた愛を再び取り戻すための銀河系への新たな旅――前述のようにパリでロケされている――であった、と解釈することもできる。ちなみに、

9・11のテロをモチーフに世界各国から十一人の監督が競作したオムニバス映画『11'09"01/セプテンバー11』の一編で、フランスのクロード・ルルーシュは、聾啞の女性に、「恋の終わりは世界の終わり」と手話で語らせているが、これはおそらくゴダールへのオマージュであろう。そのセリフは、個人のみならず地球全体にも当てはまるに違いない。

　ところで、『アルファヴィル』に関連してもういちど呼び出されてくるのが、テリー・ギリアムの名前である。『ラ・ジュテ』から『12モンキーズ』を着想したように、このイギリスの奇才は、『アルファヴィル』からほぼ二十年後、新たにSF映画『未来世紀ブラジル』（一九八四年）を翻案する。舞台は爆弾テロが横行するポスト黙示録的な架空の近未来世界。そこはテロや犯罪防止の目的で住人の情報が徹底的に管理された全体主義ディストピアである（いたるところに張り巡らされた太い金属のチューヴがそれを象徴している）。出世欲のない情報省のしがない役人サム（ジョナサン・プライス）は、味気ない現実から逃れるように、有翼のヒーロー――大天使ミカエル――になって囚われの美女を救いだす夢ばかり見ているが、彼女に瓜二つのジル（キム・グライスト）に現実にめぐり合ったことから一念発起して、組織による誤認逮捕や情報隠蔽を暴こうとするも、反逆罪で拷問にかけられる。こう書くと陰鬱な映画のように聞こえるかもしれないが、実際にはむしろ、『アルファヴィル』と同様にアイロニーやブラック・ユーモア、パスティーシュ――エイゼンシュテインの『戦艦ポチョムキン』、フリッツ・ラングの『メトロポリス』、ゾンビ映画、日本の大魔神など――や映像の遊びに満ち

Ⅵ-24　「新世界」（『ロゴパグ』）より

Ⅵ-25　『未来世紀ブラジル』より

Ⅵ-26　『未来世紀ブラジル』より

た軽妙な味わいに作品の魅力がある。

本作でとりわけ特筆すべきは、管見によれば、黙示録の舞台となる建築空間である。一九六〇年代のゴダールがあえてパリの再開発地区ラ・デファンスをロケ地に選んだとすれば、ギリアムは周到にも、ポストモダンのスペイン人建築家リカルド・ボフィルによってパリ郊外に建設されたばかりの公共住宅「アブラクサス」（一九七八―八三年）にカメラを持ち込む。ディストピアの舞台となるのは、ゴダールではモダニズムの、ギリアムではポストモダニズムの建築空間である。中央広場の「凱旋門」をはさんで、古代の円形競技場をモデルにした「劇場」、さらに十八階建ての「宮殿」の三棟からなり、当時流行の典型的な折衷様式で建設されたこの集合住宅は、当初こそ未来の「ユートピア」にたとえられたものの、すぐに、日当たりの悪い通路や、風が吹き込んで通り抜ける回廊、緑の少ない環境などが取り沙汰されるようになり、閉鎖的で圧迫されるような感覚に批判が集中したという、いわくつきのプロジェクトであった。映画のなかでも、その威圧的な高層ビル（図Ⅵ―25）や昼間でも薄暗い通り（図Ⅵ―26）の雰囲気が際立たされる。ポストモダンの新都市は、それ自体どこか映画のセットの書割りのようにも見える。登場人物たちは、しばしば高い壁に圧倒されたり、吹き抜ける風に歩みを止められたりしている。

さらに、映画の最初と最後に登場して重要な役割を果たす威圧的な情報省の擬似古典主義建物の内部や外観には、ロンドンの南クロイドン発電所が使われている。とりわけ、当局に拉致されたサムが米粒のように小さく見える巨大なドーム状の内部は（図Ⅵ―27）、当発電所の冷却塔で撮影されているが、その非人間的な尺度は、フランス革命期の建築家、エティエンヌ・ブーレー（《王立図書館再建案》、一七八五年）（図Ⅵ―28）やクロード・ニコラ・ルドゥーが夢想した崇高な巨大建造物を連想させるところがある。彼らにとってそれは、革命的なユートピアのシンボルでもあったが、ギリアムはまるでこれを逆手に取るかのようにして、技術官僚主義的な権力の象徴へと変貌させる。

そのドームを仰ぐ床の真ん中で薬物による拷問を受けるサムを救出すべく、高いドームの頂からテロ犯と目されるタトル（ロバート・デ・ニーロ）がさっそうと降りてきてサムの綱を解き、協力して情報省を爆破する。かくして無事にジルと再開したサムは、緑豊かな丘陵地帯――真のユートピア――へ愛の逃避行を遂げる。『アルファヴィル』と同じくめでたくハッピーエンドかと思いきや、画面は一転、もういちど例の巨大ドームの真ん中に拘束されたサムに戻ってきて、カタレプシーに陥ってじっと一点を見つめ、サンバの名曲『ブラジルの水彩画』を鼻歌で口ずさむその虚ろな表情をクロースアップする。実は、

Ⅵ-27 『未来世紀ブラジル』より

Ⅵ-28 エティエンヌ・ブーレー《王立図書館再建案》

Ⅵ-29 『未来世紀ブラジル』より

ラストの救出と爆発劇は、拷問にかけられたサムの幻覚だったのだ。このことはまた、タトルの姿が、街の通りに舞い踊る無数の紙片のなかに埋もれて消えていく非現実的なショットによっても暗示されている（図Ⅵ—29）。先述したように、映画が撮影されたポストモダンの集合建築「アブラクサス」は、やたらと風が通路を吹き抜けるという評判だった。ギリアムの粋なこの演出はおそらくそれを踏まえてのことであろう。いずれにしても本作では、ポスト黙示録のディストピアに救いは訪れないままである。それどころか、権力に歯向かう者は薬物によって生きた屍に変えられ、生政治の闇に絡めとられていくのだ。

再び、ゴダール――週末／終末の映画＝映画の終末

さて、ここで再びゴダールに帰ろう。『アルファヴィル』から二年後に撮られた『ウィークエンド』について彼は、アイロニカルにも作品中で「ガラクタ映画」にして「映画の終焉」とみずから認め、さらに別のところでは「怪物」とも形容している（Kovacs 366-7）。それは、感性の面でもモラルの面でも、映画を見る快感にあえて抗うかのようなアンチ・シネマ作品で、「美的形式のテロル」とも評される（Kovacs 372）。週末にして終末の映画は、映画の終末でもある。あるいは、その後の「ジガ・ヴェルトフ集団」における政治的映画にもつながるという意味で、「リベラルな懐疑論者からラディカルな反逆者へ」というゴダールの移行を画する作品である、という評価もある

(Sterritt 92)。

遺産目当てで週末に田舎の両親のもとを訪ねるパリのブルジョワ夫妻のドライブ旅行という、ロードムービーの形式を大筋で踏まえつつ、そこにフィルム・ノワール、ポルノグラフィー、ピカレスク、ブラック・コメディー、ホラーなど、さまざまなジャンルの味付けが矢継ぎ早に重ねられていく。なかでも、理不尽な三つの長回しはあまりにも有名である。すなわち、妻コリンヌ（ミレーユ・ダルク）による自身の乱交体験についての取り留めない独り言（ジョルジュ・バタイユの『眼球譚』を踏まえている）、次にパリ郊外の田舎道での長い交通渋滞、そして唐突にさしはさまれるピアノ演奏（モーツァルトの『ピアノソナタ第十七番』）、である。順に、固定されたカメラ、トラッキングショット、三六〇度の回転カメラと、その撮影技法も異なる。まず、固定カメラがわずかにパンとズームを繰り返しながら下着姿のコリンヌを逆光のなかにとらえる（約九分半、途中に一瞬だけ「分析 ANAL-YSE」と青で大きくつづられた字幕が挿入されるが、ANAL［アナル］にはもちろん性的な意味が内包されている）。次に、延々とつづく車の列とその合間を縫うようにして強引に割り込もうとする夫婦の車を、道路に並行しながら追いかける移動撮影（約八分間）。横転した車や死体も道端に転がっている（図Ⅵ―30）。そして、農家の広い庭の中央に運ばれた銘器ベヒシュタインを起点に左回りに二回と右回りに一回ぐるりと回転しながら、まばらで物憂げな聴衆を映しだすショット（約七分半）、である。この三種のカメラワークによる長回し――撮影監督はゴダール組の常

Ⅵ-30 『ウィークエンド』より

連ラウール・クタール――は、やはり順に、ことさら卑猥なセリフによって、次にけたたましくて耳ざわりなクラクションの洪水によって、そして突然の「アクション・ミュージカル」の長い挿入によって、あえて観客を戸惑わせて嫌悪感や不快感を味わわせるもので、まさしく映像による「テロル」と呼ぶにふさわしい。あるいは意図された「視覚の横暴」という言い方もできるだろう(1997 Dixon 89)。わたしとしてはまた、意味や目的の彼岸で過剰なものを使い果たすという、ジョルジョ・バタイユの「蕩尽」という概念を当てはめてみたい(『呪われた部分』)。

もちろん、こうした不条理なパスティーシュの手法それ自体は、それまでのゴダール作品にも見られるものだが、本作では、それがさらに過激化し、黙示録的で終末論的な結末へと形式的にも内容的にもほとんど否応なくなだれ込んでいく。その意味で象徴的なのは、映画の中盤にかかるころ、夫婦が道端で拾ったヒッチハイクの男が、「神の子」つまり「神」だと名乗り、「俺は現代に文法の終わりを、そしてすべての分野、特に映画にフランボワイヤンの到来を告げにきた」と豪語する場面である。この「フランボワイヤン」はフランス・ゴシック美術の末期様式を指してよく使われる語で、「炎のように燃え上がるけばけばしい」特徴を表わす。「神」を自認するこの男に、ゴダールはおそらくみずからを重ねることで、映画の文法を焼き尽くすという黙示録的な目論見をそれとなく語らせているのだろう。

それかあらぬか、夫婦の行く先々いたるところに、衝突して炎に燃える車やトラック、転がる数々の遺体が繰り返し何回も登場し、それが全編の基調をなしているといっても過言ではないほどだ。しかも驚くべきことに、誰もそれを気に留めようとする気配すら見せない。夫婦の乗っているフォードの高級車も衝突事故にあって燃えてしまい、二人はヒッチハイクをする羽目になる。三台の車がぶつかり合って炎を上げるその瞬間を、巧妙にもゴダールは、コマとコマのあいだの黒いスリットをあえて残して映像化し、まるで撮影そのものにも何らかのトラブルが生じたかのように描いている（図Ⅵ—31）。命からがら燃える車中から這い出す妻は、「エルメスのバッグが」と悲鳴を上げている（図Ⅵ—32）。フォーディズムと消費資本主義への痛烈な批判が込められた場面である。

　ヒッチハイクを重ねてかろうじて目的地に到着し、親を殺して遺産を手にした二人を待ち受けているのは、しかしながら、森に潜伏しているビート族ゲリラの一味で、カニバリストでもある彼らのおかげで、妻は夫の人肉をそれと知らずに「おいしいわ」といって食べてしまうことになる。しかも、その事実を知っても表情を変えることなく「お代わりするわ」と応えるほど。そもそもこの夫婦もまたお互いの命を狙っていたのだし、妻の母親を殺してその死体を焼き払っていたのだ。ゲリラのメンバーが死体や股間のうえで唐突にも生卵を割る場面は（図Ⅵ—33）、おそらく、「卵を割らねばオムレツはできない」というフランスのことわざ——リスクや犠牲なしには何もかなえられない——のもじりであろう。これはまたフランス革命から文化大革命まで、あらゆる革命のスローガンでもあった。よく肥えた豚を彼らが屠るのも、ブルジョワが「資本主義の豚」に他

Ⅵ-31　『ウィークエンド』より

Ⅵ-32　『ウィークエンド』より

Ⅵ-33　『ウィークエンド』より

ならないからである。ロックバンドにしてシネフィルでもある彼らはまた、「捜索者」や「大砂塵」や「ポチョムキン」などといういにしえの名画のコードネームで互いを呼び合っていて、意味不明のメッセージを発している。この間もずっと、メンバーのひとりがたたく乱暴なドラムの音がけたたましく響いていて、観客にあえて不快感を与えているかのようだ。当時のゴダールは毛沢東主義に傾倒していたといわれるから、これらはどれも一種の自己アイロニーであろうか。いずれにしても本作を最後にゴダールは、しばらくのあいだ商業映画から決別することになる（撮影監督クタールとのコンビもいったん解消される）。その意味でこの黙示的な作品は、終わりの始まりを告げるものでもある。

ピエル・パオロ・パゾリーニとリリアーナ・カヴァーニ――現代のカニバリズム

カニバリズムと「資本主義の豚」のテーマは、くしくもパゾリーニが『豚小屋』（一九六九年）で挑むことになるものでもある。場所も時代も特定されない荒野――十字架が出てくるのでおそらくは中世、ロケ地はシチリア島のエトナ山一帯――で生き残ろうとして人肉を食らったために処刑される匿名の若者（ピエール・クレマンティ）、そして、豚とのセックス（あるいは自慰行為）にふけったあげくに豚に食われてしまう現代ドイツの大ブルジョワの息子ユリアン（ジャン゠ピエール・レオ）、これら二つの荒唐無稽なエピソードが何の脈絡もなく交互につなぎあわされていくこの映画は、神話と現実、寓意とイデオロギーとが交差しあうという点で、『アポロンの地獄』（一九六七年、原題は「オイディプス王」）や『テオレマ』（一九六八年）とも通じるところがあるが、アナーキーな黙示録的基調の点で、それらの比ではない。観客は、何の接点もありそうにない、それどころか時代も状況もきわめてかけ離れた二人の青年の破滅を、代わる代わる目撃することになるのだ。ちなみにこの映画には、当時ゴダールのパートナーでもあったアンヌ・ヴィアゼムスキーがマリアンの女友達イーダ役で出演しているが、彼女とジャン゠ピエール・レオの二人は、ゴダールの『中国女』（一九六七年）でも共演している。この配役の一致も偶然ではないだろう（とはいえパゾリーニは、ゴダールとは違って、文化大革命に希望を見いだしてはいない）。

一方は、火山灰の乾いた不毛の曠野が、他方は、新古典主義の豪華な屋敷——遺作の『ソドムの市』（原題は「サロ、あるいはソドムの一二〇日」）の場合がまたそうであるように、パゾリーニにおいて宮殿は全体主義的な権力の象徴でもある（Viano 219-220）——が舞台で（ロケ地はボンのゴーデスブルクの居城）、しかも、前者において、しばしば手持ちのカメラがめまぐるしく動くもセリフはほとんどなく、逆に後者では、カメラはたいてい固定されて対象を真正面からとらえるが、登場人物たちは誰もが雄弁に語るといった調子で、二つのエピソードは、中身のみならず手法の点でもあえて対照的に描かれている。

では、もちろん寓意的で風刺的であるとはいえ、そもそも一見してほとんど無関係に思われる、これら二つの逸話はなぜ結びつくのだろうか。カニバリズムも獣姦も、その倒錯性や反社会性において究極のタブーであるが、パゾリーニはそれぞれの主人公の二人にそれとなく自分を重ねていると考えられる。地面に磔にされるラスト（図Ⅵ—34）、それまでセリフを発することのなかった匿名の若者が、フロイトを連想させるような調子で突然こう叫びはじめ、しかも何度もくりかえす。「俺は父親を殺して、人肉を食らった。喜びに震える」、と。よく知られているように、精神分析の父によると、原父殺害とカニバリズムという人間の原初的な欲望を抑圧するところから一神教が生

VI-34 『豚小屋』より

VI-35 『豚小屋』より

まれる。

一方、ユリアンは豚に食われてしまうのだが、そしてその不条理は皮肉にも、彼が豚小屋に足を踏み入れるシンメトリックで幾何学的なショットによって暗示されるのだが（図VI—35）、ブルジョワの別名が「豚」だとすると、ここでもまた食人が起こっていることになる。元ナチ党員の大実業家である父親本人が、自分を「豚」になぞらえて、画家ゲオルゲ・グロッスならうまく描いてくれるだろうと口走るシーンもある。実際にもこのドイツの画家は、ブルジョワを豚の姿で表現した挑発的な風刺画——たとえば《陽気な国》（一九二〇年、個人蔵）（図VI—36）など——で知られる。つまりユリアンは、みずから属する階級の犠牲になっているのである。ただし彼は、父親にあえて反抗するわけでも、逆に素直に従うわけでもない。だから父親は手の下しようがない、と愚痴をこぼす。しかもイーダと違って、学生運動にもまったく関心がない。つまり、ハーマン・メルヴィルの小説の主人公バートルビーにも似て、ほとんど無為の青年なのだが、それゆえに反社会的とみなされているのだ。パゾリーニがこの小説のことを念頭に置いていたかどうかはわからないが、後にアガンベンはその書写バートルビーの無為——「しない方がいい」——を、ひとつの潜勢力ないし「生の形式」としてむしろ積極的に評価することになるだろう（『バートルビー』）。一九六〇年代半ばにパゾリーニのサークルに出入りし、『奇跡の丘』（一九六四年）に使徒フィリポ役で出演したアガンベンのことだから、何らかの影響を受けていたかもしれない。一方、パゾリーニとアガンベンの二人にたいして、共感を抱きながらもあまりにも黙示録的だと批判するのは、ジョルジュ・ディディ＝ユベルマンである（Didi-Huberman）。

さて、一見かけ離れた二つのエピソードは、管見ではカニバリズムの観点から結びつくように思われるのだが、どちらにも登場する人物がひとりだけいる。パゾリーニ映画の常連、ニネット・ダヴォリが演じる、狂言回しとも証言者ともとれる役である。中世のエピソードでは、やはり匿名の彼はことの成り行きを遠くからじっと無言で眺めている。カメラが彼の視点と一致することも少なくない。最後に主人公が処刑されるときも、役人や兵士たちが立ち去った後もずっとその場に残り、ひざまずいて祈るような姿勢をとっている。一方、現代ドイツのエピソードでは、貧しいが気のいいイタリア移民の使用人マラキオーネとして登場し、最後にユリアンが豚小屋に向かうときにも、まだ何も知らない彼は「こんにちは、お坊ちゃま」と笑顔で挨拶を交わす。事の顚末を屋敷の客人たちに報告するのも彼で、駆けつけたときにはユリアンはもうほとんど豚に食べつくされていて、きれいに跡形もなくなってしまった、と痛ましそうに語る。すると客人のひとり、時の権力に応じて自分の立場をころころ変えていく男（ウーゴ・トニャッツィ）――そうした政治姿勢をイタリア語では「変幻自在」の意味で「トラスフォルミズモ」と呼ぶ――が、閉じた唇に人差し指を当てる仕草を見せて、「なら

VI-36　ゲオルゲ・グロッス《陽気な国》

ば誰にも何も言うな」と諭して幕となる。純朴なマラキオーネは、黙示録の作者ヨハネよろしく、いかに惨たらしい光景とはいえ、見聞きしたことを忠実に報告するだけなのだが、他言は無用とすかさず制されてしまうのである。いかなる組織的な政治活動にも与することのないパゾリーニの共感はもちろん、声を上げることすらできない下級労働者や貧しい農民たちに向けられている。ちなみに、『豚小屋』はもともと舞台劇のために構想されたが、その脚本ではカニバリズムへの暗示は希薄で、代わってユリアンと哲学者のスピノザが人間の「受動性」をめぐって議論するという空想的な場面が際立つ（Pasolini Teatro 630-636）。映画ではそれをユリアンの「無為」で代替するとともに、ポスト黙示録的なカニバリズムの寓意——人が人を食らう——によって、中世と現代のエピソードを紡いでいくのだ。

そのパゾリーニとも親交のあった女流監督リリアーナ・カヴァーニもまた、『豚小屋』とほぼ時を同じくして、カニバリズムを主題にした映画、その名もずばり『人食い人たち（イ・カンニバリ）』（一九六九年）を撮っている。カヴァーニの名前は、往年の映画ファンには、ナチズムの倒錯したエロスを官能的に描いた『愛の嵐』（一九七四年）などで知られるが、残念ながら、『人食い人たち』の本邦での一般公開はなかったようだ。

舞台は近未来のミラノ、死体があちらこちらに転がるディストピア的な市街地の映像が全編にあふれる。時の政府に歯向かおうものならこうして処刑され、埋葬を禁じられたまま見せしめのために放置されているのである。遺体に触ったり動かしたりしただけでも、すぐに当局に通報されるため、市民たちの誰もが無視したり避けたりするようにして通り過ごす。エンニオ・モリコーネ作曲のロック調の歌『人食い人たち』をバックに、最初のタイトルクレジットからたてつづけに——七つのカットで――そうしたミラノの光景を見せられるので、観客はこれからいったい何が起こるのか、もはやスクリーンから目が離せなくなる。画面の両端で頭をこちらに向けて死体が転がる道路を、真ん中の神父がただ形式的に祈りながら歩くすぐ後ろから、薬剤を散布する清掃車がゆっくり走ってくる計算されつくしたショットも忘れられない（図Ⅵ―37）（ちなみに、この印象的な構図は、ルネサンスのミラノを代表する画家ブラマンティーノの《聖アンブロシウスと聖ミカエルのいる聖母子》［一五二〇年頃、ミラノ、アンブロジアーナ美術館、図Ⅵ―38］をアイロニカルに踏まえているように思われる。いずれも、中央の聖性をはさんで、左右に極端な短縮法で地面にころがる身体――絵の場合にはそれぞれ二人の聖人のアトリビュート――が配されているのである）。こうしてポスト黙示録の都市は、政治面ばかりでなく衛生面でも精神面でも抜かりなく統治されている、というわけだ。皮肉にも「清潔なミラノ」という広告も目に入る。このように本作の基調は、リアリズムというよりも不条理劇風のアイロニーにある。

　そんななか、犠牲となった兄の遺体を運んで埋葬しようとしたためにやはり当局によって抹殺されてしまう女（ブリット・エクランド）がこの映画の主人公である。つまり、ソフォ

Ⅵ-37　『人食い人たち（イ・カンニバリ）』より

Ⅵ-38　ブラマンティーノ《聖アンブロシウスと聖ミカエルのいる聖母子》

クレスの悲劇『アンティゴネー』を緩やかに踏まえていて、女の名前もそのギリシア悲劇のヒロインと同じ。ただし映画では、兄だけでなく多くの市民の遺体も等しく埋葬しようとする。その彼女に手を差し伸べるのが、意味不明の言葉をごく稀に発する、どこの馬の骨とも知れない青年ティレシアス――ギリシア悲劇では予言者――で、彼もまた彼女と行動をともにして犠牲になる。その役を演じるのが、『豚小屋』と同じピエール・クレマンティ。とりわけ一九六〇年代から七〇年代にかけて、抵抗と反逆のシンボルとして、ルイス・ブニュエルやベルナルド・ベルトルッチらにも重用された、やはり往年の映画ファンには懐かしい名前である。

よく知られているように、『アンティゴネー』は、とりわけヘーゲルから今日に至るまで、神々と人間、オイコスとポリス、男性性と女性性、法と欲望などのあいだののっぴきならない葛藤の物語として読まれてきたという伝統があるが、カヴァーニの本作もこうした解釈を踏まえつつ、そこに当時のイタリアの政治的・社会的状況を風刺的に重ね合わせている。実際にも、この映画の完成直後、まさしくミラノで極右によると目される無差別テロが発生したという事後談までついている（この事件は、マルコ・トゥリオ・ジョルダーナによって二〇一二年に『フォンターナ広場 イタリアの陰謀』として映画化された）。いわゆる「鉛の時代」と呼ばれる数々の武装テロの到来を告げる事件である。

ところで、タイトルの「人食い人たち」とはいったい誰を指すのだろうか。『豚小屋』では、クレマンティ演じる若者が文字どおり「人食い人」だったが、カヴァーニの映画で彼が扮するティレシアスはギリシア悲劇の予言者に相当する。また『豚小屋』とは違って、誰かが人肉を食らっているシーンがあるわけでもない。とするなら、あくまでも比喩的なものととらえるべきで、「市民を食い物にする権力」とでも言い換えることができるかもしれない。

未完のパゾリーニとライナー・ヴェルナー・ファスビンダー――『ポルノ‐神‐巨編』

さて、ここでもういちどパゾリーニに戻るなら、残念ながら実現されなかったものの、その構想が残されている作品が存在する。挑発的なまでに瀆聖的なタイトル、『ポルノ‐神‐巨編 Porno-Teo-Kolossal』と題されたものがそれである。パゾリーニ自身によって温められ記された比較的詳しいシノプシス（一九六七―七五年）が残されていて、『ソドムの市』（一九七五年、原題「サロ、あるいはソドムの百二十日」）につづいて映画化が望まれていたにもかかわらず、突然にして謎の死のために、日の目を見なかったものである（Pasolini Cinema 2695-2760）。

その「ポルノ‐神」は、キリスト教でおなじみのいわゆる「東方三博士の旅」を踏まえて現代に置き換えたもので、彗星の動きからメシアが生まれることを予見したひとりのマギ、主人公のナポリ男が召使を連れて、その彗星に導かれながら半島を北上し、目的の地、中東の町ウルを目指すという話である。「ポルノ」と「神」とをハイフンで結ぶ独特のタイトルは、ピエール・クロソフスキーを論じつつ「神学とポルノグラフィーの統一性」について語るジル・ドゥルーズ（『意味の論理学』）にヒントを得たものかもしれない（Maggi 111）。神学とポルノの両者は、一見すると真逆のように見えるかもしれないが、ドゥルーズによると、「倒錯」という点において相性がいい、というわけである。ナポリ男には当初イタリアの喜劇王トトが想定されていたが、一九六七年に亡くなったため、友人の劇作家で映画監督でもあるエドゥアルド・デ・フィリッポに白羽の矢が立てられた。召使役は、パゾリーニ組の常連ニネット・ダヴォリである。パゾリーニはすでに、聖フランチェスコに題材をとった喜劇『大きな鳥と小さな鳥』（一九六六年）や、オムニバスの一篇「雲とは何か」

（一九六八年）で、トトとニネットを起用して成功を収めていたから、もし念願の映画が実現していれば、記念すべき第三作目となったはずである。ローマ（ソドム）、ミラノ（ゴモラ）、パリ（ヌマンティア）を通って目的のメシア誕生の地へと向かう彼らの奇想天外な珍道中――破天荒なロードムービー――に、わたしたちもしばし付き合ってみることにしよう。

喧騒のなかナポリ中央駅を出発したマギと召使の二人が最初に立ち寄るのは、同性愛だけが合法と認められた現代のソドム、ローマの町である。とはいえ、それでは子孫が増えていかないから、年に一度だけ「受胎祭り」なるものが催されていて、選ばれた若い男女のカップルたちが乱痴気騒ぎに身を任せる。だが、それ以外のときに男女が交わるのはご法度で、禁を犯せばさらし者にされることになる。転倒した慣習に戸惑うマギと召使だが、この現代のソドムが神の怒りで焼け落ちる「黙示録的スペクタクル」を、二人は驚きとともに楽しんでいる風情である。次に向かうのは、今度は逆に異性愛だけが認められた現代のゴモラ、ミラノの町。強制的異性愛のこの町で同性愛の関係をもとうものなら、たちまち警察に捕まって痛いお仕置きを受ける。ここはまた、強奪や殺人やレイプの絶えない「暴力都市のユートピア」で、パゾリーニ自身の言によると「一九七〇年代半ばに典型的なイタリアの都市」である。が、ソドムと同じくこの町にも天罰が下ることになる。

終末論的でピカレスク的でもある旅程を経てパリ――ローマの支配下に落ちた古代の町ヌマンティアの現代版――へと到着した二人を待ち受けていたのは、ファシスト軍によってすっぽりと包囲されている町（ナチ占領下のパリを連想させる）。警察やテクノクラートもみんなその一味である。一部の知識人や詩人たちが抵抗を試みるも、市民の多くは集団自殺に走っている。要するに、降伏か集団自殺だけが選択肢として残されているのだが、生きてファシストの奴隷になるより名誉ある死を選ぶ者の方が圧倒的に多い。最後まで抵抗していた詩人――パゾリーニの分身だろうか――も「革命万歳！」の叫びとともに銃殺されてしまう。

こうして自滅していく町を後に、さらに天の彗星を追いかけて最後に二人がたどり着くのが、中東のウルという町。ところが、思いがけずもそこで知らされるのは、「たしかにメシアは生まれたが、それはもうずっと前のことで、とっくの昔に死んでしまって忘れられている」という事実。時すでに遅し。ショックでマギはその場で息絶えてしまう。一方、召使はこのときはじめて天使としての正体を現わし、主人のマギをはるか天空へと引き上げて、無限のかなたに地球を見下ろす。小便をしたマギが独り言のようにつぶやく、幻想が自分を導いてきたが、現実を理解させてくれたのもまた同じ幻想だ、と。アポカリプスにスカトロジーが重なる。「終わりはない。待てよ。きっと何かが起こるから」、監督のメモはマギのこのセリフで閉じられている。

パゾリーニ自身のコメントによると、ラストは「ますますコミカルに、ますます不可解でシュールになる」という。黙示録で味付けされたこの性と政治をめぐる現代の大人の寓話が完成していたとしたら、おそらく、晩年の重苦しい権力の寓話『ソドムの市』とはやや趣を異にして、『豚小屋』のシュールな不可解さと『デカメロン』の諧謔的エロスを掛け合わせたような作品になっていたかもしれない。とはいえそこには、風刺や皮肉のみならず、ペシミズムの影が否応なく差しているように思われる。メシアを拝むことは、二十世紀のマギにはかなわなかったのだから。

死の直前まで練り直されていたというこの作品は、残念ながら日の目を見ることはなかったが、監督の最期の日々を描いたアベル・フェラーラの伝記映画『パゾリーニ』（二〇一四年）のなかに、映画中映画として想像的に再現されている場面がある。ここにおいて、本来は召使にして天使を演

VI-39『ライナー・ヴェルナー・ファスビンダー　フランツ・ビーバーコップの夢についての私の夢』より

じるはずだったニネット・ダヴォリが、主人のマギ役のエドゥアルド・デ・フィリポとして登場し、二人が夜空に彗星がきらめくのを見てナポリを出発し、ローマで「受胎祭り」を見物する姿がややコミカルに描かれていく。その場面にかぶさるように、インタビューを受けるパゾリーニ（ウィレム・デフォー）の「けれども決して天国には到達しない」という重い声が流れる。フェラーラもまた諧謔の内にペシミズムを見ているのだ。

一方、『ポルノ－神－巨編』からおのずと連想されるのは、タブーへの挑戦と侵犯、ゲイ・カルチャー、母親との特別な関係、謎の死、アルカイックで祭儀的なものへの嗜好、高級文化と大衆文化、神聖と猥雑との特異な混交などにおいて、パゾリーニと共通するところの少なくないドイツの監督ライナー・ヴェルナー・ファスビンダーである（Ponzi 1-7）。なかでも注目は、彼がテレビ用に製作した全十四話の大作『ベルリン・アレクサンダー広場』（一九八〇年）の最後を飾るエピローグ、『ライナー・ヴェルナー・ファスビンダー　フランツ・ビーバーコップの夢についての私の夢』。一九二〇年代のベルリンを舞台にした前の十三話から相対的に独立したこの寓意的なエピローグでは、刑務所から精神病院へといたる主人公フランツの最後の「破滅」が描かれるが、大半は、甲冑を着けた二人の天使に導かれるというよりも翻弄されるようにしてダンテ的な煉獄を遍歴するフランツ――もちろん監督の分身でもある――の、強迫的な夢や妄想からなる。途中、フロイトの感化を受けた若い精神科医が、患者を囚人扱いする同僚に反対して、「心の問題」を指摘するシークエンスがある。

黙示録的で終末論的な基調のもと、豊富に引用されるキリスト教美術の図像、サド・マゾヒズムのプレイ、そしてナチズムの抑圧的イメージなどは、もしもパゾリーニが未完の大作を実現していたなら似たようなものになっていたのではないか、と思わせるところがある。核爆発のキノコ雲と轟音とともに、十字架に磔にされたフランツが息絶える終盤の場面は、ナンセンスでもあれば瀆聖的でもある（図VI―39）。もちろん、ファスビンダーがこのエピローグで先輩パゾリーニのことをどこまで意識していたかは定かではないし、あくまでもメロドラマ好みの後輩は先輩のように政治的なメッセージ性を前面に打ち出すこともない。しかも、ドイツの後輩の方がイタリアの先輩よりもいっそうペシミズムとニヒリズムの色合いが濃いのも事実である。とはいえ、黙示録的なイメージにおいて、両者のあいだにある種の類似性があると思われるのは、わたしの深読みであろうか。

アンドレイ・タルコフスキー――思索的アポカリプス

黙示録はまた、ロシア人監督アンドレイ・タルコフスキーの幾つかの作品にも深い影を落としている。とりわけ晩年の『ノスタルジア』（一九八三年）と『サクリファイス』（一九八六年）にそれは顕著だが、これらについては「聖愚者（ユロージヴィ）」との関連で前著『映画とキリスト』のなかで比較的詳しく論じたことがあるので、そちらを参照いただくことにして、ここでは、監督のソビエト時代最後の作品である『ストーカー』（一九七九年）に焦点を当ててみたい。というのも、晩年の二作へとつながる黙示録と「聖愚者」との結びつきは、まずこの特異なSF作品において浮上してくるからである。その意味では、タルコフスキーにおけるSFを、ロバート・ハインラインのいうSF、すなわち「思索的フィクション Speculative Fiction」と読み替えることもできるだろう。

本作の舞台となるのは、まさしくマトリョーシカ人形さながら入れ子状に重なり合う三つの異質な空間である。順に、閑散として寒々しい町、そのなかにある謎の一帯「ゾーン」、そしてその中心に位置する「部屋」と呼ばれる神秘の場、である。それらはまた、日常と非日常と超越の空間と言い換えることができるだろうが、さらに、それぞれが順に、ジャック・ラカンのいう「象徴界」と「想像界」と「現実界」にも緩やかに対応するようにわたしには思われる。「ゾーン」は、何らかの原因——二十年ほど前に隕石が落下したことが示唆されるが、明示されることはない——で当局によって立ち入り禁止区域とされていて、常時見張りの軍隊が配備されている（原作の同名の小説では、そこはかつてエイリアンが着陸した一帯で、その高度なテクノロジーによって風景が変わったことになっているが、映画ではそうした典型的なSFの筋書きは巧みに回避されている）。匿名の国という設定ながら、そこには、ソ連の一党独裁への批判が暗に込められているのは確かだろう。

ところが、その「ゾーン」のなかには望みが何でもかなうという「部屋」があるので、不法侵入しようとする者が後を絶たない。その手引きをして「部屋」へと案内する男が「ストーカー」（アレクサンドル・カイダノフスキー）と呼ばれ、非常線が張られている厳重な監視の目をくぐって、インスピレーションを求める「作家」（アナトリー・ソロニーツィン）と、真相を突き止めたい科学者の「教授」（ニコライ・グリニコ）の二人をそこに導くことになるのだ（蛇足かもしれないが、三人それぞれが順に、精神性、芸術、科学を象徴している）。だが、ストーカーが語るには、通称「ヤマアラシ」と呼ばれた先輩は、そこにたどり着いて希望もかなえたにもかかわらず、結局は自殺してしまったのだという。つまり「部屋」は、そこに踏み入ると破滅してしまう危険をも秘めているようだ。

映画の冒頭、セピア調のモノクロで描かれるどんよりとした陰気な日常の空間は、まるで荒廃したディストピアのような様相を呈していて、ストーカーと妻との冷めた関係にも暗示されるように、幸福や笑いの失われたポスト黙示録的な世界のように見える。しばしば指摘されてきたことだが、それはあたかも、一九八六年に発生したチェルノブイリ原子力発電所事故を予言しているかのようでもある。

ところが、三人が「ゾーン」に接近するや、画面は一転して鮮やかなカラーへと変わり、明るい光とみずみずしい緑にあふれる空間が眼前に広がる。とはいえ、澄んだ静寂のなか、せせらぎの音と小鳥や虫の鳴き声は聞こえるものの、そこには人間はおろか動物の影すらなく、電柱――まるで十字架のようにも見える――は倒れかけて、いたるところに鉄くずや廃材が転がっている（図Ⅵ―40）。つまり、過去の異常な破壊の跡をとどめるために、素直には地上の楽園とは認めがたい両義的な性格を帯びた空間なのである。チェルノブイリの事故よりも前、ソ連では一九五七年にすでにマヤーク核技術施設で爆発事故が発生し、その後も放射性廃棄物のぞんざいな処理による事故がつづいていた。あるいはまた、「ゾーン」には、スターリン時代のシベリア強制労働収容所「グラグ」が何がしかの影を落としているという解釈もある（Powell-

Ⅵ-40 『ストーカー』より

Jones 75)。

その意味で暗示的なのは、三人がいよいよ本格的に「ゾーン」に足を踏み入れようとする瞬間の長回しのショット（およそ二分半）である。カメラはまず、かろうじて形を残すも黒く焼けて朽ち果てたワンボックスカーの全体を真横から狙うとゆっくりとズームしていき、ガラスの割れ落ちたドアの窓に近づき、その窓越しに、画面左からひとりずつフレームに入ってくるところをとらえる（図VI—41）。最後に入ってきた作家が後ろを振り向いて、慄然として「乗っていた人はどうなったんだ」とつぶやくと、ストーカーは後ろを向いたまま「知りません」とそっけなく応じる。車の向こうはおそらく坂になっているようで、この坂をおもむろに下る三人の姿が画面から見えなくなっても、カメラはゆっくりとズームしながら、行く手の草叢に打ち捨てられた何台もの戦車らしきものの残骸を映しだしている。この間、風の音と小鳥の鳴き声だけが響いている。期待と不安が交差する不気味で美しいシーンである。

VI-41 『ストーカー』より

わたしのような田舎育ちの前期高齢者ならおそらく誰もが子供のころに似たような経験があるのではないだろうか。町や村には必ずどこかに何かの理由で立ち入ることがためらわれるような一帯——たとえば神社の裏山とか、長くて暗いトンネルなどといった——があって、こわごわ何人かで近づいていった、という。それはおそらく、「想像界」から「象徴界」に参入しつつある子供が、新たに別の想像的世界を自己の周りに求めようとする営みだったのかもしれない。タルコフスキーの本作には、幼いころのそうした記憶ともどこかつながるところがあるように思われる。

さて、目的の「部屋」はそれほど遠くないところに見えているにもかかわらず、じかに接近することはできないのだと、ストーカーは説明する。勝手に近づこうとする作家に、いきなり大きな鉄の棒を投げつけることもある。「ゾーン」は敬うべき神聖な場所で、遠回りしなければ安全に目標にたどり着くことはできない、というのだ。ナットに包帯を巻きつけたものをあらかじめ投げては前進しているところをみると、地雷のようなものが隠れていないか確認しているのかもしれない。敬うべき場は同時に死の恐怖にさらされる場でもある。しかも、先回りしていたはずの教授と突然に二人が出会ったりするから、この全体像のつかめない空間は、客観的というよりも主観的に体験されている。登場人物の行動や運動のつながりをスムースに追うというよりも、ためらいや待機、方向感覚の喪失、時間の持続や跳躍を記録していくという、タルコフスキーの映像の特徴は、ここでもいかんなく発揮されている。

「部屋」は直線距離でほんの数百メートル先にあるというのに、三人は、わざわざ迂回したり、滝のように流れ落ちる水の隙間を潜ったり、長くて危険な廃墟のトンネルを抜けたりしながら恐る恐る目的に接近していく。どこからともなく一匹の黒い犬が姿を現わすが、それはまるで、ギリシア神話に登場する冥府の番犬ケルベロスのようでもある（Robinson 455）。すると突然、地面が揺れ竜巻が上がると、『黙示録』からの引用（6:12-17）がヴォイスオーヴァー（ストーカーの妻の声）で流れる。そこには、第六の封印が解かれて「神と子羊の怒りの大いなる日」が到来し、それに耐えられる者は誰もいないことが記されている。画面はここで、地面に横たわって眠るストーカーの顔のクロースアップとともにカラーから再びセピア調のモノクロームに変わり、淀んだ浅い水たまりを移動カメラが真上から近距離でゆっくりと滑るように捉えていく。このおよそ三分間の長回しのあいだ、藻やゴミに交じって淀んだ水底から見えてくるのは、注射器や金属器、鏡のかけらやピストル、布切れやバネ、コインや時計、カレンダーの日付「十二月二十八日」——奇しくもタルコフスキーの命日は同月二十九日——など、いわば過去の文明の残骸である。そのなかにはまた、レンブラントのエッチング《三本の樹》（一六四三年）や、ヤン・ファン・エイクの《ヘントの祭壇画》（一四三二年）の複製の一部など、監督好みの絵画の断片もある（図Ⅵ—42）。その祭壇画の主題が『黙示録』の「神秘の子羊の礼拝」であるというのも、おそらく偶然ではない。唯一、生命の痕跡をとどめているのは、透明なガラスの鉢のなかで泳いでいる数匹の小さな淡水魚だけ。本編のなかでもっとも暗示的で詩的、かつ不安を掻き立てられるようなこの長回しの後、画面はもういちどカラーに戻って、目を開けるストーカーのショットに変わるから、わたしたちが見ていたのは、おそらく主人公の白昼夢か空想のイメージだったのだろう。西洋において、日用品を描いた静物画は、人生や現世のむなしさを意味する「ヴァニタス」の象徴とされてきたという長い伝統がある。淀んだ水たまりのなかに打ち捨てられたタルコフスキーの静物たちの残骸の映像は、「ヴァニタス」を二乗して喚起させる。とはいえ、このシークエンスは、物語の流れからも象徴性からも自律した詩的なイメージの流れ——ロラン・バルトのいう「第三の意味」——として読むことも、もちろん可能である。鈍い透明度のなかから浮かび上がるさまざまな物質の触知性もまた、この監督お得意の手法である。

Ⅵ-42 『ストーカー』より

さて、三人はいよいよ念願の「部屋」へと近づきつつある。が、その前に、長くて薄気味悪いトンネル（あるいは下水道）を抜けていかなければならない。過去にそこで何人も命を落としたことから、ストーカーはそれを「肉挽き器」と呼ぶ。女の遺体らしきものもフレームに収まる。こうして、全身水浸しになりながら一行は、「部屋」の手前まで歩を進める。ところが、夢がかなえられるという「人生でもっとも重大な瞬間」を目の当たりにして、大事なのは信じることだとわかっていながら、誰も「部屋」のなかに入ろうとはせず、長々と口論をはじめてその前で逡巡してしまうのである。聖地を目の前に畏れたじろいでいる巡礼者のごとく。すると突然、電話が鳴って彼らと観客を一瞬だけ現実の時間に引き戻す。たしかにこの場所が、かつて、謎の破局以前には現実に機能していたことを示す場面である。が、教授にいたっては、今や破壊するしかないと、持参してきた爆弾を取り出す始末で、何とかそれを阻止しようとストーカーが教授につかみかかる。さらにこれを止めんとばかりに、作家がストーカーを蹴飛ばし、三人のあいだで取っ組み合いになってしまう。この三人の諍いは、真剣なものには違いないが、どこか滑稽で不条理なもののようにも見えてくる。ちょうど、『ノスタルジア』におけるドメニコの最後の焼身自殺や、『サクリファイス』において自分の家を焼き払う主人公の行動がそうであるのと同じように。お目当てのご馳走を目の前に誰も手が出せないでいるのだ。

精魂つき果てた三人が、「部屋」の入口で座り込んでしまうと、カメラはその「部屋」のこちら側からゆっくりと後ろに引いて行って、躊躇している彼らを手前正面から捉え、入口がすっぽりフレームに入ったところで止まったまま、カットなしでおよそ四分半以上もじっと三人を見つめている（図Ⅵ―43）。床には水が溜まっていて、よく見るとその表面に彼らの反射像が映っている。つま

VI-43 『ストーカー』より

り、彼らの鏡像（幻の分身）だけが「部屋」のなかにいる、というわけだ。鏡の達人タルコフスキーならではの、さりげなくも巧みな演出である。この間、「ここに来る意味がさっぱりわからん」とつぶやく声が聞こえたり、様子を探るようにこちらに石を投げ入れたりしているのが見え、にわか雨が通り過ぎていく。それはまるで、肝心なところで目的を断念してしまった三人を第三者が冷たく観察しているようでもある。ある研究者も述べるように、タルコフスキーの長回しは、つねにカメラが媒介していることを観客に意識させる（Bird 189）。カメラは観客と同じ側にあるから、わたしたちは、彼らの誰とも同一化することはない。信不信に揺れるストーカーは、案内係として過去にも何度かここに来ているであろうに、「部屋」の恩恵を受けているようには見えない。才能はあるがシニカルな作家にとって、望みが何でもかなうとした「部屋」ら、もはや書くべきことなどなくなってしまうだろう。プラグマティックな教授は、そのを破壊しようとするが思いとどまってしまう。

この長回しの後、カメラは「部屋」の床を覆う揺れる水面を真上からクローズアップするが、不気味にも、フレーム左から黒光りするタールのようなものが流れ出てきて、たちまち画面を満たす（図VI—44）。まるで、たしかにここが危険と隣り合わせの場所でもあることを、映像だけで暗示するかのように。下に泳いでいる淡水魚は生きながらえることができるのだろうか。染みや滲みからなるこのショットは、さながらアンフォルメルの抽象絵画を見ているようでもある。このときにバックに流れているのは、モーリス・ラヴェルの『ボレロ』（一九二八年）の反復的なメロディ。この短いショット（三十五秒間）でロシアの監督は、モダニズムの絵画と音楽にオマージュを捧げているようにも見える。

　さて、苦労してやっと目前まで来たのになぜ三人は二の足を踏むのか。途中で作家は、カメラ目線で観客に訴えるかのように、「ここに事実などない。すべて誰かの思いつきだ」、と吐露する。すべては、ストーカーの妄想なのではないか。黙示録的ヴィジョンがヨハネの幻視だったように。期待と恐怖のあいだで彼らは板ばさみになっているのだろうか。あるいは、精神分析的にいうなら、三人が決して踏み込むことなく、その周りをあちらこちらと換喩的にスライドしているだけの「部屋」とは、わたしたちの欲望の原因となる欠如のことだと解釈されるかもしれない。わたしたちが求めて止まないものを、わたしたちはつねに摑み損ねているのであり、残るのはその喪失の痕跡だけだ。

VI-44　『ストーカー』より

　さらに、ヒッチコックのいわゆる「マクガフィン」という仕掛けのことが想起されるかもしれない。プロットにとってそれが重要なのは、それが何であるかによるのではなくて、それが登場人物やその動機にいかに働きかけているかによる。つまり肝心なのは、内容よりも効果である。交換可能で空虚な記号の代名詞、「マクガフィン」こそが、わたしたちの欲望に奉仕しているのだ。サミュエル・ベケットの有名な戯曲『ゴドーを待ちながら』（一九五二年）のゴドーがまたそうであるように。

一方、ポスト黙示録的な現実世界において、「ゾーン」のなかにある「部屋」だけが望みの綱だとすると、ことによるとそこは「約束の地」なのかもしれないが、旧約聖書のモーセにとってカナーンがそうだったように、そのなかに入ることは固く禁じられている、という読みも可能だろう。あるいは、「部屋」がもし仮にかつての教会堂だったとするなら、「神の死」以後の世界にあっても、なお人間の踏み込みえない超越性は存在しつづける、ということを含意しているのだろうか。とはいえ、タルコフスキーにおいて超越性は、天上界にではなくて、まさしくスピノザにおいてそうであったように、この自然そのもの——とりわけ土と水と風——の内に宿る内在的なものであることは、ここで確認しておいていいだろう。いずれにしても、「ゾーン」や「部屋」の解釈について、一義的に決定することは困難で、おそらくその必要もない。『黙示録』のなかの「天の声」——「秘めておけ。書き留めてはいけない」（10:4）——がタルコフスキーはお気に入りだったという（Skakov 153）。その言葉どおり、彼は答えを秘めたままにしておく。そこにはまた、あいまいさの内にこそ映像本来の価値を認めたアンドレ・バザンの教訓にも通じるところがあるように思われる。

とはいえ、映画のラストは、家族のもとに戻ったストーカーに何らかの救いがもたらされたらしいことを暗示する。夫を見限っていた妻は、カメラに向かって「聖愚者（佯狂者）」のような夫への小言をあげつらいながらも、今やますます絶望のなかにある夫に救いの手を差し伸べようとしているかに見える。作中でストーカーは、「柔軟さと弱さは存在の生気」とヴォイスオーヴァーで語るが、そこには老子からの影響が見て取れるという（亀井克朗）。またタルコフスキー自身も、ストーカーの弱さの内に強さのしるしを見ている（『映像のポエジア』286）。

そして有名なラストの長回し、ハンディキャップを抱えた幼い娘がテーブルのグラスを念力で動かしているような画面に、ベートーヴェンの交響曲第九番の『歓喜の歌』の合唱が重なる。あたりに春を告げるタンポポの綿毛が空中を舞っている。「ゾーン」の力が不思議にもストーカーの子の内に乗り移って、新たな希望を結晶させている、とする研究者もいる（Maroy 117）。子供に託されたこのかすかな救いの奇跡は、『サクリファイス』のラスト、自宅を焼き払った主人公アンドレイ（エルランド・ヨセフソン）が精神病院に送られる車をよそ目に、まだ幼いその子供が、重いバケツをひとりで担いで、かつて父とともに植え替えた枯れ木に水をやって蘇らせようとするラストへと、赤い糸で確実につながっていくように思われる。このときにバックに流れてくるのは、バッハの『マタイ受難曲』から「神よ、憐れみたまえ」である。未来への希望が打ち砕かれたディストピアのような現実世界のなか、監督アンドレイは、無垢な子供のうちに救いと再生の可能性を託そうとしているのだろうか。

タル・ベーラ——閉じた円環のアポカリプス

タルコフスキーの長回しに触発され、さらにそれを究極まで突き詰めたハンガリーの異色の監督タル・ベーラの作品にもまた、黙示録的な雰囲気を漂わせるものが少なくない。なかでも、全長七時間にも及ぶ大作『サタンタンゴ』（一九九四年）は、その白眉であろう。全編でおよそ一五〇のカットだから、一カット平均三分弱という驚異的な長さである。「悪魔のタンゴ」というタイトル自体、すでに終末的な響きを奏でている。実際にも、あえて一言で要約するなら、期待されていたはずのメシアが本当は悪魔——あるいは偽メシアかアンチキリスト——だった、というのがその物語の核心にある。が、「ストーリーは二十分で語ることができる。大切なのはたとえば、時間、空、クレーン、工場の機械、眼差しだ」(2011 Tarr Béla) と監督自身が述べるように、何を語るかよりも肝心なのは、いかに語るかである。その意味で彼は、政治的アクティヴィストと言うよりも、ラディカルな美的形式の作家である、とみなされる (2013 Kovács)。ストーリーは旧約聖書の時代から今日までさして変わらない、というのがタル・ベーラの信条で (2001-2 Tarr Béla)、初期の『天罰』(一九八七年) には、「物語はすべて崩壊の物語だ」というセリフまで登場する。

さて、舞台は社会主義体制が崩壊した直後とおぼしきハンガリー、集団農場が解体して路頭に迷うメンバーたちは、死んだと思われていた若いリーダー、イリミアーシュ (ビーグ・ミハーイ) が実は生きていて二年振りで戻ってきて現状を打開してくれるだろうと、密かに不安交じりの期待を抱いている。ところが、ペテン師でもトリックスターでもある彼は、当局の回し者になって帰還し、メンバーたちの期待に付け込んで翻弄し裏切って金だけをくすね、コミュニティを分散と崩壊に導いてしまうのである。

とはいえ、先の監督の発言にもあるように、肝心なのは行為や物語よりも、空間や時間の組み立てそれ自体にある。ぬかるみの地面の向こうにパンフォーカスで牛舎が映しだされると、しばらくして牛の群れが登場し (なかには交尾しようとしているものもいる)、その動きに合わせるように最初はごくゆっくりと、それから次第に加速するようにしてカメラが左に移動しながら荒れた農場を映しだし、再び止まると牛たちがフレームの奥に消えていく。風の音だけが響くリアルタイムのこの長回し (八分半) が、本作の滑りだしである。およそ牧歌的とは程遠いメランコリックでアンニュイなその空気は、破局へと向かうエントロピーを象徴的に集約しているかのようでもある。

タル・ベーラの映画において、言葉による伝達以上に重要なのは、風景や環境、顔や身体であり、換言するなら言葉を超えるという意味での「メタコミュニケーション」である（Hannan）。同じハンガリー出身の映画理論家バラージュ・ベーラは、早くも二十世紀初めに、風景にもまた顔や人相――「観相的表現」――があると述べていたが（『映画の理論』）、その教訓が生きているのかもしれない。さらに、もちろんタルコフスキーからの影響も考えられようが、ロシアの監督がより観念的で審美的なのにたいして、ハンガリーの監督の映像は、より即物的でときに猥雑ですらある。前者がより瞑想的なら、後者はより陰鬱だともいえる。タル・ベーラを高く評価するフランスの哲学者ジャック・ランシエールは、それを「徹底的な唯物主義」もしくは「唯物論的詩学」と命名する（Rancière 24）。しかもその長回しの映像が、人であれ物であれ、ある種の強度をもってわたしたちに訴えてくるとすれば、それは、かつてベンヤミンが「写真小史」で診断したように、長い露出時間のために初期写真（ダゲレオタイプ）の内に独特の「アウラ」が宿りうることとも通底しているように思われる。どんな人物を描いても（たとえ悪人や俗人であっても）、タル・ベーフの映像にはつねにある種の威厳のようなものが滲み出ている。

カメラはたいてい、登場人物たちの行為に直に接近していくというよりも、あくまでも周囲との関係のなかでそれを捉え、しかも多くの場合、（ミケランジェロ・アントニオーニの作品にしばしば見られたように）当の行為が終わって人物がフレームから外れた後もその場にしばし留まりつづける。人間の身体や運動は自律した存在というより、物質的で空間的な環境の一部としてある。たとえば、イリミアーシュがはじめて登場する場面、すなわち、無数の紙片が風に舞うなか、それをかき分けるようにして歩く彼とその相棒の二人の後姿を追いつづける長回し（約二分間）がそうであるよう

VI-45 『サタンタンゴ』より

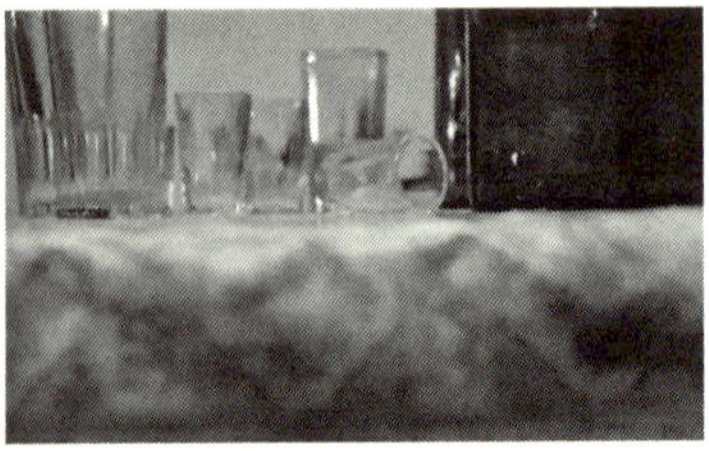

VI-46 『サタンタンゴ』より

に（それらの紙片はおそらく役所の書類で、官僚主義が暗示されると同時に揶揄されてもいる）（図VI—45）。あるいは、イリミアーシュの帰還を待つ夜、村人たちが酒場に集まって気怠いタンゴに興じた後、カメラが疲れ果てた彼らをいったん見放して、テーブルの上のグラスやビンをゆっくりクロースアップで右から左に追っていく場面もある（図VI—46）。アクションからアクションへの滑らかな移行ではなくて、それらのあいだにある一見して無意味な空間や事物に焦点が当たるため、まるでカメラがひとりでに回っているのではないかと思われることも少なくない。

映画の前半は、この（偽）メシアを待つ一日を描いているのだが、それだけでゆうに四時間を超えるのは、上記のような長回しにもよるが、さらに同じ出来事が別の視点から反復されているからでもある。持続の時間は反復とともにある。たとえば、まず第三者の視点で描かれた不倫の現場が、次に、家から双眼鏡でのぞき見をしている医者の視点から捉え直さられる、といった具合に。酒浸りのこの医者は、自壊する共同体のいわばシニカルな証言者として、窓際に腰かけては村人たちの様子を観察し、メモに取りスケッチを描いている。しばらくすると切れた酒を調達するために、雨のなかを外出し、夜も更けたその帰り道、村に向かうイリミアーシュたちを目撃するが、その場に倒れ込んでしまい、朝方になって病院に運ばれる。このとき以来、彼はスクリーンからいったん姿を消すが、後述するように、もういちど最後で重要な役割を果たすことになる。

一方、小銭を兄にだまし取られた少女が、その腹いせに自分よりも弱いものに向けて仕返しをするかのように、飼い猫を痛めつけたあげくに農薬で毒殺してしまうというエピソードがはさまれるが（動物虐待として非難を浴びたシークエンス）、その翌朝、少女は放心したようになって死んだ猫を抱き、同じ毒でみずから命を絶ってしまう。それはあたかも、このコミュニティそのものの自滅の前触れのようでもある。まさしく同じ朝に、イリミアーシュと仲間二人（そのひとりは少女の兄）が村人たちの前に姿を現わすのである。

到着したばかりのイリミアーシュは、持ち前の巧みな弁舌で、少女の死に便乗して、その罪は「呪われた農場」の全員にあるとばかりに彼らの全財産を巻き上げ、自分が用意する新しい土地に移り住むように説得する。彼らを待っている新天地へと送りだすイリミアーシュの演説も、その背中からと正面からカメラの方向を変えて二度反復される。かくして、不安を抱えたまま、八人がほとんど着の身着のままで新たな生活を求めて荷車を押していくことになる。

一日中歩きつづけて日も暮れたころにたどり着いたのは、広いだけで家具も照明もない閑散とした一軒家。その様子に戸惑ったような何人かの表情がクロースアップになる。ただ不気味にも、この館の主とおぼしきフクロウがじっと目を凝らしていて、カメラがおもむろに近づいていく。すると今度カメラは、疲れた体を寄せ合って死んだように眠る八人の姿を、真上から三六〇度の回転を三回繰り返しながらゆっくりと長回しで捉える（七分強）。ここでもまた、まるで天井の扇風機さながらカメラはひとりでに回っていて、第三者の目でシニカルに現状を見つめているかのようだ。このときナレーションの声で、ひとりひとりの素性や些細な逸話が語られるが、それはまるで彼らへのレクイエムのようにも聞こえる（図Ⅵ―47）。バックには、エレジー調の反復的なアコーディオンの音色が流れている（主役を演じたビーグ・ミハーイが音楽も担当している）。

一方、イリミアーシュはというと霧のなかを歩きつづけて町へ向かい、「大量の爆薬が必要」とばかりに、武器商と交渉を始めようとしている。何のための爆薬なのか、クーデターでも目論んでいるのか、そのために金を巻き上げたのか、やはり答えは明かされることはない。ただこのとき、寡作な監督の次回作『ヴェルクマイスター・ハーモニー』（二〇〇〇年）のことを知っているわたしたちには、群衆を扇動して暴動に火をつけた謎の登場人物「プリンス」のイメージがイリミアーシュと重なる。この偽メシアが町に到着してすぐ、何頭もの馬が無人の大きな広場に勢いよく飛び出してきて、一周して消えていくが、この唐突で非現実的だが壮大でダイナミックな光景にもまた、これから町で起こるかもしれない不穏な動乱が予感されているのだろうか（図Ⅵ―48）。

さて、迷える子羊たちに戻るなら、一夜明けて、改めてあまりにも殺風景な周りの状況を見渡したとき、誰からともなくイリミアーシュへの疑念が漏れでてくる。「いったいどの悪魔がこんな話を持ちだしたんだ」、「俺たちは羊みたいにあいつに従ったんだ」、などと。仲間内でこんな言い争いが始まったころ、運良く（あるいは運悪く）、メシアここにありとばかりに本人がその場に姿を現わし、「殺し合う気か」などといつもの詭弁をぶつける。心配するな、仕事はそろっているから、というのである。その言葉を信じるしか彼らに道はない。こうして廃屋を後に、再び出発することになり（そのシンメトリックな構図が美しい）（図Ⅵ―49）、それぞれバラバラに仕事も与えられるが、もはや救いがあるようには見えない。仲間からあえて離れる道を選ぶ者もいるが、その運命にも保証はない。

すると、画面は一転してタイプ打ちの書類を作成している二人の役人に切り替わる。集団農場のメンバーについてのイリミアーシュの報告を一語一語チェックして、差しさわりのない表現に置き換えながら、公式文書をでっち上げているのである。「アルコールに溺れるウジ虫のような女」を「酒好きの老女、小柄」に、「唯一の危険な男、反抗的だが臆病者」を「危険だが役に立つ、誰よりも知的」に、「がなり立てる鬼ババ」を「根拠のないうわさを広める女」に、などといった具合に。こうして、今やスクリーンから姿を消した哀れな迷える羊たちのアイデンティティは、イリミアーシュの報告のなかの心無い描写と、それを改竄したお役所言葉によって無惨にも解体されていくのだ。最後のサインは偽造の「イリミアーシュ」。作業を終えて二人が部屋を離れても、薄暗がりのなか、カメラはしばらく机上のタイプライターを見つめている。このおよそ十五分間のシークエンスは、ほぼ真ん中のカットをはさんで、二つの長回しからなる。いずれもカメラは、ゆっくりと流れるように何度も回転しながら二人を捉え、タイプライターの機械音を響かせる。官僚主義が痛烈に皮肉られるとともに、個人が体制に操られるコマに過ぎないことが暗示されるシークエンスでもある。

Ⅵ-47 『サタンタンゴ』より

Ⅵ-48 『サタンタンゴ』より

Ⅵ-49 『サタンタンゴ』より

VI-50　『サタンタンゴ』より

最後に、出口のない物語の円環を閉じるのは、最初に登場していた医者である。退院して家に戻った医者は、いつものように窓辺の椅子に腰かけて酒をあおるが、もはや村はもぬけの殻で、観察対象の村民たちの姿はどこにもない。ただ、「彼らの誰もあえて家を離れようとは思わなかった」、「彼らがいちばん恐れているものの手中に落ちた」などと独り言ちりながら、いつもの日記をしたためている。唯一、真実を見抜いていたのだ。すると、かすかに鐘の音が聞こえてきて、正体を確かめるために教会に向かう。カメラはこのとき医者の視点でパンしながら、淀んだ大気のなか、はるか地平線の彼方まで見渡すかぎり荒涼として寒々しい不毛の大地を映しだす（図VI―50）。廃墟となった教会では、狂人が「トルコ人が来る」と繰り返し怒鳴りながら鐘を打っている。政治のみならず宗教にも、もはや救いはありそうにない。再び家に戻った老医者は、おもむろに板を取りだして窓に釘打ちしはじめる。四枚目の板が窓に当てられると、ごくわずかの隙間から漏れくる光を除いて、画面はほぼ真っ暗になり、ただ釘を打つ音だけが聞こえてくる。「秋の長雨の前の十月のある朝……」、真っ暗闇のなかに低く響く彼の声とともに映画は幕を閉じる。前述した『パーフェクト・センス』や後述することになる『メランコリア』のラストのすぐれた先例がここにある。こうして世界をみずから閉ざしてしまう彼のその後の運命については、メンバーたちの不確かな行く末と同様、わたしたち観客の想像に任されるが、まちがっても明るい未来ではないだろう。

このあまりにもニヒリスティックで不条理な展開と結末には、もはやいかなる救いや希望もあるようには見えない。ここには「約束の土地」もなければ、「新しいエルサレム」もない。これを、破られた社会主義の約束につづく、資本主義の期待への幻滅と読むことは可能かもしれないが、もっと深く人間の実存に根差すものだろう。再びランシエールのうがった言葉を借りるなら、「タルの映画は希望を語るのではない。タルの映画が希望なのだ」(Rancière 68)。

ヴィム・ヴェンダース——イメージの黙示

破格の上映時間という点では、ヴィム・ヴェンダースのロードムービー『夢の涯てまでも』(一九九一年、原題は「世界の果てまで」)もまた引けを取らない(ここでは二八〇分余りのディレクターズ・カット版を参照する)。出口のない黙示録的円環を描くハンガリーの監督にたいして、ニュー・ジャーマン・シネマの旗頭は、現実に危機感を抱きつつも、未来に一縷の望みを託している。

ヴェネツィアを出発して、パリ、ベルリン、リスボン、モスクワ、北京、東京、サンフランシスコと経由し、最終目的地オーストラリアの奥地(アボリジニの地アリススプリングス)へといたる本作は、この監督お得意のノマド的なロードムービーの形式をとりつつ、そこにSF、サスペンス、メロドラマ、フィルム・ノワールなどの要素も加味して、エンターテインメントとしても楽しめる作品に仕上がっている。グローバル化が進むなかで、ローカルな土地とそこに刻み込まれた記憶に関心を抱きつづけてきたヴェンダースが、ここにもいる。いわく、「わたしの物語は、場所、都市、風景、そして道からスタートする」(Wenders 210)。日本のファンには、東京(箱根)のエピソードで往年の名優、笠智衆と三宅邦子が出演していることで馴染み深いかもしれない。サンフランシスコとオーストラリアの往復は、監督本人の言によると、わたしたちも最初の章で取り上げた、東西冷戦下の核の脅威を描くスタンリー・クレイマーの『渚にて』（一九六〇年）に着想源があるという（Perrine 146）。

ヴェンダース作品は、新たな千年紀を迎えようとしている近未来の一九九九年に舞台を移し、インドの核衛星が軌道を外れて爆発・落下の危機にあるというナレーションで幕を開ける（原題にあるドイツ語 Ende「果て」には、もちろん空間と時間の両方の意味がある）。とはいえ、一部で「失敗作」とも評される本作のテーマは、これまでにも指摘されてきたように、核の脅威というよりも、一九九〇年以降に著しい展開を遂げてイメージの飽和状態をもたらしているメディア環境の方にある。「イメージの病」とは映画中のフレーズである。「はじめに言葉ありき」（『ヨハネによる福音書』）とするなら、「おわりにイメージがあった」。これもまた、本作の最後に出てくる意味深長なセリフである。つまり、この映画はイメージの黙示録なのだ。原点にさかのぼるなら、黙示とイメージのあいだにはたしかに深いつながりがある。どういうことか、もう少し詳しく見てみよう。

ヴェンダースはこの作品で最初から、テレビやビデオはもちろんのこと、未来を先取りするかのように、携帯電話、スカイプ、iPad、GPSなど、一九九〇年以降に著しい進化を遂げる情報システムの前身のようなものを次々と登場させ、イメージの氾濫のなかにある現代の状況をことさら強調する。そこにおいて、イメージの記録、収集、複製、再生、伝達のさまざまな手段が物語と絡めて上演される。インターネットが一般に普及していくのが一九九〇年代の半ば以降のことだから、一九九一年に製作され、一九九九年に設定されたこの映画は、近未来の行く末を予告しているともいえる。なかでも極めつけは、盲人にイメージを伝達できる特殊なカメラの存在で、物語はこれを軸にして展開する。

主人公のサム（ウィリアム・ハート）は、かつて父親ヘンリー（マックス・フォン・シドー）が開発したこのカメラを手に、パリ生まれで八歳のときに失明した母親エディット（ジャンヌ・モロー）のために、彼女にゆかりの土地や親類縁者たちを訪ねて映像を集める旅をつづけている。だが、そのカメラはもともと米軍用に開発されたものであったため、当局からの執拗な追跡を受けている（言うまでもないことかもしれないが、視覚テクノロジーの開発は、軍事技術研究と密接に結びついてきた）。そのサムと偶然出会ったことで旅を共にすることになったクレア（ソルヴェーグ・ドマルタン）には、ユージーン（サム・ニール）という作家の元恋人がいて、彼もまた彼女が忘れられずに後を追ってくる。これに銀行強盗や私立探偵なども絡んできて、追いつ追われつの前半はどこか茶番劇のような様相すら呈しているが、この展開のなかで、さまざまな視覚機器が登場するのである。この間も、例の核衛星をアメリカが宇宙で爆発させる計画を進めているというニュースが何度か流れ、幸運にも最終的に、地球への影響は最小限に抑えられるのだが、この核の危機云々は本作ではあくまでも添え物といった印象が強い。

途中、問題のカメラを覗き過ぎたために視力を失いかけたサムを、箱根の旅館の主人（笠智衆）が薬草を煎じて見事に直してみせるシークエンスがあるが、これは、いまだにどこかオリエンタリズムを引きずっているように見える。一方、静寂な箱根を後に、次に向かった先のサンフランシスコは一転して、暴力と犯罪がはびこるディストピア的な街で、サムはここに暮らす姉を例のカメラに収める。その美しいショットでヴェンダースは、フェルメールの絵の光と色彩と構図にオマージュを捧げている（図Ⅵ―51）。

VI-51 『夢の涯てまでも』より

VI-52 『夢の涯てまでも』より

彼らの最終目的は、アボリジニゆかりの地アリススプリングスで今も密かに研究をつづけている父親のもとに撮影した映像を届け、盲目の母親に懐かしいイメージの数々を改めて体験させることである。苦労してたどり着いた奥地の研究所でさっそく実験が開始される。情報処理によって脳波に変換された映像を母親に送り、そのプロセスを逆転させて、脳波を映像に変えるというのである。結果は見事に成功。サンフランシスコの娘の動画がピクセル状のイメージとなって母親の脳で体験される。その映像はまたディスプレーにも映っている（図VI—52）。こうして、過去の記憶をイメージとして取り戻した母親は、穏やかな死を迎えることになる。カメラは、泣き女たちに運ばれて遺体が土葬されるアボリジニの葬送風俗をやさしく追う。ここにきてヴェンダースは、アボリジニの音楽、洞窟絵画、そして作家ユージーンの書く行為をあえて頻繁に織り交ぜることで、ヴァーチャルなイメージの世界にそれらを対比させているように見える。

実際にも、実験の成功はさらなる欲望を刺激し、先の動画の場合と同じく脳信号を画像に置き換えることで、今度は夢や無意識を録画しようということになる。実験台になるのはクレア。夢のなかに出てきた四歳の時の自分が（図VI—53）、不鮮明だがはっきりそれとわかる姿で小型モニターに映るのを見た彼女は、すっかりその虜になってしまい、片時もモニターを手放すことができない（図VI—54）。モニターの電池が切れると禁断症状を

VI-53 『夢の涯てまでも』より

VI-54 『夢の涯てまでも』より

起こすほど。サムもまた同じく自分の夢の映像に取り憑かれてしまう。それはあたかも、スマートフォンから目を離すことができない現代人の姿を垣間見るかのようでもある。ナルシシズムの底に落ち込むクレア本人も、「心が壊れていく」のを自覚しているのだが、中毒から逃れることができない。元恋人の作家は彼女を「イメージの病」から救い出そうとするが、彼にできるのはただ書きつづけることだけ。作家は、あくまでも「言葉を信じ、物語の治癒の力を信じている」。こうして彼は、これまでのストーリーを綴った自分の原稿をクレアに読ませる。すると次第に、彼女に笑顔が戻ってくるようになる。

　黙示録的な飽和に達したイメージの終末を償い救うのは、何よりも言葉なのだ。「イメージのインフレーション」は「わたしたちの文明の最悪の病のひとつ」であるとはまた、ヴェンダースその人の言葉である（Wenders 327）。だが、ここでひとつの疑問が沸き上がる。かく語る監督自身が、イメージの中毒症状を映画というイメージで描き、観客を楽しませているのではないのか、と。氾濫するイメージの片棒を担いでいるのは、他でもなくヴェンダース自身ではないか。そこに自己矛盾はないのか、と。おそらくその疑問を完全に払拭することはできないだろう。同じような「イメージの病」は、ディストピアのロサンゼルスの世紀末を舞台にした、女流監督キャスリン・ビグローの『ストレンジ・デイズ』（一九九五年）でも描かれていた。ここで登場する視覚装置――「スクイッド」と呼ばれている――は、ある個人の体験を記録した小型ディスクを特殊なヘッドホンを通してみると、脳からの信号によってまったく同じ体験ができるというもので、それは映画によるいわゆる感情移入の究極のメタファーともなっている。つまり、単なる共感や連想や模倣を超えて、身体ごと他者に乗り移る装置である。闇で取引されているそのディスクのレパートリーは、愛する人との麗しい過去から、残忍なレイプや銀行強盗まできわめて多彩。「現実から逃れるため」でもあるこの装置は、良くも悪しくも、他人の過去を自分のものとして追体験させてくれる。新しい視覚テクノロジーは、自己と他者、意識と無意識、過去と現在の境界を取り払ってしまうのである。

とはいえ、毒はまた薬にもなるというファルマコンの教えもある。映画は毒でもあれば薬でもある（Plate）。ヴェンダースに戻るなら、登場人物の作家ユージーンの口を借りて言うように、ドイツの監督は物語のもつ治癒の力をあくまでも信じようとする。仮想イメージの黙示録のなか、タル・ベーラが物語や言葉そのものよりも「メタコミュニケーション」や「徹底的な唯物主義」（Rancière）に賭けるとすれば、ヴェンダースは、イメージと言葉が織りなす物語の可能性に救いを見いだしている。その物語はまた、『ベルリン・天使の詩』（一九八七年）が典型的にそうであるように、記憶や歴史と切り離すことのできない場所をめぐる物語でもある。場所の物語を脱構築するタル・ベーラにたいして、物語られることを欲する場所、物語られるべき場所を再構築しようとするヴェンダースは、あくまでもモダニストの枠にとどまるかもしれない。ドイツの監督にとって、物語こそがイメージの終末を償うのだ。

ミヒャエル・ハネケ――「非‐場所」の黙示録

一方、集団的な記憶やアイデンティティに根差した場所とは対照的に、フランスの人類学者マルク・オジェが「非‐場所」と呼ぶ、歴史を持たない匿名の空間を舞台にしているのが、ミヒャエル・ハネケの『タイム・オブ・ザ・ウルフ』（二〇〇三年）である。「非‐場所」の典型である大型量販店や空港が舞台となる黙示録映画は、これまで、フランク・ダラボンの『ミスト』やクリス・マルケルの『ラ・ジュテ』などで見てきたが、ハネケの作品では鉄道の駅が選ばれる。しかも、一方で、主たる使用言語はフランス語だからその国のどこかだろうと想像されるのだが、他方で、場所が特定できるいかなるランドマークも示されないから、ヨーロッパのどこかの田舎町の小さな駅だろうとしか言いようがない（ロケ地はオーストリアとハンガリーの国境地帯）（Haneke）。構想そのものは一九九三年にさかのぼるらしく、ボスニア内戦の難民キャンプが大きな着想源となっているようだ（Torner 538-539）。近年のヨーロッパ映画において、終末の感覚と結びつくトラウマの核心にあるのは、ホロコーストとイスラームと生政治であるという分析があるが（2015 Elsaesser）、ここに難民・移民問題を加える必要があるだろう。

「非‐場所」の物語は、原因不明――これも明示されることはないが、状況から、核やパンデミックではなくて、気候変動や環境破壊であることが想像される――のカタストロフのため、その狭い駅舎に一時しのぎのシェルターを求めて逃げ込んできた多民族の避難者たちによって紡ぎだされていく。彼らはひたすら、いつ来るとも知れない避難列車の到着を待っているのである。さながらゴドーを待つかのように。線路の周りには荒廃し殺伐とした風景が広がっている（ただし、火事の場面を除いて、いかなる破壊や災害のシーンもない）。それゆえ基本的には、ポスト黙示録のディストピアと極限状態でのサバイバルという、今や周知のテーマに連なる作品ではあるが、ハリウッド的なスペクタクルと異なるのはもちろん、ゴダール的な破格の文法からも一定の距離をとっている。

とあるブルジョワ一家が危険な都会を逃れて車で田舎のセカンドハウスに向かうと、そこはすでに見も知らぬ異国の家族に占領されていて、父親がいきなり銃殺されてしまうところから話は始まる。ハリウッドの多くの類作において大奮闘してきた父親は、ここでは最初からあっけなく姿を消してしまうのである。こうして妻のアンヌ（イザベル・ユペール）とその娘エヴァ（ベアトリス・ダル）と幼い息子ベンの逃避行が始まることになる。とはいえ、時代や場所はもとより原因についても一切言及されることはないから、わたしたち観客は最初から、いったい何が起こっているのか呆気にとられながら映像を追っていくことになる。このオープニングは同じ監督の『ファニーゲーム』（一九九七年）にもどこか通じるところがある。動機や感情や原因をほとんど説明することなく行為のみを不意に提示する手法、しばしば子供が重要な役割を担うこと、さらに西洋のブルジョワ家族が異文化との遭遇なかで直面する危機をトラウマとして体験するという筋立ては、ハネケの幾つかの作品に共通する要素でもある（Lykidis 460）。父親が唐突に殺害される場面は、直にではなくて、銃声とともに妻のアンヌの無表情の顔に飛び散る血と、彼女の嘔吐によって示されるが、暴力を直接カメラにさらすことを避け、フレームの外に暗示することで逆に観客を挑発する映像もまた、この監督らしい（逆に、中盤の馬の虐殺シーンのように、不意の暴力で観客の意表を突くこともある）。それはおそらく、わたしたち観客を犠牲者の側にではなくあえて共犯者の側に置くという、この監督特有の倫理的な仕掛けでもある（Wheatley 175-176）。

さて、近所や警察からも見放され、逃れた小屋も不運の火災にあって、残された母親と姉弟がたどり着くのは、先述のように、狭くて殺風景な駅舎なのだが、そこもたちまち多民族の避難者たちで膨れ上がって、水や食料はもちろんのこと、寝る場所にも事欠く有様である。すべては物々交換で、アンヌの高価な宝石類もここでは二束三文。アガンベン風にいうなら、そこは、職業も社会的ステータスも民族も固有名詞も何の役にも立たない、いわば「誰であれかまわない（クオドリベト）」匿名の共同体なのだが、ただし家族愛は別にして構成員たちのあいだにほとんど愛の感情というものがない。秩序と公正の口実の下、おのずと支配と被支配の構図も見えてくる。しばらくすると、例の殺人犯の一家がここに姿を現わし、それに驚いたアンヌがリーダーに実情を訴えるが、証拠がないとして取り合ってもらえない。飢えと寒さ、カオスと恐怖、不信感と憎しみ、それが彼らの置かれた極限状態である。

Ⅵ-55 『タイム・オブ・ザ・ウルフ』より

映画の中盤、象徴的にも、駅舎の壁に貼られたデューラーの水彩画《夢のヴィジョン》（一五二五年、ウィーン、美術史美術館）の複製が二度短く映しだされる（図Ⅵ—55）。画家自身が絵の下に添えたコメントによると、そこに描かれているのは、すさまじい轟音とともに大量の水が天から落ちてきて、瞬く間に大地を覆い渦巻くさま。宗教改革の嵐のなかドイツの画家が見たという黙示録的な夢の光景である。恐怖で夢から覚めてもしばらく我を忘れていた、とデューラーはしたためている。この複製の近くに紙と鉛筆を見つけたエヴァは、あの世の父親に向けて手紙を書き始める。母親の手がいつも震えていること、弟には状況が呑み込めていないこと、虚勢を張る反抗的な少年がいて彼とはなぜか馬が合うことなど。この少女だけが冷静に現実を直視しているように見える。電池の切れかけたカセットレコーダーからかすかに聞こえるベートーヴェンのヴァイオリンソナタ第5番『春』が、ほんのひと時だけ彼女を慰める。わずか二十秒にも満たないその響きは、本作で唯一流れてくる音楽で、それだけいっそう耳に残る。

盗難騒ぎ、乳児の死、レイプ事件と犠牲者の自殺などとつづいて、状況はますます悪化するばかり。そんななか、裸で火中に身を投げることで腐った世界を救う者たちがいるという話が聞こえてくる。誰もが寝静まった夜、ベンはそっと起きだして、来るかもしれない列車への合図のために線路上で燃やされている焚火のところに向かい、さらにそこに枯れ枝をくべて勢いよく爆ぜらせると、服を脱ぎ捨てて炎のなかに身を捧げようとする（図VI—56）。それに気づいた見張りの男が、間一髪のところで思いとどまらせ、しっかりとベンを抱きしめる。「やろうと思っただけで十分だ」、と。

VI-56 『タイム・オブ・ザ・ウルフ』より

すると突然にも画面は夜から昼へと一転、走る列車の音をバックに、右から左への移動撮影で田舎の光景が写し撮られていく。この間、列車はおろか乗客たちの姿も一切フレームに入ることはなく、ただ通り抜ける風景だけをカメラは追っていく。誰もが待ち望んでいた避難列車が本当に到着して、そこに彼らは乗っているのだろうか。それとも、この列車は今まさに彼らのもとに向かっているところなのだろうか。あるいは、彼らとは何の関係もない別の列車なのだろうか。その列車は、どこか「約束の地」に到着して、人々に救済をもたらすのだろうか。いや、固有の場所などもはやどこにもなくて、ただ通り過ぎるだけの「非 - 場所」が残されているに過ぎないのだろうか。この二分間の長回しの移動撮影の後、画面は静かに暗転してエンドクレジットとなる。それゆえ、答えは開かれたままだが、これも計算の上であろう。次作の『隠された記憶』(二〇〇五年)のラストの四分余りの長回し――こちらは固定カメラによる――においてもまた、幾つもの可能性のあいだで答えが宙吊りにされるのと同様に(これについては前著『映画は絵画のように』で比較的詳しく論じたことがある)。

とはいえ、前夜のベンのささやかな自己犠牲の試みは、何らかの効果をもたらしたように思われる。子供をあえて極限状態に置くことで、ハネケは、大人の主体に基づいて打ち立てられてきたモラルや制度に疑問を投げかけているのだろうか。そもそも世界の危機を招いてきたのが大人の論理だとするなら、子供のうちに救いの手掛かりはないのか(Barros-Grela and Pérez)。姉のエヴァは、先述のように誰よりも温かくて冷静で、何事につけても弟のベンを守ろうとする(女がレイプされているときにも、弟の顔をそっと手で覆う)。その意味で、感情的で神経質な母親アンヌとはむしろ対照的ですらある。一方、エヴァの唯一の話し相手である無名の少年は、集団の規律からつねに外れていく。これにたいしてベンは、最初から無口で臆病、よく鼻血を出す弱い少年として登場する(火に身を投げようとするラストでも、顔が鼻血で染まっている)。とりわけ序盤、ペットの小鳥が逃げないように懐に入れていたばかりに窒息死させてからは精神的に不安定になり、突然に姿をくらましたりする。ポスト黙示録のディストピアにおいて、異なる反応を見せるこれら三人の子供のなかで、映画は最後に、もっとも弱い少年ベンにかすかな救いの望みを託しているように思われる。その意味で彼は、ハネケが意図したかどうかは別にして、「弱さ」の内にこそ「強さ」が宿るという使徒パウロの教えを体現しているようにも見える（ジョン・ヒルコートの『ザ・ロード』の少年と通じるところがなくはない）。とはいえ、ルソーよろしく子供の無垢さを無条件に理想化しているわけではない以上、答えはあくまでも開かれている。

ラース・フォン・トリアー──絶滅の黙示

スウェーデンの監督ベルイマンで始まった本章を、同じく北欧はデンマークの監督ラース・フォン・トリアーで締めくくってもらおう。とりわけ、マヤ暦による終末説が世間をにぎわせた二〇一一年に製作された『メランコリア』は、最後を飾るにふさわしい作品だろう。

惑星メランコリアがまさしく地球に衝突しようとするとき、ヒロインのジャスティン（キルスティン・ダンスト）は姉のクレア（シャルロット・ゲンズブール）とその子レオとともに、近くの森で拾ってきた枯れ枝で簡素なティピー（北米先住民の獣皮製住居）の骨組みのようなものをしつらえ、そのなかに身を寄せて互いに手を握りあう。それは、一種のもろいシェルターだが、むしろシンボリックなおまじない、あるいは「母なる自然の子宮」（2012 Shaviro 49）のようなものでもある。恐怖に打ち震えるクレアにたいして、ジャスティンは静かに運命の瞬間を待っている。いや、みずからすすんで惑星を迎え入れようとしているようにさえ見える。レオはジャスティンの言葉に促されてじっと両目を閉じている（図VI─57）。ぶれる手持ちカメラが繰り返し三人の表情をクロースアップすると、次に後ろに引いて、巨大な惑星がまるでジャスティンに誘われるようにして、轟音とともに地球に衝突するところを捉え（図VI─58）、画面全体が炎に包まれて暗転して、しばらく──およそ

VI-57 『メランコリア』より

VI-58 『メランコリア』より

二十五秒間——闇のスクリーンのままにとどまる。バックに流れているのは、ワーグナーの楽曲『トリスタンとイゾルデ』の荘重な前奏曲のメロディ。名高い本作の三分間のラストである。このとき、すべては死滅するのであり、生き残るものなどいない。哲学者レイ・ブラシエの言葉を借りるなら、脅威やメタファーとしてではない、まさしく文字通りの出来事としての「絶滅の真理」である。そこにおいて、絶滅の客観的現実とトラウマの主観的認識とが一致はしないが等価になる（Brassier 238-239）。そもそも宇宙は地球だけのためにあるわけではないし、地球はわたしたち人間だけの故郷なのでもない。この映画のニヒリズムは、もはや超克されるべき実存の問題というよりも、そこからイメージや思考が立ち上がる不可避の契機である（Wenaus）。

ちなみに同じ二〇一一年、アベル・フェラーラもまた『4：44地球最期の日』において、マンハッタンに住む一組の男女のカップルに焦点を当てることで、（オゾン層の破壊によって）確実に終わりが来るときに人は何をするのか、と問いかける。そこでは、画家の女が描くウロボロスの輪のなかに入った二人が、抱き合いながら運命の瞬間を待っている。世界中の人と生き物の断片的な映像が、あたかも彼らの脳裏をよぎるようにディゾルヴでつながっていく。そして、ついに（『メランコリア』とは正反対に）画面が真っ白く輝いて絶滅を迎える。闇の深淵で終わるのか、それとも光の横溢で終わるのか。いずれにしても、究極の絶滅を表象しようとすると、映画は、みずからが練り上げてきた豊かなイメージのレパートリーを放棄して、闇か光のどちらかを選択せざるをえないのだろう。もちろんこの二つは、『創世記』によれば、存在の原点に当たるものに他ならない。また、闇の黒と光の白とは、アリストテレス（の色彩論）によれば基本の二原色であり、この世のすべての色彩は、白と黒のあいだに位置づけられる（無彩色と有彩色を区別しないこうした色彩観は、基本的に十八世紀まで生きつづける）。つまり、白と黒のどちらに転んでも、世界は果てるということである。それゆえたとえば、カジミール・マレーヴィチのタブロー、《白の上の白》や《黒い正方形》がラテン語で「最後の」を意味する「スプレムス supremus」にちなんで、「シュプレマティスム（絶対主義）」と呼ばれるのも偶然ではない。

さてフォン・トリアーの作品に帰るなら、西洋では古代から、メランコリー気質は土星のもとに生まれた者の運命とされ、土星をつかさどる神サトゥルヌス（クロノス）は同時に、大鎌をかついで万物を破壊していく「時間」の神としてイメージされてきたという長い図像の伝統がある。しかもこの土星の神は、キリスト教中世において「死」の擬人化ともみなされ、「死を思え（メメント・モリ）」という教訓とも密接に結びついてきた（クリバンスキー）。メランコリー、土星、死、破壊の四つは西洋の想像力において赤い糸でつながっているのだ。そのひとつの結晶が、名高いデューラーの銅版画《メランコリアI》（一五一四年）で、頰杖をついて自己に没入するその天使は、ジャスティンにも比される（2015 Elsaesser）。それゆえ管見では、『メランコリア』もまた大きくこうした神話的な古層に反響しているように思われる。さらにそこに、抑鬱とメランコリーをめぐる文学的想像力やフロイト以降の精神分析を加えることもできるだろう（クリステヴァ）。実際にも、監督のラース・フォン・トリアーが散発的なうつ病に悩まされてきたとことはよく知られている。あるインタビューで彼はジャスティンが自分と重なること、またジャスティンというその名前が、マルキ・ド・サドの有名な『ジュスティーヌあるいは美徳の不幸』（一七八七年）に由来することを認めている（McAvoy 67–68）。その小説では、両親のいない二人の姉妹のうち、美徳を守ろうとするばかりに妹が受ける卑しめや辛苦の数々が、彼女の告白として綴られていたのである。さらに、二人の姉妹の「お芝居」が対照されるという点で、ジャン・ジュネの戯曲『女中たち』（一九四七年）がインスピレーション源のひとつになっているという見方もある（2019 Elsaesser 237）。

実はこの映画は二部に分かれていて、二人の姉妹の名をとって順に「ジャスティン」と「クレア」と銘打たれている。第一部は、ジャスティンの結婚を祝う豪華なパーティが姉クレア夫婦の城のような大屋敷で催されているという設定。そこにリムジンで到着する花嫁と花婿だが、惑星の接近を予感しているジャスティンは次第にメランコリーに陥っていき、セレブの集う披露宴から抜け出してしまうどころか、若い男を誘惑して結婚相手をわざと裏切ろうとしたり、広告デザイナーとしての自分の仕事を見限るかのように上司を侮辱したりする。つまり、目の前の現実が空虚で浅薄に思われてきて、社会的で個人的なアイデンティティをすすんでぶち壊しにかかるのである。まるで強い自己破壊の衝動に駆られているかのように。そんな新婦に新郎は愛想をつかしてひとり屋敷を去っていく。大金をはたいて披露宴を準備した姉のクレアは、妹のそうした行動に内心で苛立ちつつも、その様子が気がかりでもある。

屋敷の書斎の本棚には、カンディンスキーやマレーヴィチなど抽象絵画の本が開いて並べてあるのだが、何を思ったのかジャスティンは、衝動的に突然それらを乱暴に閉じて、わざわざ代わりに、ブリューゲルの《雪中の狩人》（一五六五年）や《怠け者の天国》（一五六七年）、ホルバインの《ゲオ

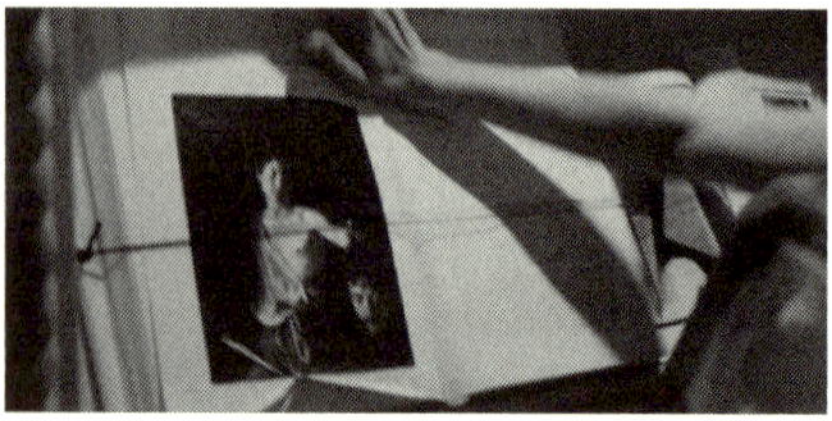

Ⅵ-59 『メランコリア』より

ルク・ギーゼの肖像》(一五三二年)やカラヴァッジョ最晩年の《ダヴィデとゴリアテ》(一六〇九—一〇年)(図Ⅵ—59)、さらにジョン・エヴァレット・ミレーの《オフィーリア》(一八五一—五二年)など、古典的な名画の数々の図版を新たに広げて並べ始める。

これらの絵と映画のあいだに何かシンボリックな関係があるのか、深読みは禁物であろうが、たとえば「怠惰」を寓意的に描いたブリューゲルの《怠け者の天国》は、西洋において、黒胆汁の気質メランコリーが「怠惰」とも密接に結びついてきたことを証言している。斬り取られたゴリアテの頭部に画家の自画像が重ねられているカラヴァッジョの絵からは、激しい自己破壊衝動を見ることができる。一方、《雪中の狩人》は本編最初の超スローモーションによる幻想的なシークエンスにも登場していて、そこではこの絵は不気味にも黒く焦げて灰と化していく。まるでカトリックの典礼「灰の水曜日」に唱えられる祈り、「覚えておきなさい、汝は灰にして、灰へと還るのだ」を想起させるかのように(この絵は、監督が敬愛するタルコフスキーのお気に入りのひとつで、『惑星ソラリス』〔一九七二年〕や『鏡』〔一九七五年〕などでも使われていた)。同じシークエンスにはまた、ミレーの《オフェーリア》を真上から見て活人画にしたような、花嫁姿のジャスティンのショットもすでに組み込まれている(図Ⅵ—60)。ちなみに、およそ八分間で十六の超スローモーションのカットからなるこの最初のシークエンスは、本編へのプロローグとなるもので、地球に接近して衝突する惑星メランコリアや月光に映える屋敷の美しい映像、さらに、天から降ってくる死んだ小鳥の群れ、ツタの絡む足かせに阻まれて前に進めないでいるジャスティンの不気味な光景——彼女の潜在意識のなかのイメージ——などからなる。すぐれて絵画的でもあるこれらのショットは、これから起こるだろうことを予感させるとともに、運動と静止の宙吊り状態のなかで、わたしたちの通常の時間感覚を狂わせてしまい、終末へと向かう映画固有の時間に引き込む役割を果たしている。

さて、これら過去の名画からもわかるように、ここでジャスティンが演じる反近代主義的な身振りは、おそらく監督ラース・フォン・トリアーその人のものでもあるだろう。しばしば指摘されてきたように、そしてみずからも認めているように、本作の映像（とりわけ夜景）にはまた、カスパー・ダーヴィド・フリードリヒに代表されるドイツのロマン主義絵画（たとえば《月光の海辺》［一八一八年］）の影響が色濃く見て取れる（図VI—61）。それゆえ、先述したジャスティンの反ブルジョワ的、反資本主義的な振る舞いと合わせて、ここで黙示録の引き金となっているのは、西洋近代の富と権力の閉ざされた特権的世界である、とするややうがった見方もあるほどだ（2012 Shaviro）。一方、人為の及ばない崇高な自然の摂理を謳い上げる点に、エコロジー的な警告を読み取る解釈もあるが（Sinnerbrink）、いずれにしても、そうした一義的なメッセージに本作を還元する必要は必ずしもないように思われる。

VI-60 『メランコリア』より

一方、「クレア」と題された第二部になると、次第に姉妹二人の立場が逆転していくことに観客は気づかされる。惑星メランコリアが地球に接近すればするほど、あれほど打ちひしがれていたジャスティンは生き生きとした表情を取り戻し、反対に、クレアの方は恐れおののきで我を失っていくのである。夜陰に映える惑星の青白い光に吸い寄せられるようにあたりを徘徊する妹を、姉は遠くからじっと見ている。さらに、裸になって夜の川岸に横たわり、星の光を全身で受け止めるジャスティンは、あたかもメランコリアと合体して性的なエクスタシーに浸っているかのようだ。地球は邪悪なのだから、たとえ地球が消えたとしても嘆くことはない、妹は姉にこう諭す。そこにはどこかグノーシス主義的な響きがなくはない。異端とされてきたこの初期キリスト教由来の考え方によると、そもそもわたしたちが生きているこの世界は悪の産物で、至高神の創造した本来の世界は別のところにある。

しかも、ジャスティンはここで森のニンフや魔女への連想すら誘う存在でもある。実際にもフォン・トリアーは、この『メランコリア』をあいだ

VI-61 『メランコリア』より

にはさむようにして、二〇〇九年の『アンチクライスト』では現代の「魔女」を、二〇一三年の『ニンフォマニアック』（二部）では現代の「ニンフ」を描いていて、併せて「うつ三部作」と呼ばれることもある。夫婦の激しいセックスの最中に幼い息子を窓から落下させて死なせてしまう場面を超スローモーションで捉えたシークエンス――このときにはヘンデルのオペラ『リナルド』（初演一七一一年）からアリア「涙の流れるままに」が流れている――で始まる『アンチクライスト』は、ある意味で『メランコリア』と相似の構造をとっている。悲哀と罪の意識にさいなまれる妻（シャルロット・ゲンズブール）をセラピストの夫（ウィレム・デフォー）が、母なる自然の深い懐のなかで癒そうとするが、次第に二人の立場が逆転してきて、妻は夫を支配したいというサディスティックな

欲望に突き動かされることになる。彼女もまたジャスティンと同じように森のなかに全身を委ねるが、カオスが支配するその自然は「悪魔の教会」であり、彼女はいわばその女司祭である。アニミズム的な記憶を引きずる原初の森は、半人半獣の牧神パーン――「パニック」の語源――が跋扈する驚愕の空間にもなる。

他方、『ニンフォマニアック』は、ギリシア神話の森の妖精ニンフに語源をもつ「色情症」の女性の大胆な性の遍歴を回想風に描く（後半を常連のシャルロット・ゲンズブールが演じる）。そこには、古代以来の乱舞するニンフ的形象の系譜を「情念定型」として浮かび上がらせたアビ・ヴァールブルクの功績を、ヒステリーをめぐる言説や表象とも交差させながら現代に読み替える美術史家ジョルジュ・ディディ＝ユベルマンの仕事とも通じる部分があるかもしれないが、映画において強調されるのは、あくまでも墜ちていく性の情念である。このように見てくると、『アンチクライスト』と『ニンフォマニアック』は、ジャスティンのなかに伏在している魔女性とニンフ性を、それぞれ過剰なまでに解き放った作品ということができるかもしれない（しばしばこの監督と作品がミソジニーとして批判されるゆえんでもあるだろう［Elbeshlawy］）。

『メランコリア』に戻るなら、一夜明けると、惑星は離れていくどころか、ますます近づいてい るように見える。クレアの夫で合理主義者のジョン（キーファー・サザーランド）は、衝突ではなく て通過するだけだという科学者たちの見解を信じようとするが、それが間違いだと悟ると、あっけなくみずから命を絶ってしまう。自然の異変にいち早く気づいて高くいななきを上げていた馬たちも今や鎮まりかえっている。ただクレアだけはますます不安に駆られて、子供を連れて車で逃れようとするもエンジンがかからない。子供を抱いてさまよう彼女に雹が激しく降り注ぐ。ジャンプカットや焦点の激しいブレが彼女の混乱を盛り上げる。できるならテラスでワインを傾けながら「素敵に終わらせたい」、と絶望のなかから絞り出すようにささやくクレアに、ジャスティンは「くだらない」と突き放す。深い喪失感にさいなまれてきたジャスティンには、もはや失われることへの恐れはない。「人間は何も欲しないよりは、いっそむしろ虚無を欲す」といったのはニーチェだが（『道徳の系譜』）、ジャスティンはその域に達しているとさえ思われる。「魔法のシェルター」をつくるために、彼女は甥を連れて枯れ枝を拾いに行く。こうして、本節の最初に述べたラストの場面へと突入することになるのだ。「絶滅の真実」、生き残るものなど何もないのだ。

家族のメロドラマから宇宙論的なカタストロフへと進展し、ベルイマンにも通じる内的黙示を、ロマン主義的ペシミズムによって外的破局と共振させることで「絶滅の真理」に迫る本作は、物語的にも美的（詩的）にも象徴的にも、近年のアポカリプス映画のひとつの頂点をなすように思われる。

おわりに

地球が悲鳴を上げている。温暖化が原因で巨大化し進路も変えた幾つもの台風が各地で猛威を振るい、甚大な被害をもたらした今年ほど、そのことが身にしみて感じられたことはない。今後ますますこの傾向が強くなっていくことも予想される。

つい先ごろ世界のマスコミをにぎわした、弱冠十六歳のスウェーデンの少女の渾身の叫びは、この地球の悲鳴を代弁しているようにも聞こえる。彼女の訴える「絶滅の始まり」には、伝統的な「黙示録」の啓示と、新たな地質年代として提唱されている「アントロポセン（人新生）」の思想とがこだましているように思われる。たしかに、世界中の若い世代が広く彼女に共鳴し、現状をいっそう深刻に受け止めようとしているのもうなずける話である。いったい、人類はいつまで豊かな発展の妄想を抱きつづけ、自分たちだけが生き残ろうと欲望しつづけるのだろうか。未来の世代に計り知れない負債を押しつけることになるというのに。

「序」でも書いたことだが、小さなアポカリプス、あるいは弱いアポカリプスとも呼べるような光景が、わたしたちのまわり、とりわけネット上に氾濫している。T・S・エリオットの名高い詩句に借りるなら、「こんな風に世界は終わる／こんな風に世界は終わる／こんな風に世界は終わる

／爆音ではなくて、すすり泣きとともに」が、ほぼ日常化しているとすらいえるかもしれない。その一方で、冷戦時代の終わりにいったんは沈静化したかにみえた核の脅威が、新たな政治地図とともに近年改めて表面化しつつある。つまるところ、「すすり泣き」と「爆音」の両方ともが現実なのである。

「黙示」において表象は、「爆音」と「すすり泣き」、閃光と暗闇、炸裂と消尽、過剰と不在という、両極性をはらんだ事態に直面させられる。さらに、希望と恐怖、救済と懲罰、ユートピアとディストピアという対をここに加えてもいいだろう。もちろん、テクノロジーもまた両価性をもっている。ポスト黙示録の想像力において、テクノロジーは破壊者でもあれば救済者でもありうる。小著の六つの章は、欧米の黙示録的な映画が、「爆音」と「すすり泣き」のあいだをいかに揺れ動いてきたかを示す試みであった、と最後にまとめることができるかもしれない。いずれにしても、希望にあふれる未来や、一部の強者や富裕者のサバイバルといった筋書きは、本文でも見てきたように、たとえそうした映画がなおも製作されつづけているとしても、もはやわたしたちの心を動かすことはないだろう。

私事にわたって恐縮だが、ここのところ立てつづけに映画についての本を、主に美術やキリスト教との関連から書いてきて、これが四冊目となる。思い返すに、ほとんど半世紀近くも前、中学生のころから大学まで、まるで取り憑かれたように映画を見てきて、その後、長らくその欲望に蓋をしてきたのだが、今や人生の暮方にかかって、その蓋を少し開けてもいいのではないかと考えるようになった。映画を専門にする研究者の方々には、いかにも素人臭いと危ぶまれる記述や分析もあるに違いなかろうが、美学や哲学はもちろん、美術史や芸術学でさえ、わたしは自分が専門家であると思ったためしはいちどもない。アガンベンはその自伝的エッセー『書斎の自画像』のなかで、自分のことをいみじくも「エピゴーネン」と呼んでいる。おこがましいのは覚悟のうえで、このひそみに倣うなら、わたしは自分を「ディレッタント」と呼んでおきたい。

末尾になったが、前著の『映画とキリスト』につづいて今回も編集の労をとっていただいた、みすず書房の小川純子さんに心より感謝の言葉を捧げたい。

真夏の終わらぬ十月初めの京都にて　　岡田温司　識

参考文献

Agamben, Giorgio, *Stanze. La parola e il fantasma nella cultura occidentale*, Einaudi, Torino 1977, 1993,; Nuova edizione accresciuta, 2006.（『スタンツェ——西洋文化における言葉とイメージ』岡田温司訳，1998年／ちくま学芸文庫，2008年）

_____, *Homo Sacer. Il potere sovrano e la nuda vita*, Einaudi, Torino 1995.（『ホモ・サケル——主権権力と剝き出しの生』高桑和巳訳，以文社，2003年）

_____, "Bartleby o della contingenza," in Agamben and Gilles Deleuze, *Bartleby. La formula della creazione*, Quodlibet, Macerata 1993, pp. 43–85.（『バートルビー——偶然性について』高桑和巳訳，月曜社，2005年）

_____, *Il tempo che resta. Un commento alla Lettera ai Romani*, Bollati Boringhieri, Torino 2000.（『残りの時——パウロ講義』上村忠男訳，岩波書店，2005年）

_____, *Profanazioni*, nottetempo, Roma 2005.（『瀆神』上村忠男・堤康徳訳，月曜社，2005年）

Ambrose, Darren, *Film, Nihilism and the Restoration of Belief*, Zero Books, Winchester 2012.

Badley, Linda, *Lars von Trier*, University of Illinois Press, Chicago 2010.

Badmington, Neil, *Aliaen Chic: Posthumanism and the Other Within*, Routledge, London & New York 2004.

Barros-Grela, Eduardo, and María Bobadilla Pérez, "Space and Children in Post-Apocalyptic Film: *The Road* and *Les temps du loup*," in *The Child in Post-Apocalyptic Cinema*, ed. Debbie Olson, Lexington Books, Lenham 2015, pp. 77–90.

Beavis, Mary Anne, "Pseudapocrypha: Invented Scripture in Apocalyptic Horror Films," in *Reel Revelations: Apocalypse and Film*, eds. John Walliss and Lee Quinby, Sheffield Phoenix Press 2010, pp. 75–90.

Berger, James, *After the End. Representations of Post-Apocalypse*, University of Minnesota Press, Minneapolis 1999.

Bingham, Adam, "Apocalypse Now: Images of the end in the cinema of Ingmar Bergman," in *The End: An Electric Sheep Anthology,* ed. Virginie Sélavy, Strange Attractor Press, London 2011, pp. 236–250.

Bird, Robert, *Andrei Tarkovsky: Elements of Cinema*, Reaktion Books, London 2008.

Birzache, Alina G., *The Holy Fool in European Cinema*, Routledge, New York & London, 2016.

Blake, Linnie, *The Wounds of Nations: Horror Cinema, Historical Trauma and National Identity*, Manchester University Press, Manchester & New York 2008.

Bostrom, Nick, "The Future of Humanity," in *New Waves in Philosophy of Technology*, eds. Jan-Kyrre Berg Olsen, Evan Selinger, & Soren Riis, Palgrave McMillan, New York 2009 [https://nickbostrom.com/papers/future.pdf].

Brassier, Ray, *Nihil Unbound: Enlightenment and Extinction*, Palgrave Macmillan, London 2007.（抄訳 ブラシエ，レイ「絶滅の真理」星野太訳，『現代思想　特集：絶滅——人間不在の世界』43.13 (2015-09), pp. 50-78）

Burgin, Victor, "La marque de Marker," in *Chris Marker et l'imprimerie du regard*, sous la direction André Habib et Viva Paci, L'Harmattan, Paris 2008, pp. 17-32.

Butler, Andrew M., "sleeping/waking: politicizing the sublime in science fiction film special effects," in *Endangering Science Fiction Film*, eds. Sean Redmond and Leon Marvell, Routledge, New York & London 2016, pp. 117-131.

Chapman, James and Nicholas J. Cull, *Projecting Tomorrow: Science Fiction and Polular Cinema*, I.B Tauris, London & New York 2013.

Clemente, Marie-Christine, "Representing 9/11: Alejandro González Iñárritu's short film in *11'09" 01: September 11*," in *E-rea. Revue électronique d'études sur le monde Anglophone*, 9.1(2011) [https://journals.openedition.org/erea/2060].

Collins, John J. (ed.), *The Oxford Handbook of Apocalyptic Literature*, Oxford University Press, Oxford & New York 2014.

Cometa, Michele, *Visioni della fine. Apocalissi, catastrofi, estinzioni*, :duepunti edizioni, Palermo 2004.

Copier, Laura, "Has anyone seen this?": Imaginary Apocalypse in Jeff Nichols' *Take Shelter* [http://www.tijdschriftframe.nl/wp-content/uploads/2015/06/Frame-26_1-Laura-Copier.pdf].

Cubitt, Sean, "hope in *children of men* and *firefly/serenity*: nihilism, waste, and the dialectics of the sublime," in *Endangering Science Fiction Film*, cit., pp. 51-65.

Dark, David, *Everyday Apocalypse: The Sacred Revealed in Radiohead, the Simpsons, and Other Pop Culture Icons*, Brazos Press, Grand Rapids (MI) 2002.

Darke, Chris, *Alphaville*, I.B. Tauris, London & New York 2005.

Deleuze, Gilles, *Cinéma 1. L'image-mouvement*, Minuit, Paris 1983.（ドゥルーズ，ジル『シネマ１＊運動イメージ』財津理・齋藤範訳，法政大学出版局，2008 年）

_____, *Cinéma 2. L'image-temps*, Minuit, Paris 1985.（同『シネマ２＊時間イメージ』宇野邦一ほか訳，法政大学出版局，2006 年）

De Martino, Ernesto, *La fine del mondo. Contributo all'analisi delle apocalissi culturali* (1977), Einaudi, Torino 2002.

Denis, Sébastien, "Le documentaire à l'épreuve. La subversion des genres et des techniques dans le cinéma de Peter Watkins," in *L'insurrection médiatique: Médias, histoire et documentaire dans le cinéma de Peter Watkins*, sous la direction de Sébastien Denis et Jean-Pierre Bertin-Maghit, Press Universitaire de Bordeaux, Bordeaux 2010, pp. 63-74.

Desilets, Sean, *Hermeneutic Humility and the Political Theology of Cinema: Blind Paul*,

Routledge, New York & London 2016.
Devlin, William J., "Some Paradoxes of Time Travel in *The Terminator* and *12 Monkeys*," in *The Philosophy of Science Fiction Film*, ed. Steve M. Sanders, The University Press of Kentucky, 2009, pp. 103–118.
Di Celle, Stefano, Francia, "Dove il cielo incontra la terra: L'orizzonte apocalittico di *Sátántangó* e Viaggio nella pianura ungherese," in *Béla Tarr*, a cura di Angelo Signorelli e Paolo Vecchi, Bergamo Film Meeting 2002, pp. 43–51.
Didi-Huberman, Georges, *Survivance des lucioles*, Minuit, Paris 2009.
Dixon, Wheeler Winston, *The Films of Jean-Luc Godard*, Cambridge University Press, Cambridge 1997.
_____, *Visions of the Apocalypse: Spectacles of Destruction in American Cinema*, Wallflower Press, London & New York 2003.
_____, *Hollywood in Crisis or: The Collapse of the Real*, Palgrave Macmillan, Lincoln 2016.
Dyer, Geoff, *Zona: A Book about a Journey to a Room*, Vintage Books, New York 2012.
Elbeshlawy, Ahmed, *Woman in Lars von Trier's Cinema 1996–2014*, Palgrave Macmillan, Cham 2016.
Elsaesser, Thomas, "Black Suns and a Bright Planet: Lars von Trier's *Melancholia* as Thought Experiment," in *Theory and Event* 18-2 (2015).
_____, *Europian Cinema and Continental Philosophy: Film as Thought Experiment*, Bloomsbury, New York & London 2019.
Evans, Joyce A., *Celluloid Mushroom Clouds. Hollywood and the Atomic Bomb*, Westview Press, Boulder 1998.
Fay, Jennifer, *Inhospitable World: Cinema in the Time of the Anthropocene*, Oxford University Press, Oxford 2018.
Feil, Ken, *Dying for a Laugh. Disaster Movies and the Camp Imagination*, Wesleyan University Press, Middletown 2005.
Fevry, Sébastien, "Cinéma et apocalypse. Une mise en perspective," in *L'imaginaire de l'apocalypse au cinéma*, sous la direction de Arnaud Join-Lambert, Serge Goriely et Sébastien Fevry, L'Harmattan, Paris 2012, pp. 21–32.
Flannery, Frances, "Post-Modern Apocalypse and Terrorisme in Joss Whedon's *Serenity*," in *Reel Revelations: Apocalypse and Film*, cit., pp. 44–53.
Floquet, Pierre, "*Melancholia* and the Apocalypse Within," in *The Apocalypse in Film: Dystopias, Disasters, and Other Visions about the End of the World*, eds. Karen A. Ritzenhoff and Angela Krewani, Rowman & Littlefield, Lanham 2016, pp. 91–104.
Ford, Elisabeth, "Let's Rool. Hollywood Takes on 9/11," in *Horror after 9/11: World of Fear, Cinema of Terror*, eds. Aviva Briefel and Sam J. Miller, University of Texas Press, Austin 2012, pp. 40–61.
Friedlander, Jennifer, "How to face nothing: *Melancholia* and the feminine," in *Lars von Trier's Women*, eds. Rex Butler and David Denny, Bloomsbury Academic, New York & London 2018, pp. 201–214.

Frost, Laura, "Black Screens, Lost Bodies: The Cinematic Apparatus of 9/11 Horror," in *Horror after 9/11. World of Fear, Cinema of Terror*, cit., pp. 13-39.

George, Susan A., *Gendering Science Fiction Films: Invaders from the Suburbs*, Palgrave Macmillan, New York 2013.

Gervais, Marc, *Ingmar Bergman: Magician and Prophet*, McGill-Queen's University, 1999.

Habib, André, "Le visage retourné ou retour sur le visage: Remarques sur une figure de médiation dans quelques œuvres de Chris Marker," in *Chris Marker et l'imprimerie du regard*, cit., pp. 51-73.

Haneke, Michael, "Michael Haneke talks about TIME OF THE WOLF Interview: Martin Schweighofer, Karin Schiefer," (2003) [http://www.austrianfilms.com/news/en/bodymichael_haneke_talks_abput_time_of_the_wolfbody].

Hannan, Nicky Badcoe, *"A Cosmic Wirtschaft": Mood, Materiality and "Metacommunication" in the Cinema of Béla Tarr*, the degree of Doctor of Philosophy, The University of Sydney, 2018 [https://ses.library.usyd.edu.au/bitstream/2123/18108/1/hannan_npb_thesis.pdf].

Hantke, Steffen, "Historicizing the Bush Years: Politics, Horror Film, and Francis Lawrence's *I Am Legend*," in *Horror after 9/11: World of Fear, Cinema of Terror*, cit. 2012, pp. 165-185.

_____, *Monsters in the Machine: Science Fiction Film and the Militarization of American after World War II*, University Press of Mississippi, Jackson 2016.

Ienna, Gerardo, and Federico Lancialonga, "Pas la tristesse ouvrière, mais la joie ouvrière! Intervista a Ugo Gregoretti," in *Studi culturali* XIII-2 (agosto 2016) [https://www.academia.edu/14208487/Pas_la_tristesse_ouvri%C3%A8re_mais_la_joie_ouvri%C3%A8re_Intervista_a_Ugo_Gregoretti].

Jameson, Fredric, "History and the Death Wish: *Zardoz* as Open Form," in *Jump Cut* 3 (1974), pp. 5-8 [https://www.ejumpcut.org/archive/onlinessays/JC03folder/ZardozJameson.html].

Jenkins, Henry, *Convergence Culture: Where Old and New Media Collide*, New York University Press, New York 2006.

Joyce, Stephen, *Transmedia Storytelling and the Apocalypse*, Palgrave Macmillan, Cham 2018.

Kalin, Jesse, *The Films of Ingmar Bergman*, Cambridge University Press, Cambridge 2003.

Keller, Catherine, *Apocalypse Now and Then*, Fortress Press, Minneapolis 1996.

_____, *God and Power: Counter-Apocalyptic Journeys*, Fortress Press, Minneapolis 2005.

King, Homay, "*The Host* versus *Cloverfield*," in *Horror after 9/11. World of Fear, Cinema of Terror*, cit., pp. 124-141.

Korstanje, Maximiliano E., "Biopolitics and Clonation: The Roots of Paradise," in IJHPD 3-1 (2014) [https://www.academia.edu/6183012/CLONATION_AND_BIOPOLITICS].

Kovács, András Bálint, *Screening Modernisme: European Art Cinema, 1950-1980*, The University of Chicago Press, Chicago & London 2007.

_____, *The Cinema of Béla Tarr: the Circle Closes*, Wallflower Press, London & New York 2013.

Labuza, Peter, *Approaching the End: Imaging Apocalypse in American Film*, The Critical Press, Raleigh 2014.

Laranjinha, Natalia, *Lars von Trier. Pathos et surface*, L'Harmattan, Paris 2017.

Leggatt, Matthew, *Cultural and Political Nostalgia in the Age of Terror: The Melancholic Sublime*, Routledge, New York & London 2018.

Lino, Mirko, *L'Apocalisse postmoderna tra letteratura e cinema. Catastrofi, oggetti, metropoli, corpi*, Le Lettere, Firenze 2014.

López, Javier García, "Advertising and Consumption in *They Live*: A Critical Analysis on Ad Ideology," in *Revista de Comunicación Vivat Academia*, XVIII-130 (Marzo 2015) [http://www.vivatacademia.net/index.php/vivat/article/viewFile/1009/1061].

Lykidis, Alex, "Multicultural Encounters in Haneke's French-Language Cinema," in *A Companion to Michael Haneke*, ed. Roy Grundmann, Wiley Blackwell, Malden 2014.

Maggi, Armando, *The Resurrection of the Body: Pier Paolo Pasolini from Saint Paul to Sade*, University of Chicago Press, Chicago 2009.

Maguire, Lori, "The destruction of New York City: A Recurrent Nightmare of American Cold War Cinema," in *Cinema in the Cold War*, ed. Cyril Buffet, Routledge, London & New York, 2017, pp. 57–68.

Maroy, Jean-Luc, "L'Apocalypse selon Andreï Tarkovski. Chronique d'une fin annoncée," in *L'imaginaire de l'apocalypse au cinéma*, cit., pp. 111–124.

Massumi, Brian, *Politics of Affect*, Polity, Cambridge 2015.

McAvoy, Catriona, " 'Gentlemen, You Can't Fight in Here!': Gender Symbolism and the End of the World in *Dr Strangelove* and *Melancholia*," in *The Apocalypse in Film*, cit., pp. 61–75.

McGown, Todd, "Not melancholic enough: Triumph of the feminine in *Melancholia*," in *Lars von Trier's Women*, cit, 181–200.

Meehan, Paul, *Tech-Noir: The Fusion of Science Fiction and Film Noir*, McFarland & Company, Jefferson 2008.

Meurée, Christophe, "Le complexe de Cassandre au cinéma. Interférences temporelles de la revelation," in *L'imaginaire de l'apocalypse au cinéma*, cit., pp. 83–100.

Minuz, Andrea, "Elio Petri, il cinema di sinistra e l'industria culturale: *Il maestro di Vigevano* e *la decima vittima*," in *Elio Petri, uomo di cinema. Impego, spettacolo, industria culturale*, a cura di Gabriele Rigola, Bonanno, Roma 2015, pp. 101–116.

Newman, Kim, *Apocalypse Movies: End of the World Cinema*, St. Martin's Griffin, New York 2000.

Neyrat, Frédéric, "Résister, c'est percevoir à propos de *They Live* de John Carpenter" (1988) [https://www.cairn.info/revue-rue-descartes-2006-3-page-110.htm#re5no5].

Nitzke, Solvejg, "Is There an End to It ?: Fictional Shelters and Shelter Fiction," in *The Apocalypse in Film*, cit., pp. 79–90.

Ostwalt, Conrad E., "Religion and Popular Movies," in *Journal of Religion & Film* 2-3 (December 1998) [https://digitalcommons.unomaha.edu/cgi/viewcontent.cgi?article=1847&context=jrf].

Pagacz, Laurence, "L'apocalypse écologique d'*Avatar*. Lecture à partir de la tradition littéraire hispano-américaine," in *L'imaginaire de l'apocalypse au cinéma*, cit., pp. 71-82.

Page, Max, *The City's End: Two Centuries of Fantasies, Fears, and Premonitions of New York's Destruction*, Yale University Press, New Haven 2010.

Pasolini, Pier, Paolo, *Per il cinema*, a cura di Walter Siti e Franco Zabagli, Mondadori, Milano 2001.

_____, *Teatro*, Mondadori, Milano 2001.

Patterson, John, "*They Live*: John Carpenter's action flick needs to be saved from neo-Nazis" [https://www.theguardian.com/film/filmblog/2017/jan/09/they-live-john-carpenter -neo-nazis].

Perrine, Toni A., *Film and the Nuclear Age: Representing Cultural Anxiety*, Routledge, London & New York 2018.

Piazza, Jo, "Audiences experience 'Avatar' blues," CNN Entertainment, 11 January 2010 [http://www.cnn.com/2010/SHOWBIZ/Movies/01/11/avatar.movie.blues/index.html].

Plate, S. Brent, "Seeing Beyond the End of the World in *Strange Days* and *Until the End of the World*," in *Journal of Religion & Film*, 7.1 (April 2003) [https://digitalcommons.unomaha.edu/jrf/vol7/iss1/6/].

Ponzi, Mauro, *Pasolini e Fassbinder: La forza del passato*, Edizioni Nuova Cultura, Roma 2013.

Powell-Jones, Lindsay, *Deleuze and Tarkovsky: the Time-Image and Post-War Soviet Cinema History*, Dissertation submitted towards the award of Doctor of Philosophy Cardiff University, 2015 [https://orca.cf.ac.uk/93276/1/2016powell-joneslphd.pdf.pdf].

Power, Aiden, "Science Fiction Film and Europe: A Reappraisal," in *Reality Unbound. New Departures in Science Fiction Cinema*, Bertz+Fischer, Berlin 2017, pp. 112-127.

Prasch, Thomas, "Radiation's Rising, but One Mustn't Grumble Too Much: Nuclear Apocalypse Played as Farce in Richard Lester's *The Bed Sitting Room* (1969)," in *The Apocalypse in Film*, cit., pp. 29-44.

Puiseux, Hélène, *L'Apocalypse nucléaire et son cinéma*, Les Éditions du Cerf, Paris 1988.

Quinby, Lee, *Anti-Apocalypse: Exercises in Genealogical Criticisme*, University of Minnesota Press, Minneapolis 1994.

_____, "*Southland Tales*, The Film of Revelation: Richard Kelly's Satire of American Apocalypse," in *Reel Revelations: Apocalypse and Film*, cit., pp. 25-43.

Rancière, Jacques, *Béla Tarr : The Time After*, trans. Erik Beranek, Univocal, Minneapolis 2013.

Rickman, Gregg (ed.), *The Science Fiction Film Reader*, Limelight Editions, New York 2004.

Ritzenhoff, Karen A., and Angela Krewani, "Introduction," in *The Apocalypse in Film*, cit., pp. xi-xxii.

Robinson, Jeremy M., *The Sacred Cinema of Andrei Tarkovsky*, Crescent Moon, Kent 2006.

Rosen, Elizabeth K., *Apocalyptic Transformation: Apocalypse and the Postmodern Imagination*, Lexington Books, Lanham 2008.

Runions, Erin, *The Babylon Complex: Theopolitical Fantasies of War, Sex, and Sovereignty*, Fordham University Press, New York 2014.

Rushton, Richard, *The Politics of Hollywood Cinema: Popular Film and Contemporary Political Theory*, Palgrave Macmillan, London & New York 2013.

Sanders, Steven M., "Picturing Paranoia: Interpreting *Invasion of the Body Snatchers*," in *The Philosophy of Science Fiction Film*, cit., pp. 55-72.

Sardar, Ziauddin, and Sean Cubitt, *Aliens R Us. The Other in Science Fiction Cinema*, Pluto Press, London 2002.

Seed, David, *American Science Fiction and the Cold War: Literature and Film*, Edinburgh University Press, Edinburgh 1999.

Shapiro, Jerome F., *Atomic Bomb Cinema: The Apocalyptic Imagination on Film*, Routledge, New York & London 2002, 2013.

Shaviro, Steven, "Post-Cinematic Affect: On Grace Jones, *Boarding Gate* and *Southland Tales*," in *Film-Philosophy* 14.1 (2010) [http://www.thing.net/~rdom/ucsd/biopolitics/PostCinematicAffect.pdf].

_____, "MELANCHOLIA or, The Romantic Anti-Sublime," in *Sequence*, 1.1 (2012), pp. 1-58 [http://reframe.sussex.ac.uk/sequence/files/2012/12/MELANCHOLIA-or-The-Romantic-Anti-Sublime-SEQUENCE-1.1-2012-Steven-Shaviro.pdf].

Shaw, Tony and Denise J. Youngblood, *Cinematic Cold War: The American and Soviet Struggle for Hearts and Minds*, University Press of Kansas, 2010.

Sinnerbrink, Robert, "Planet Melancholia: Romanticism, Mood, and Cinematic Ethics," in *Filozofski vestnik* XXXVII-2 (2016), pp. 95–113 [file:///C:/Users/Owner/Downloads/4866-12909-1-SM%20(1).pdf].

Skakov, Nariman, *The Cinema of Tarkovsky: Labyrinths of Space and Time*, I. B. Tauris, London & New York 2013.

Skoble, Aeon J., "Technology and Ethics in *The Day the Earth Stood Still*," in *The Philosophy of Science Fiction Film*, cit., pp. 91-102.

Sobchack, Vivian, *Screening Space. The American Science Fiction Film* (1987), Rutgers University Press, New Brunswick 2004.

_____, "Temporality and the Science Fiction Film in Post-9/11 America," in *Reality Unbound. New Departures in Science Fiction Cinema*, cit., 2017, pp. 12-33.

Sterritt, David, *The Film of Jean-Luc Godard: Seeing the Invisible*, Cambridge University Press, Cambridge 1999.

Stewart, Garrett, *Framed Time: Toward a Postfilmic Cinema*, University of Chicago Press, Chicago 2007.

Stone, Jon R., "Apocalyptic Fiction: Revelatory Elements within Post-war American Films," in *Reel Revelations: Apocalypse and Film*, cit., pp. 54–74.

Szendy, Peter, *L'apocalypse cinéma: 2012 et autres fins du monde*, Capricci, Paris 2012.

Tarr, Béla, "Falling Down, Walking, Destroying, Thinking: A Conversation with Béla Tarr," Interview by Jonathan Rosenbaum, 2001–1 [https://www.jonathanrosenbaum.net/2001/09/bela-tarr-interview/].

_____, "Waiting for the Prince: An Interview with Béla Tarr," in *Sense of Cinema*, 12 (2001–2) [http://sensesofcinema.com/2001/feature-articles/tarr-2/].

_____, "Turin Horse," Interview by Sean Welsh, 2011 [https://edinburghfestival.list.co.uk/article/35180-turin-horse-bela-tarr-interview/].

Tarratt, Margaret, "Monster from the Id," in *Film Genre Reader II*, ed. Barry Keith Grant, University of Texas Press, Austin 1995, pp. 330–349.

Thompson, Kirsten Moana, *Apocalyptic Dread: American Film at the Turn of the Millennium*, State University of New York Press, Albany 2007.

Tomasovic, Dick, "Les images-catastrophes du cinéma américain avant et après le 11 septembre 2001," in *L'imaginaire de l'apocalypse au cinéma*, cit., pp. 35–44.

Tonchia, Teresa, "L'Apocalisse: Il suo simbolismo e la sua imagine del mondo," in *Lo spettro della fine: Pensare l'Apocalisse tra filosofia e cinema*, a cura di Teresa Tonchia, Mimesis, Milano 2016, pp. 91–123.

Torner, Evan, "Civilization's Endless Shadow: Haneke's Time of the Wolf," in *A Companion to Michael Haneke*, cit., pp. 532–550.

Upton, Bryn, *Hollywood and the End of the Cold War. Signs of Cinematic Change*, Rowman & Littlefield, New York, 2014.

Viano, Maurizio, *A Certain Realism: Making Use of Pasolini's Film Theory and Practice*, University of California Press, Oakland 1993.

Wallis, John, "Celling the End Time: The Contours of Contemporary Rapture Films," in *Reel Revelations: Apocalypse and Film*, cit., pp. 91–111.

Wasser, Frederick, "Disaster Film: The End of the World and the Risk-Society Hero," in *The Apocalypse in Film*, cit., pp. 119–132.

Weart, Spencer R., *The Rise of Nuclear Fear*, Harvard University Press, Cambridge 2012.

Wenaus, Andrew, "Mechanized Bodies, Human and Heavenly: *Melancholia* and Thinking Extinction," in *English Studies in Canada* 42.1–2 (March/June 2016) pp. 133–153 [file:///C:/Users/Owner/Downloads/29396-Article%20Text-77697-1-10-20181121.pdf].

Wenders, Wim, *On Film: Essays and Conversations*, Feber & Feber, London 2001.

Westwell, Guy, *Parallel Lines: Post-9/11 America Cinema*, Wallflower Press, London & New York 2014.

Wheatley, Catherine, *Michael Haneke's Cinema: The Ethic of the Image*, Berghahn Books, New York 2009.

Williams, Tony, "Thacher's Orwell: The Spectacle of Excess in *Brazil*," in *Crisis Cinema.*

The Apocalyptic Idea in Postmodern Narrative Film, ed. by Christopher Sharrett, Maisonneuve Press, Washington D.C. 1993, pp. 203-220.
Witt-Jauch, Martina, "Image Versus Imagination: Memory's Theatre of Cruelty in Chris Marker's *La Jetée*," in *Alphaville: Journal of Film and Screen Media Issue*, 4(Winter 2012) [http://www.alphavillejournal.com/Issue%204/PDFs/ArticleWitt-Jauch.pdf].
Woolfolk, Alan, "Disenchantment and Rebellion in *Alphaville*," in *The Philosophy of Science Fiction Film*, cit., 2009, pp. 191-206.
_____, "escape from the dialectic of enlightenment and disaster ?: authenticity, agency, and alien space," in *Endangering Science Fiction Film*, cit., 2016, pp. 171-188.
Zordan, Davide, "L'apocalypse comme spectacle dans *2012* et *Le Livre d'Eli*. Croire et prier dans ce monde qui s'écroule," in *L'imaginaire de l'apocalypse au cinéma*, cit., pp. 45-58.

アウグスティヌス『告白』上下，服部英次郎，岩波文庫，1976 年.
同『神の国』全 5 巻，服部英次郎・藤本雄三訳，岩波文庫，1999 年.
青山拓央『新版タイムトラベルの哲学』ちくま文庫，2011 年.
浅見克彦『SF 映画とヒューマニティ——サイボーグの腑』青弓社，2009 年.
アリストテレス『アリストテレース詩学／ホラーティウス詩論』松本仁助・岡道雄訳，岩波文庫，1997 年.
アレント，ハンナ『人間の条件』志水速雄訳，ちくま学芸文庫，1994 年.
アンガー，ケネス『ハリウッド・バビロン』堤雅久訳，クイックフォックス社，1978 年.
アンダース，ギュンター『時代おくれの人間』上下，青木隆嘉訳，2016 年.
同『核の脅威——原子力時代についての徹底的考察』青木隆嘉訳，2016 年.
今村仁司『ベンヤミン「歴史哲学テーゼ」精読』岩波書店，2000 年.
ヴィリリオ，ポール『戦争と映画——知覚の兵站術』石井直志・千葉文夫訳，平凡社ライブラリー，1999 年.
同『自殺へ向かう世界』青山勝・多賀健太郎訳，NTT 出版，2003 年.
ウェルズ，H・G『タイム・マシン』阿部知二訳，東京創元社，1965 年.
同『宇宙戦争』宇野利泰，早川書房，1963 年.
ヴェルヌ，ジュール『地底旅行』窪田般弥訳，東京創元社，1968 年.
エスポジト，ロベルト『近代政治の脱構築——共同体・免疫・生政治』岡田温司訳，講談社，2009 年.
オーウェル，ジョージ『一九八四年』高橋和久訳，早川書房，2009 年.
大貫隆『終末論の系譜——初期ユダヤ教からグノーシスまで』筑摩書房，2019 年.
岡田温司『黙示録——イメージの源泉』岩波新書，2014 年.
同『イタリアン・セオリー』中央公論新社，2014 年.
同『映画は絵画のように 静止・運動・時間』岩波書店，2105 年.
同『天使とは何か——キューピッド、キリスト、悪魔』中公新書，2016 年.
同『映画とキリスト』みすず書房，2017 年.
同『アガンベンの身振り』月曜社，2018 年.

同『映画と芸術と生と——スクリーンのなかの画家たち』筑摩書房，2018 年.
オジェ，マルク『非－場所——スーパーモダニティの人類学に向けて 』中川真知子訳，水声社，2017 年.
オリゲネス『諸原理について』小高毅訳，創文社，1995 年.
加藤幹郎『「ブレードランナー」論序説』筑摩書房，2004 年.
同『映画ジャンル論——ハリウッド映画史の多様なる芸術主義』文遊社，2016 年.
亀井克朗『〈死〉への／からの転回としての映画——アンドレイ・タルコフスキーの後期作品を中心に』致良出版社（台湾），2011 年.
カーモード，フランク『終わりの意識——虚構理論の研究』岡本靖正訳，国文社，1991 年.
カルース，キャシー『トラウマ・歴史・物語——持ち主なき出来事』下河辺美知子訳，みすず書房，2005 年.
カント，イマヌエル『啓蒙とは何か 他四篇』篠田英雄訳，岩波文庫，1974 年.
キェルケゴール，セーレン『不安の概念』斎藤信治訳，1979 年.
北野圭介『新版ハリウッド 100 年史講義——夢の工場から夢の王国へ』平凡社新書，2017 年.
クライスト，ハインリヒ・フォン「マリオネット芝居について」，『チリの地震——クライスト短篇集』種村季弘訳，河出文庫，1996 年.
クリステヴァ，ジュリア『黒い太陽——憂鬱とメランコリー』西川直子訳，せりか書房，1994 年.
グリック，ジェイムズ『タイムトラベル——「時間」の歴史を物語』夏目大訳，柏書房，2018 年.
クリバンスキー，レイモンド（ほか）『土星とメランコリー——自然哲学、宗教、芸術の歴史における研究』田中英道監訳，晶文社，1991 年.
クロンブ，マキシム『ゾンビの小哲学——ホラーを通していかに思考するか』武田宙也・福田安佐子訳，人文書院，2019 年.
小松弘『ベルイマン』清水書院，2000 年.
ゴールト，マシュー「地獄のような絶望的世界を描いた名作『核戦争後の未来・スレッズ』」[https://jp.vice.com/art/the-director-of-the-scariest-movie-weve-ever-seen-still-fears-nuclear-war-the-most].
サハロフ，アンドレイ『サハロフ回想録』上下，金光不二夫・木村晃三訳，中公文庫，2002 年.
サンドル，アネッタ・ミハイロヴナ（編）沼野充義（監修）『タルコフスキーの世界』キネマ旬報社，1995 年.
ジェイムソン，フレドリック『時間の種子——ポストモダンと冷戦以後のユートピア』松浦俊輔・小野木明恵訳，青土社，1998 年.
シェリー，メアリー『最後のひとり』森道子・島津展子・新野緑訳，英宝社，2007 年.
シオン，ミシェル『映画にとって音とはなにか』川竹英克ほか訳，勁草書房，1993 年.
ジジェク，スラヴォイ『「テロル」と戦争——〈現実界〉の砂漠へようこそ』長原豊訳，青土社，2003 年.
同『厄介なる主体——政治的存在論の空虚な主体』全 2 巻，鈴木俊弘・増田久美

子訳，青土社，2005-07 年.
同『終焉の時代に生きる』山本耕一訳，国文社，2012 年.
シュート，ネヴィル『渚にて――人類最後の日』佐藤龍雄訳，東京創元社，2009 年.
鈴木貴之『100 年後の世界―― SF 映画から考えるテクノロジーと社会の未来』化学同人，2018 年.
ストルガツキー，アルカジイ&ボリス『ストーカー』深見弾訳，早川書房，1983 年.
曽根田憲三『ハリウッド映画でアメリカが読める』開文社出版，2014 年.
ソンタグ，スーザン『反解釈』高橋康也・出淵博・由良君美・海老根宏・河村錠一郎・喜志哲雄訳，ちくま学芸文庫，1996 年.
鷲巣義明『ディストピア聖典』フィルムアート社，2000 年.
巽孝之（編）『反知性の帝国』南雲堂，2008 年.
巽孝之『パラノイドの帝国』大修館書店，2018 年.
タルコフスキー，アンドレイ『映像のポエジア――刻印された時間』鴻英良訳，キネマ旬報社，1988 年.
チャン，テッド『あなたの人生の物語』浅倉久志訳，早川書房，2003 年.
チョムスキー，ノーム『アメリカン・ドリームの終わり』寺島隆吉・寺島美紀子訳，ディスカヴァー，2017 年.
ディディ＝ユベルマン，ジョルジュ『残存するイメージ――アビ・ヴァールブルクによる美術史と幽霊たちの時間』竹内孝宏・水野千依訳，人文書院，2005 年.
同『ニンファ・モデルナ――包まれて落ちたものについて』森元庸介訳，平凡社，2013 年.
デュピュイ，ジャン＝ピエール『ツナミの小形而上学』嶋崎正樹訳，岩波書店，2011 年.
同『ありえないことが現実になるとき――賢明な破局論にむけて』桑田光平・本田貴久訳，筑摩書房，2012 年.
デリダ，ジャック『哲学における最近の黙示録的語調について』白井健三郎，朝日出版社，1984 年.
ドゥボール，ギー『スペクタクルの社会』木下誠訳，平凡社，1993 年.
ドゥルーズ，ジル『意味の論理学』上下，小泉義之訳，河出文庫，2007 年.
同『批評と臨床』守中高明・谷昌親訳，河出文庫，2010 年.
ドス・パソス，ジョン『マンハッタン乗り換え駅』西田実訳，研究者出版，1984 年.
トンプソン，ダミアン『終末思想に夢中な人たち』渡会和子訳，翔泳社，1999 年.
中子信治『SF 映画評集成』洋泉社，2013 年.
中原昌也ほか『映画のディストピア』洋泉社，2018 年.
ナンシー，ジャン＝リュック『フクシマの後で――破局・技術・民主主義』渡名喜庸哲訳，以文社，2012 年.
ニーチェ，フリードリヒ『道徳の系譜』木場深定訳，岩波文庫，1964 年.
野崎歓・渋谷哲也ほか（編）『国境を超える現代ヨーロッパ映画 250 ――移民・辺境・マイノリティ』河出書房新社，2015 年.
ハインライン，ロバート・A『輪廻の蛇』矢野徹ほか訳，早川書房，2015 年.
ハクスリー，オルダス『すばらしい新世界』大森望訳，早川書房，2017 年.

バザン，アンドレ『映画とは何か』上下，野崎歓・大原宣久・谷本道昭訳，岩波文庫，2015年.
長谷川功一『アメリカSF映画の系譜――宇宙開拓の神話とエイリアン来襲の神話』リム出版新社，2005年.
バタイユ，ジョルジュ『眼球譚』生田耕作訳，河出文庫，2003年.
同『呪われた部分――全般経済学試論・蕩尽』酒井健訳，ちくま学芸文庫，2018年.
バトラー，ジュディス『戦争の枠組――生はいつ嘆きうるものであるのか』清水晶子訳，筑摩書房，2012年.
バラージュ，ベラ『映画の理論』佐々木基一訳，學藝書林，1992年.
バルト，ロラン『第三の意味――映像と演劇と音楽と』沢崎浩平訳，みすず書房，1998年.
ハリデイ，ジョン『パゾリーニとの対話』波多野哲朗訳，晶文社，1972年。
フィッシャー，マーク『資本主義リアリズム』セバスチャン・ブロイほか訳，堀之内出版，2018年.
フォンダ，ジェーン『わが半生』石川順子訳，ソニーマガジンズ，2006年.
フーコー，ミシェル『言葉と物――人文科学の考古学』渡辺一民・佐々木明訳，新潮社，1974年.
同『社会は防衛しなければならない』石田英敬・小野正嗣訳，筑摩書房，2007年.
藤井仁子（編）『入門・現代ハリウッド映画講義』人文書院，2008年.
ブライドッティ，ロージ『ポストヒューマン――新しい人文学に向けて』門林岳史監訳，フィルムアート社，2019年.
フロイト，ジークムント「W. イェンゼン著『グラディーヴァ』における妄想と夢」西脇宏訳，『フロイト全集9』岩波書店，2007年.
同「不気味なもの」藤野寛訳，『フロイト全集17』岩波書店，2006年.
ベック，ウルリッヒ『世界リスク社会論』島村賢一訳，ちくま学芸文庫，2010年.
ベルクソン，アンリ『笑い』林達夫訳，岩波文庫，1976年.
ヘルダーリン，フリードリヒ『ヘルダーリン詩集』川村二郎，岩波文庫，2002年.
ベンヤミン，ヴァルター「複製技術時代の芸術作品」久保哲司訳，『ベンヤミン・コレクション1 近代の意味』浅井健二郎監訳，ちくま学芸文庫，1995年.
同「歴史の概念について」浅井健二郎訳，同書.
同『図説 写真小史』久保哲司編訳，ちくま学芸文庫，1998年.
ポー，エドガー・アラン「メロンタ・タウタ」巽孝之訳，『大渦巻への落下・灯台――ポー短編集Ⅲ』新潮文庫，2015年.
星野太『崇高の修辞学』月曜社，2017年.
ボストロム，ニック『スーパーインテリジェンス――超絶AIと人類の命運』日本経済新聞出版社，2017年.
ボドゥ，ジャン『SF文学』新島進訳，文庫クセジュ，2011年.
ボードリヤール，ジャン『パワー・インフェルノ――グローバル・パワーとテロリズム』塚原史訳，NTT出版，2003年.
ボードリヤール，ジャン，エドガール・モラン『ハイパーテロルとグローバリゼーション』宇京賴三訳，岩波書店，2004年.

マシスン，リチャード『縮みゆく人間』吉田誠一訳，早川書房，1977 年.
同『地球最後の男』田中小実昌訳，1977.
町田智浩『「最前線の映画」を読む』集英社，2018 年.
マッカーシー，コーマック『ザ・ロード』黒原敏行訳，早川書房，2010 年.
マノヴィッチ，レフ『ニューメディアの言語——デジタル時代のアート、デザイン、映画』堀潤之訳，みすず書房，2013 年.
マルクーゼ，ヘルベルト『ユートピアの終焉』清水多吉，合同出版，1968 年.
港千尋（監修）金子遊・東志保（編）『クリス・マルケル——遊動と闘争のシネアスト』森話社，2014 年.
村上隆夫『同一性の形而上学——映画・SF・探偵小説』春風社，2006 年.
リピット水田堯『原子の光（影の光学）』門林岳史・明知隼二訳，月曜社，2013 年
ロレンス，D. H.『黙示録論』福田恆存訳，ちくま学芸文庫，2004 年.

フィルモグラフィー

（邦題，監督名，原題，公開年．本論にて参照のために言及したものも含まれる）

『アイ・アム・レジェンド』（フランシス・ローレンス）Francis Lawrence, *I Am Legend*, 2007.

『愛の嵐』（リリアーナ・カヴァーニ）Liliana Cavani, *I portiere di notte*, 1974.

『アイランド』（マイケル・ベイ）Michael Bay, *The Island*, 2005.

『赤ちゃんよ永遠に』（マイケル・キャンパス）Michael Campus, *Zero Population Growth*, 1972.

『アギーレ　神の怒り』（ヴェルナー・ヘルツォーク）Werner Herzog, *Aguirre, der Zorn Gottes*, 1972.

『悪魔が最後にやって来る』（アルベルト・デ・マルティーノ）Alberto de Martino, *Holocaust 2000*, 1977.

『アバター』（ジェームズ・キャメロン）James Cameron, *Avatar*, 2009.

『アフターショック／ニューヨーク大地震』（ミカエル・サロモン）Mikael Salomon, *Aftershock: Earthquake in New York*, 1999.

『アポロンの地獄』（ピエル・パオロ・パゾリーニ）Pier Paolo Pasolino, *Edipo re*, 1967.

『アメリ』（ジャン＝ピエール・ジュネ）Jean-Pierre Jeunet, *Le Fabuleux Destin d'Amélie Poulain*, 2001.

『アライバル　侵略者』（デヴィッド・トゥーヒー）David N. Twohy, *The Arrival*, 1996.

『アルファヴィル』（ジャン＝リュック・ゴダール）Jean-Luc Godard, *Alphaville, une étrange aventure de Lemmy Caution*, 1965.

『アルマゲドン』（マイケル・ベイ）Michael Bay, *Armageddon*, 1998.

『アンジェラ』（リュック・ベッソン）Luc P. M. Besson, *Angel-A*, 2005.

『アンチクライスト』（ラース・フォン・トリアー）Lars von Trier, *Antichrist*, 2009.

『アンドロメダ...』（ロバート・ワイズ）Robert Wise, *The Andromeda Strain*, 1971.

『一年の九日』（ミハイル・ロンム）Mikhail Romm, *Nine Days of One Year*, 1962.

『インターステラー』（クリストファー・ノーラン）Christopher Nolan, *Interstellar*, 2014.

『インディペンデンス・デイ』（ローランド・エメリッヒ）Roland Emmerich, *Independence Day*, 1996.

『インディペンデンス・デイ　リサージェンス』（ローランド・エメリッヒ）Roland Emmerich, *Independence Day: Resurgence*, 2016.

『イントレランス』（D・W・グリフィス）David Wark Griffith, *Intolerance*, 1916.

『インベージョン』（オリバー・ヒルシュビーゲル）Oliver Hirschbiegel, *The Invasion*, 2007.

『ヴィレッジ』（ナイト・シャマラン）M. Night Shyamalan, *The Village*, 2004.

『ウィークエンド』(ジャン=リュック・ゴダール) Jean-Luc Godard, *Week-end*, 1967.
『ヴェルクマイスター・ハーモニー』(タル・ベーラ) Tarr Béla, *Werckmeister harmóniák*, 2000.
『ウォー・ゲーム』(ピーター・ワトキンス) Peter Watkins, *The War Game*, 1965.
『ウォーターワールド』(ケヴィン・レイノルズ) Kevin Reynolds, *Waterworld*, 1995.
『宇宙からの暗殺者』(W・リー・ワイルダー) W. Lee Wilder, *Killers from Space*, 1954.
『宇宙水爆戦』(ジョセフ・ニューマン) Joseph Newman, *This Island Earth*, 1955.
『宇宙戦争』(バイロン・ハスキン) Byron Haskin, *The War of the Worlds*, 1953.
『宇宙戦争』(スティーヴン・スピルバーグ) Steven Spielberg, *War of the Worlds*, 2005.
『宇宙船の襲来』(ジーン・ファウラー) Gene Fowler, *I Married a Monster from Outer Space*, 1958.
『宇宙のデッドライン』(エドガー・ウルマー) Edgar Ulmer, *Beyond the Time Barrier*, 1960.
『エイリアン』(リドリー・スコット) Ridley Scott, *Alien*, 1977.
『SF 核戦争の未来・スレッズ』(ミック・ジャクソン) Mick Jackson, *Threads*, 1984.
『SF/ボディ・スナッチャー』(フィリップ・カウフマン) Philip Kaufman, *Invasion of the Body Snatchers*, 1978.
『エド・ウッド』(ティム・バートン) Tim Burton, *Ed Wood*, 1994.
『エリジウム』(ニール・ブロムカンプ) Neill Blomkamp, *Elysium*, 2013.
『エンド・オブ・ザ・ワールド』(ラッセル・マルケイ) Russell Mulcahy, *On the Beach*, 2000.
『エンド・オブ・デイズ』(ピーター・ハイアムズ) Peter Hyams, *End of Days*, 1999.
『狼の時刻』(イングマール・ベルイマン) Ingmar Bergamn, *Vargtimmen (Hour of the Wolf)*, 1968.
『オズの魔法使い』(ヴィクター・フレミング) Victor Fleming, *The Wizard of Oz*, 1939.
『男の種』(マルコ・フェレーリ) Marco Ferreri, *Il seme dell'uomo*, 1969.
『オミクロン』(ウーゴ・グレゴレッティ) Ugo Gregoretti, *Omicron*, 1963.
『オルフェ』(ジャン・コクトー) Jean Cocteau, *Orphée*, 1950.
『オール・ユー・ニード・イズ・キル』(ダグ・リーマン) Doug Liman, *Edge of Tomorrow*, 2014.
『鏡の中にある如く』(イングマール・ベルイマン) Ingmar Bergman, *Såsom i en spegel (Through a Glass Darkly)*, 1961.
『隠された記憶』(ミヒャエル・ハネケ) Michael Haneke, *Caché*, 2005.
『影なき狙撃者』(ジョン・フランケンハイマー) John Frankenheimer, *The Manchurian Candidate*, 1962.
『華氏 451』(フランソワ・トリュフォー) François Roland Truffaut, *Fahrenheit 451*, 1966.
『仮面/ペルソナ』(イングマール・ベルイマン) Ingmar Bergman, *Persona*, 1966.
『華麗なる殺人』(エリオ・ペトリ) Elio Petri, *La decima vittima*, 1965.
『奇跡の丘』(ピエル・パオロ・パゾリーニ) Pier Paolo Pasolini, *Il Vangelo secondo Matteo*, 1964.

『来るべき世界』（ウィリアム・キャメロン・メンジーズ）William Cameron Menzies, *Things to Come*, 1936.
『気狂いピエロ』（ジャン＝リュック・ゴダール）Jean-Luc Godard, *Pierrot le fou*, 1965.
『キッスで殺せ！』（ロバート・アルドリッチ）Robert Aldrich, *Kiss Me Deadly,* 1952.
『恐怖の火星探検』（エドワード・L・カーン）Edward L. Cahn, *It! The Terror from Beyond Space*, 1958.
『巨大カニ怪獣の襲撃』（ロジャー・コーマン）Roger Corman, *Attack of the Crab Monsters*, 1957.
『キングダム・オブ・ヘブン』（リドリー・スコット）Ridley Scott, *Kingdom of Heaven*, 2005.
『金星人地球を征服』（ロジャー・コーマン）Roger Corman, *It Conquered the World*, 1956.
『禁断の惑星』（フレッド・M・ウィルコックス）Fred McLeod Wilcox, *Forbidden Planet*, 1956.
『クォーターマス２／宇宙からの侵略生物』（ヴァル・ゲスト）Val Guest, *Quatermass II*, 1957.
『クライシス』（クリス・ゴラック）Chris Gorak, *Right at Your Door*, 2006.
『クロノス』（カート・ニューマン）Kurt Neumann, *Kronos*, 1957.
『クローバーフィールド』（マット・リーヴス）Matt Reeves, *Cloverfield*, 2008.
『クワイエット・アース』（ジェフ・マーフィー）Geoff Murphy, *The Quiet Earth*, 1985.
『クワイエット・プレイス』（ジョン・クラシンスキー）John Burke Krasinski, *A Quiet Place*, 2018.
『軽蔑』（ジャン＝リュック・ゴダール）Jean-Luc Godard, *Le Mépris*, 1963.
『決戦攻撃命令』（メルヴィン・フランクとノーマン・パナマ）Melvin Frank and Norman Panama, *Above and Beyond*, 1952.
『原子怪獣現わる』（ユージーン・ルーリー）Eugene Lourie, *The Beast from 20,000 Fathoms*, 1953.
『原子人間』（ヴァル・ゲスト）Val Guest, *The Quatermass Xperiment*, 1955.
『コーマ』（マイケル・クライトン）Michael Crichton, *Coma*, 1978.
『最後の戦い』（リュック・ベッソン）Luc P. M. Besson, *Le Dernier Combat*, 1983.
『最後の脱出』（コーネル・ワイルド）Cornel Wilde, *No Blade of Grass*, 1970.
『最後の晩餐』（マルコ・フェレーリ）Marco Ferreri, *La Grande Bouffe*, 1973.
『サイレント・ランニング』（ダグラス・トランブル）Douglas Trumbull, *Silent Running*, 1971.
『サイン』（ナイト・シャマラン）M. Night Shyamalan, *Signs*, 2002.
『ザ・ウォーカー』（アレン＆アルバート・ヒューズ）Allen & Albert Hughes, *The Book of Eli*, 2010.
『サウスランド・テイルズ』（リチャード・ケリー）Richard Kelly, *Southland Tales*, 2007.
『サクリファイス』（アンドレイ・タルコフスキー）Andrei Tarkovsky, *Offret*, 1986.
『叫びとささやき』（イングマール・ベルイマン）Ingmar Bergman, *Viskningar och rop (Cries and Whispers)*, 1972.

『ザ・コア』（ジョン・アミエル）Jon Amiel, *The Core*, 2003.
『サタンタンゴ』（タル・ベーラ）Tarr Béla, *Sátántangó*, 1994.
『ザ・デイ・アフター』（ニコラス・メイヤー）Nicholas Meyer, *The Day After*, 1983.
『さながら映画のように』（ミハウ・コサコフスキ）Michal Kosakowski, *Just Like the Movies*, 2006.
『裁かれるは善人のみ』（アンドレイ・ズギャビンツェフ）Andrey Petrovich Zvyagintsev, *Левиафан (Leviathan)*, 2014.
『猿の惑星』（フランクリン・J・シャフナー）Franklin J. Schaffner, *Planet of the Apes*, 1968.
『ザ・ロード』（ジョン・ヒルコート）John Hillcoat, *The Road*, 2009.
『サンシャイン 2057』（ダニー・ボイル）Danny Boyle, *Sunshine*, 2007.
『地獄の黙示録』（フランシス・コッポラ）Francis Ford Coppola, *Apocalypse Now*, 1979.
『静かなる男』（ジョン・フォード）John Ford, *The Quiet Man*, 1952.
『シックス・ストリング・サムライ』（ランス・マンギア）Lance Mungia, *Six-Strimg Samurai*, 1998.
『シャイニング』（スタンリー・キューブリック）Stanley Kubrick, *The Shining*, 1980.
『上海から来た女』（オーソン・ウェルズ）George Orson Welles, *The Lady from Shanghai*, 1947.
『11' 09"01/ セプテンバー 11』（オムニバス）*11'09"01 September 11*, 2002.
『十二人の怒れる男』（シドニー・ルメット）Sidney Lumet, *12 Angry Men*, 1957.
『12 モンキーズ』（テリー・ギリアム）Terry Gilliam, *Twelve Monkeys*, 1996.
『少年と犬』（L・Q・ジョーンズ）L.Q. Jones, *A Boy and His Dog,* 1975.
『ショーシャンクの空に』（フランク・ダラボン）Frank Darabont, *The Shawshank Redemption*, 1994.
『ショック集団』（サミュエル・フラー）Samuel Fuller, *Shock Corridor*,1963.
『ジョニーは戦場に行った』（ダルトン・トランボ）Dalton Trumbo, *Johnny Got His Gun*, 1971.
『シルクウッド』（マイク・ニコルズ）Mike Nichols, *Silkwood*, 1983.
「新世界」（ジャン゠リュック・ゴダール，オムニバス『ロゴパグ』）Jean-Luc Godard, *Le Nouveau Monde (Rogopag)*, 1963.
『新ドイツ零年』（ジャン゠リュック・ゴダール）Jean-Luc Godard, *Allemagne année 90 neuf zero*, 1991.
『水爆と深海の怪物』（ロバート・ゴードン）Robert Gordon, *It Came from Beneath the Sea*, 1955.
『ストーカー』（アンドレイ・タルコフスキー）Andrei Tarkovsky, *Сталкер (Stalker)*, 1979.
『ストレンジ・デイズ』（キャスリン・ビグロー）Kathryn Ann Bigelow, *Strange Days*, 1995.
『スノーピアサー』（ボン・ジュノ）봉준호 , *Snowpiercer*, 2013.
『世紀の怪物タランチュラの襲撃』（ジャック・アーノルド）Jack Arnold, *Taratula*, 1955.

『世紀の謎 空飛ぶ円盤地球を襲撃す』（フレッド・シアーズ）Fred Sears, *Earth vs. the Flying Saucers*, 1956.

「生と死の世界」（ラモント・ジョンソン，『トワイライトゾーン』の一編）Lamont Johnson, *The Shelter (The Twilight Zone)*, 1961.

『性本能と原爆戦』（レイ・ミランド）Ray Milland, *Panic in Year Zero!*, 1962.

『ゼイリブ』（ジョン・カーペンター）John Carpenter, *They Live*, 1988.

『世界終末の序曲』（バート・I・ゴードン）Bert I. Gordon, *Beginning of the End*, 1957.

『世界大洪水』（フェリックス・E・フェイスト）Felix E. Feist, *Deluge*, 1933.

『世界の終わり』（オーガスト・ブロム）August Blom, *Verdens Undergang (The End of the World)*, 1916.

『セレニティー』（ジョセフ・ヒル・ウェドン）Joseph Hill Whedon, *Serenity*, 2005.

『戦慄！プルトニウム人間』（バート・I・ゴードン）Bert I. Gordon, *The Amazing Colossal Man*, 1957.

『ソイレント・グリーン』（リチャード・フライシャー）Richard Fleischer, *Soylent Green*, 1973.

『ソドムの市』（ピエル・パオロ・パゾリーニ）Pier Paolo Pasolini, *Salò o le 120 giornate di Sodoma*, 1975.

『それは外宇宙からやって来た』（ジャック・アーノルド）Jack Arnold, *It Came from Outerspace*, 1953.

『存在の耐えられない軽さ』（フィリップ・カウフマン）Philip Kaufman, *The Unbearable Lightness of Being*, 1988.

『第9地区』（ニール・ブロムカンプ）Neill Blomkamp, *District 9*, 2009.

『大襲来！ 吸血コウモリ』（サットン・ローリー）Sutton Roley, *Chosen Survivors*, 1974.

『第七の封印』（イングマール・ベルイマン）Ingmar Bergman, *Det Sjunde inseglet (The Seventh Seal)*, 1957.

『タイム・オブ・ザ・ウルフ』（ミヒャエル・ハネケ）Michael Haneke, *Le temps du loup*, 2003.

『太陽はひとりぼっち』（ミケランジェロ・アントニオーニ）Michelangelo Antonioni, *L'eclisse*, 1962.

『ターミネーター』（ジェームズ・キャメロン）James Cameron, *The Terminator*, 1984.

『タワーリング・インフェルノ』（ジョン・ギラーミン）John Guillermin, *The Towering Inferno*, 1974.

『地球が静止する日』（スコット・デリクソン）Scott Derrickson, *The Day the Earth Stood Still*, 2008.

『地球が燃えつきる日』（ヴァル・ゲスト）Val Guest, *The Day the Earth Caught Fire*, 1961.

『地球最後の男』（ウバルド・ラゴーナとシドニー・サルコウ）Ubaldo Ragona and Sidney Salkow, *The Last Man on Earth*, 1964.

『地球最後の男オメガマン』（ボリス・セイガル）Boris Sagal, *The Omega Man*, 1971.

『地球最後の日』（ルドルフ・マテ）Rudolph Maté, *When Worlds Collide*, 1951.

『地球全滅』（ラナルド・マクドゥーガル）Ranald MacDougall, *The World, the Flesh and*

the Devil, 1959.
『地球の危機』（アーウィン・アレン）Irwin Allen, *Voyage to the Bottom of the Sea*, 1961.
『地球の静止する日』（ロバート・ワイズ）Robert Wise, *The Day the Earth Stood Still*, 1951.
『地球爆破作戦』（ジョセフ・サージェント）Joseph Sargent, *Colossus: The Forbin Project*, 1970.
『縮みゆく人間』（ジャック・アーノルド）Jack Arnold, *The Shrinking Man*, 1957.
『地底戦車サイクロトラム』（テリー・O・モース）Terry O. Morse, *Unknown World*, 1951.
『チャイナ・シンドローム』（ジェームズ・ブリッジス）James Bridges, *The China Syndrome*, 1979.
『中国女』（ジャン＝リュック・ゴダール）Jean-Luc Godard, *La Chinoise*, 1967.
『懲罰大陸★USA』（ピーター・ワトキンス）Peter Watkins, *Punishment Park*, 1970.
『沈黙』（イングマール・ベルイマン）Ingmar Bergman, *Tystnaden (The Silence)*, 1963.
『デイ・アフター・トゥモロー』（ローランド・エメリッヒ）Roland Emmerich, *The Day After Tomorrow*, 2004.
『ディヴァイド』（ザヴィエ・ジャン）Xavier Gens, *The Divide*, 2011.
『テイク・シェルター』（ジェフ・ニコルズ）Jeff Nichols, *Take Shelter*, 2011.
『ディープインパクト』（ミミ・レダー）Mimi Leder, *Deep Impact*,1998.
『テオレマ』（ピエル・パオロ・パゾリーニ）Pier Paolo Pasolini, *Teorema*, 1968.
『デカメロン』（ピエル・パオロ・パゾリーニ）Pier Paolo Pasolini, *Il Decameron*, 1971.
『デジャヴ』（トニー・スコット）Tony Scott, *Déjà Vu*, 2006.
『デリカテッセン』（ジャン＝ピエール・ジュネ＆マルク・キャロ）Jean-Pierre Jeunet & Marc Caro, *Delicatessen*, 1991.
『天空が燃えつきる日』（パオロ・オイシュ）Paolo Heusch, *La morte viene dallo spazio*, 1958.
『天罰』（タル・ベーラ）Tarr Béla, *Kárhozat (Damnation)*, 1988.
『ドゥームズデイ』（ニール・マーシャル）Neil Marshall, *Doomsday*, 2008.
『トゥモロー・ワールド』（アルフォンソ・キュアロン）Alfonso Cuarón Orozco, *Children of Men*, 2006.
『ドクター・サイクロプス』（アーネスト・B・シュードサック）Ernest B. Schoedsack, *Dr. Cyclops*, 1940.
『ドニー・ダーコ』（リチャード・ケリー）Richard Kelly, *Donnie Darko*, 2001.
『鳥』（アルフレッド・ヒッチコック）Alfred Hitchcock, *The Birds*, 1963.
『トリフィドの日 人類SOS』（スティーヴ・セクリー）Steve Sekely, *The Day of the Triffids*, 1962.
『渚にて』（スタンリー・クレイマー）Stanley Kramer, *On the Beach*, 1959.
『夏の遊び』（イングマール・ベルイマン）Ingmar Bergman, *Sommarlek (Summer Interlude)*, 1951.
『28週後...』（フアン・カルロス・フレスナディージョ）Juan Carlos Fresnadillo, *28 Weeks Later*, 2007.

『28 日後…』（ダニー・ボイル）Danny Boyle, *28 Days Later…*, 2002.
『2001 年宇宙の旅』（スタンリー・キューブリック）Stanley Kubrick, *2001: A Space Odyssey*, 1968.
『2300 年未来への旅』（マイケル・アンダーソン）Michael Anderson, *Logan's Run*, 1976.
『2012』（ローランド・エメリッヒ）Roland Emmerich, *2012*, 2009.
『ニューヨーク 1997』（ジョン・カーペンター）John Carpenter, *Escape from New York*, 1981.
『ニンフォマニアック』（ラース・フォン・トリアー）Lars von Trier, *Nymphomaniac*, 2013.
『ノアの箱舟』（マイケル・カーティス）Michael Curtiz, *Noah's Ark*, 1928.
『野いちご』（イングマール・ベルイマン）Ingmar Bergman, *Smultronstället (Wild Strawberries)*, 1957.
『ノウイング』（アレックス・プロヤス）Alex Proyas, *Knowing*, 2009.
『ノスタルジア』（アンドレイ・タルコフスキー）Andrei Tarkovsky, *Nostalghia*, 1983.
『博士の異常な愛情』（スタンリー・キューブリック）Stanley Kubrick, *Dr. Strangelove or: How I Learned to Stop Worrying and Love the Bomb*, 1964.
『恥』（イングマール・ベルイマン）Ingmar Bergman, *Skammen (Shame)*, 1968.
『初めか終わりか』（ノーマン・タウログ）Norman Taurog, *The Beginning or the End*, 1947.
『パゾリーニ』（アベル・フェラーラ）Abel Ferrara, *Pasolini*, 2014.
『バーバレラ』（ロジェ・ヴァディム）Roger Vadim, *Barbarella*, 1967.
『パーフェクト・センス』（デヴィッド・マッケンジー）David Mackenzie, *Perfect Sense*, 2011.
『ハプニング』（ナイト・シャマラン）M. Night Shyamalan, *The Happening*, 2008.
『ヒドゥン』（ジャック・ショルダー）Jack Sholder, *The Hidden*, 1987.
『人食い人たち（イ・カンニバリ）』（リリアーナ・カヴァーニ）Liliana Cavani, *I cannibali*, 1969.
『拾った女』（サミュエル・フラー）Samuel Fuller, *Pickup on South Street*, 1953.
『ファイト・クラブ』（デヴィッド・フィンチャー）David Fincher, *Fight Club*, 1999.
『ファイブ』（アーチ・オボラー）Arch Oboler, *Five*, 1951.
『ファニーゲーム』（ミヒャエル・ハネケ）Michael Haneke, *Funny Games*, 1997.
『ファニーとアレクサンデル』（イングマール・ベルイマン）Ingmar Bergman, *Fanny och Alexander*, 1982.
『フィッシャー・キング』（テリー・ギリアム）Terry Gilliam, *The Fisher King*, 1991.
『フォンターナ広場 イタリアの陰謀』（マルコ・トゥリオ・ジョルダーナ）Marco Tullio Giordana, *Romanzo di una straga*, 2012.
『復讐は俺に任せろ』（フリッツ・ラング）Fritz Lang, *The Big Heat*, 1953.
『豚小屋』（ピエル・パオロ・パゾリーニ）Pier Paaolo Pasolini, *Porcile*, 1969.
『ブック・オブ・ライフ』（ハル・ハートリー）Hal Hartley, *The Book of Life*, 1998.
『プラン 9 フロム・アウタースペース』（エド・ウッド）Ed Wood, *Plan 9 From Outer Space*,1959.
『プリデスティネーション』（マイケル＆ピーター・スピエリッグ）Michael & Peter

Spierig, *Predestination*, 2014.
『不良少女モニカ』(イングマール・ベルイマン) Ingmar Bergman, *Sommaren med Monika (Summer with Monika)*, 1953.
『ブレア・ウィッチ・プロジェクト』(ダニエル・マイリックとエドゥアルド・サンチェス) Daniel Myrick & Eduardo Sánchez, *The Blair Witch Project*, 1999.
『ブレードランナー』(リドリー・スコット) Ridley Scott, *Blade Runner*, 1982.
『ブレードランナー 2049』(ドゥニ・ヴィルヌーヴ) Denis Villeneuve, *Blade Runner 2049*, 2016.
『蛇の卵』(イングマール・ベルイマン) Ingmar Bergman, *Ormens ägg (The Serpent's Egg)*, 1977.
『ベルリン・天使の詩』(ヴィム・ヴェンダース) Wim Wenders, *Der Himmel über Berlin*, 1987.
『放射能 X』(ゴードン・ダグラス) Gordon Douglas, *Them!*, 1954.
『ボディ・スナッチャー/恐怖の町』(ドン・シーゲル) Don Siegel, *Invasion of the Body Snatchers*, 1956.
『ボディ・スナッチャーズ』(アベル・フェラーラ) Abel Ferrara, *Body Snatchers*, 1993.
『マーズ・アタック!』(ティム・バートン) Tim Burton, *Mars Attacks!*, 1996.
『マックィーンの絶対の危機』(アーヴィン・イヤワース) Irvin Yeaworth, *The Blob*, 1958.
『マトリックス』(ラリー&アンディ・ウォシャウスキー) Lary & Andy Wachowski, *The Matrix*, 1999.
『ミスト』(フランク・ダラボン) Frank Darabont, *The Mist*, 2007.
『未知への飛行』(シドニー・ルメット) Sidney Lumet, *Fail Safe*, 1963.
『ミッション 8ミニッツ』(ダンカン・ジョーンズ) Duncan Z. H. Jones, *Source Code*, 2011.
『未来世紀ブラジル』(テリー・ギリアム) Terry Gilliam, *Brazil*, 1985.
『未来惑星ザルドス』(ジョン・ブアマン) John Boorman, *Zardoz*, 1974.
『ミラクル・マイル』(スティーヴ・デ・ジャーナット) Steve De Jarnatt, *Miracle Mile*, 1988.
『メッセージ』(ドゥニ・ヴィルヌーヴ) Denis Villeneuve, *Arrival*, 2016.
『メテオ』(ロナルド・ニーム) Ronald Neame, *Meteor*, 1979.
『メトロポリス』(フリッツ・ラング) Fritz Lang, *Metropolis*, 1927.
『めまい』(アルフレッド・ヒッチコック) Alfred Hitchcock, *Vertigo*, 1958.
『メランコリア』(ラース・フォン・トリアー) Lars von Trier, *Melancholia*, 2011.
『モノリスの怪物』(ジョン・シャーウッド) John Sherwood, *The Monolith Monsters*, 1957.
『モンスターズ 地球外生命体』(ギャレス・エドワーズ) Gareth James Edwards, *Monsters*, 2010.
『遊星からの物体 X』(ジョン・カーペンター) John Carpenter, *The Thing*, 1982.
『遊星よりの物体 X』(クリスチャン・ナイビー, ハワード・ホークス) Christian Nyby, Howard Hawks, *The Thing from Another World*, 1951.
『夢の涯てまでも』(ヴィム・ヴェンダース) Wim Wenders, *Bis ans Ende der Welt*, 1991.

『欲望』（ミケランジェロ・アントニオーニ）Michelangelo Antonioni, *Blowup*, 1966.
『ライナー・ヴェルナー・ファスビンダー フランツ・ビーバーコップの夢についての私の夢』（ライナー・ヴェルナー・ファスビンダー,『ベルリン・アレクサンダー広場』のエピローグ）Rainer Werner Fassbinder, *Mein Traum vom Traum des Franz Biberkopf von Alfred Döblin - Ein Epilog*, 1980.
『ラ・ジュテ』（クリス・マルケル）Chris Marker, *La Jetée*, 1962.
『リセット』（ブラッド・アンダーソン）Brad Anderson, *Vanishing on 7th Street*, 2010.
『リチャード・レスターの不思議な世界』（リチャード・レスター）Richard Lester, *The Bed Sitting Room*, 1969.
『レギオン』（スコット・スチュワート）Scott Stewart, *Legion*, 2010.
『レフト・ビハインド』（ヴィク・アームストロング）Vic Armstrong, *Left Behind*, 2014.
『牢獄』（イングマール・ベルイマン）Ingmar Bergman, *Fängelse (Prison)*, 1949.
『惑星アドベンチャー スペース・モンスター襲来！』（W・キャメロン・メンジーズ）William Cameron Menzies, *Invaders from Mars*, 1953.
『惑星ソラリス』（アンドレイ・タルコフスキー）Andrei Tarkovsky, *Солярис (Solaris)*, 1972.
『わたしはコミュニストと結婚した（十三号桟橋）』（ロバート・スティーヴンソン）Robert Stevenson, *I Married a Communis (The Woman on Pier 13)*, 1949.
『ワールド・トレード・センター』（オリバー・ストーン）Oliver Stone, *World Trade Center*, 2006.

著者略歴

（おかだ・あつし）

1954年生まれ．京都大学大学院博士課程修了．現在，京都大学大学院人間・環境学研究科教授．専門は西洋美術史・思想史．著書に，『もうひとつのルネサンス』（1994），『ルネサンスの美人論』（1997），『モランディとその時代』（以上，人文書院，2003／吉田秀和賞），『ミメーシスを超えて』（勁草書房，2000），『マグダラのマリア』（中公新書，2005），『芸術（アルス）と生政治（ビオス）』（2006），『フロイトのイタリア』（以上，平凡社，2008／読売文学賞），『半透明の美学』（2010）『黙示録』（2014）『映画は絵画のように』（以上，岩波書店，2016）など．編著に『カラヴァッジョ鑑』（人文書院，2001）．編訳著に，『ジョルジョ・モランディの手紙』（みすず書房，2011）など．訳書に，ロンギ『芸術論叢』（全2巻，監訳，中央公論美術出版，1998/1999），アガンベン『中味のない人間』（共訳，人文書院，2002）『スタンツェ』（ありな書房／ちくま学芸文庫，2008）『イタリア的カテゴリー』（共訳，みすず書房，2010）『開かれ』（共訳，平凡社／平凡社ライブラリー，2011）クレーリー『24/7 眠らない社会』（共訳，NTT出版，2015）など．

岡田温司

映画と黙示録

2019年12月19日　第1刷発行

発行所 株式会社 みすず書房
〒113-0033 東京都文京区本郷2丁目20-7
電話 03-3814-0131(営業) 03-3815-9181(編集)
www.msz.co.jp

本文組版 キャップス
本文印刷・製本所 中央精版印刷
扉・表紙・カバー印刷所 リヒトプランニング

ISBN 978-4-622-08873-8
[えいがともくしろく]